# 能源经济与管理

张 磊 著

吉林科学技术出版社

图书在版编目（CIP）数据

能源经济与管理 / 张磊著 . -- 长春 : 吉林科学技术出版社，2019.10

ISBN 978-7-5578-6178-0

Ⅰ．①能… Ⅱ．①张… Ⅲ．①能源经济－经济管理－研究－中国 Ⅳ．① F426.2

中国版本图书馆 CIP 数据核字（2019）第 232644 号

## 能源经济与管理 NENGYUAN JINGJI YU GUANLI

| | |
|---|---|
| 著　者 | 张磊 |
| 出版人 | 李梁 |
| 责任编辑 | 朱萌 |
| 封面设计 | 刘华 |
| 制　版 | 王朋 |
| 开　本 | 185mm×260mm |
| 字　数 | 290 千字 |
| 印　张 | 12.75 |
| 版　次 | 2019 年 10 月第 1 版 |
| 印　次 | 2019 年 10 月第 1 次印刷 |
| 出　版 | 吉林科学技术出版社 |
| 发　行 | 吉林科学技术出版社 |
| 地　址 | 长春市福祉大路 5788 号出版集团 A 座 |
| 邮　编 | 130118 |

发行部电话／传真　0431—81629529　　81629530　　81629531
　　　　　　　　　　81629532　　81629533　　81629534

储运部电话　0431—86059116

编辑部电话　0431—81629517

| | |
|---|---|
| 网　址 | www.jlstp.net |
| 印　刷 | 北京宝莲鸿图科技有限公司 |
| 书　号 | ISBN 978-7-5578-6178-0 |
| 定　价 | 58.00 元 |

# 前　言

　　能源是国民经济和社会发展的基础。随着我国经济社会发展规模日益壮大，能源需求呈不断上升态势，能源对外依存度增加，应对气候变化和环境保护的压力加大，能源经济与政府管理的需求也将会越来越重要。

　　本书开篇介绍能源、能源与国家经济安全、我国能源产业的历史变革与中国能源、经济结构优化政策，后详细阐述能源与经济、金融、市场、贸易的关系、能源革命与市场化法律转型以及我国能源监管体制改革相关理论政策，以期为我国能源经济发展与监管提供政策指导与理论依据，为我国及周边国家能源建设添砖加瓦。

# 目　录

# 第一章  绪  论

## 第一节  能源的定义与分类

能源作为一种商品，与其他一般商品一样由供求双方在市场上实现交易，这个交换市场既有实物能源商品与服务交易的有形市场，又包括反映供求双方围绕能源商品及服务在一定范围的各种经济联系的无形市场。与此同时，能源又具有与其他一般商品不同的特性，因此建设能源市场体系，既要遵从一般市场规律，又要考虑能源市场与一般市场的差异，并且需要明确能源市场体系建设的基本组成要素。

### 一、能源的定义

按照全国科学技术名词审定委员会的定义：“能源系统是指能源开发、生产、输送、加工、转换、贮存、分配和利用等诸多环节所构成的系统”。

能量按物理学观点可以定义为做功的本领。广义而言自然界存在的任何物质都可以转化为能量，但是物质转化能量的难易程度各不同。一般认识范围内的能源是指比较集中且比较容易转化的含能物质。除了含能物质以外，还有另一种能源即由于物质的宏观运动所产生的能量，例如水的势能落差运动产生的水能及空气运动所产生的风能等。人类对物质的认识及掌握能量转化的方法随着科学技术的不断进步也在不断深化，因此能源的定义本身也是一个不断进化的过程，但对于工程技术人员而言，在一定的工业发展阶段还是可以按照一般的物理学概念来对能源进行定义。综合上面两种情况，能源可定义为：比较集中的含能体或物质的能量过程称为能源，既能源是为人类提供光、热、动力等任何形式能量的载能体资源。

### 二、能源的分类

根据人类利用的能源的蕴藏方式以及相对比较方式的不同，对能源有不同的分类方法：

## （一）根据能量蕴藏方式不同的分类

### 1. 太阳能

除了地球内部核能，地球上能源的初始能量均来自太阳能。人类目前使用的能量主要来自有"能源之母"称号的太阳，而太阳能主要来自太能内部核聚变释放的能量。目前人类对太阳能的利用有直接利用和间接利用两种：其中目前比较成熟的直接利用太阳能方式有太阳能加热、太阳能发电等；间接利用太阳能主要是利用植物的光合作用以及动植物生物链之间的能量转换，动植物遗骸的化学反应和地质变迁作用联合形成的生物质能、风能、煤炭、石油、天然气等，这是地球上人类可利用能源的最主要的来源。

### 2. 地球自身蕴藏的能量

地球自身蕴藏的能量主要是地球内部放射性物质和地热能资源以及地震、火山等自然运动释放的能量。这些能量基本都是初始于地球内部铀、钍等核裂变燃料和氘、氚等核聚变燃料衰变或者聚变释放出来的，然后再通过热能、地质运动等形式转换成我们目前可以利用的能源。地球内部蕴藏的核燃料随着技术的进步，未来将是人类最可靠、最充足的能源资金来源。

### 3. 地球与天体互相作用形成的能量

这部分能量主要是由于地球与其他天体之间的引力作用而形成有规律的天体运动，这种运动在地球上会引起潮汐能。月亮与太阳之间的巨大质量差异，会对地球上的海水在不同的地区不同时间段产生不同的引力大小，从而引起海洋上出现潮起潮落的现象，这种潮汐也可以是电力生产的初始动力来源之一。

## （二）根据相对比较方式不同的分类

### 1. 一次能源与二次能源

一次能源主要指天然存在于自然界中，可以直接取得且不需要改变其基本形态的能源，如煤炭、石油、天然气、风能、水能等；二次能源指为了满足人类生产与生活需要对一次能源通过一定的技术装备和技术手段进行加工或者转换而得到的另一种形态的能源产品，如电力、煤气、蒸汽、石油制品等。目前大部分一次能源都需要经过加工和转换才能变成便于运输、分配和使用的二次能源，而且针对能源市场而言，一次能源往往作为能源工业的生产资料进入市场进行交易，二次能源作为能源工业的产品进入市场交易，也就是说能源市场交易的绝大部分终端消费商品都是二次能源产品。

### 2. 可再生能源与不可再生能源

可再生能源是在自然界中通过一定的循环过程可以不断再生并可以有规律地得到补充的能源，如太阳能、风能、水能、生物质能。这里需要强调的是可再生能源是一个相对概念，是对于人类生存与发展历史而言可再生，并不是绝对意义上的循环可再生，永远不会减少的能源。按照系统学的观点，在能源的利用过程中熵值也增加，尽管按照能量守恒原理能量不会减少，但可利用的有序能量却不断减少。可再生能源是否可以经济利用受到周边环境的影响非常大，具有很强的区域性和时间性限制，而不可再生能源是指需要经过亿万年地质变迁，相对于人类历史而言时间很长，短期内无法恢复的能源，比如煤炭、石油、天然气、核燃料等，这些能源储量会随着大规模的开采不断减少甚至枯竭。现在全球主要的能源消费都是以化石能源为主，国际能源市场中主要的交易品种也是以不可再生的化石能源为主，因此不可再生能源对一个国家和地区的能源状况具有重要影响。

### 3. 常规能源与非常规能源

常规能源指在一定的科学技术水平下已经在相当长的历史时期中被人类所熟悉并广泛利用的能源，比如煤炭、石油、天然气、水力、电力等；非常规能源是指利用科学技术新近才能开发利用的能源，或者虽然古老但利用最新技术才能开发利用的能源。目前这部分非常规能源所占的比例非常小，但却是未来新能源或者替代能源的发展方向，如风能、太阳能、页岩气等。非常规能源与常规能源只是相对的，随着技术的进步，现在的非常规能源将来可能成为常规能源，在这一地区来说是非常规能源，在另一地区却可能是常规能源。

### 4. 燃料能源与非燃料能源

按照能源的使用方式能源可以分为燃料能源和非燃料能源。燃料能源是指用来以燃烧发热、做功为目的的能源，主要包括化石燃料（煤、石油、天然气），生物燃料（木材、沼气、有机物），化工燃料（汽油、柴油、甲醇、乙醇、烷、铝镁等），核燃料（铀、针、氘、氚等）四类；非燃料能源是指以不以燃烧为途径获取热量、做功为目的的能源，主要包括获取机械能的能源（电力、风能、水能），获取热能的能源（地热、海洋热能、太阳能），获取光能的能源（太阳能、电力、激光、化学物质）等三类。

能源的分类方法还有许多种，比如根据能源使用中排放物的多少分为清洁能源和非清洁能源等。各种分类并不是绝对的，只是为了人们便于识别而采取相对不同的分类。对能源种类进行分类对于传统能源市场建设是一个基本前提，分类方式作为传统能源市场体系建设的基石贯穿于整个全过程。综合分析能源的起源和存在方式可以看出，人们一般认知概念所区分的任何形式的能源品种本质都是统一的，不同的只是其相异的外在存在形式。能源品种的分类本来只是我们进行科学研究和经济建设实践的一种工具和手段，因此我们研究能源市场问题应该抓住能源的本质属性，而不是被我们所采用工具的外在表象所约束。

# 第二节　能源与国家经济安全

## 一、经济安全的界定和内涵

随着经济全球化、信息化以及可持续发展压力，国家安全观念已经突破了仅仅关注于社会安定、政权稳定以及国防安全等传统概念，经济安全已经成为新国家安全观的重要组成部分受到世界各个主权国家广泛重视。各个国家各个历史时期所追求的国家安全目标各异，也导致对于国家安全的看法各不相同。作为国家安全基础之一的国家经济安全日益受到各个国家重视，而对国家经济安全的科学界定以及其内涵与外延的明确是进行国家经济安全研究与实践的前提和基础。一个国家的经济安全概念具有安全状态与实现安全状态的能力的双重含义，既是指"经济安全是在经济全球化的条件下，一国保持经济系统运行与发展不受到外来势力根本威胁的状态"，也指在经济全球化背景下一个国家保障其经济与社会系统生存、发展所需要的有效资源供给、经济独立、经济社会稳定运行的能力及规避恶意侵害或者不可抗力损害等不稳定因素并保持经济主权不受分割的能力。

首先经济安全是国家主权范畴的重要组成的内容之一。一个国家的政治独立与主权完整需要以经济主权作为基础，而经济主权又必须以经济安全作为保障，由此经济安全与政治独立一起构成国家主权不可分割的两个互动因素。由于经济全球化趋势的加强，国家经济安全与经济主权因为国际经济关系的互相渗透已经跨越传统的国土边界成为国际性综合性安全问题，往往一个国家或者地区经济安全发生剧烈波动，可能对全球其他国家的经济安全都发生影响。因此必须通过各国的一致努力共同应对这种既关系到一个国家自身主权独立又关系到地区甚至世界稳定的安全问题。

其次经济安全是一个随着时间、空间、主体、外生导向等因素变化的不同问题。一个国家在不同时期其生产力发展水平与社会结构不断变化，对于经济安全的理解和要求也不尽相同。本时期可能对经济安全造成重要影响的主要因素随着生产力水平的进步在未来就可能成为次要因素，因此经济安全是一个动态发展的概念，应该根据国家短、中、长期的经济社会发展规划、实际发展水平、国际关系变化来确定不同时期经济安全的特点与内涵。但任何时期保持自己国家的经济发展、经济利益不受外部或内部威胁和侵害，使本国经济处于一种稳定、均衡和持续发展的状态则是经济安全内涵中永恒的标准。

再次，经济安全也指一个国家在不断发展的国际、国内环境中保持较强竞争力，这种竞争力包含强大的创新能力、完善高效经济制度、稳定清明的政治环境等。

国家经济安全是一个由一系列国民经济组成部分所代表的安全状态变量组合来决定的

系统，这些变量之间互相关联，互相制约，我们可以从以下两个方面来对国家经济安全的决定因素进行表述：

## （一）国内经济安全

国内经济安全是指一个国家处于稳定、均衡与持续发展的正常发展状态。我们假定一个国家的经济系统是与外界隔离和封闭或者战争等极端状态下，并在这个状态下来测定这个国家的经济保持稳定、均衡和持续发展的能力，这个能力越强说明其国内经济越安全。这个能力与这个国家自有资源状况、政治制度、市场空间、产业结构、技术进步水平、创新能力、自然环境等直接关联。对于那些自然资源禀赋较好，政治稳定、工业技术水平高、体系完整、规模大，人口素质好，创新能力强，具有优良自然环境的国家，其国内经济安全程度越高，反之，其国内经济安全程度越低，应对极端状态的能力也越差，甚至在极端状态下会使整个国民经济体系产生崩溃，使整个国家陷入动乱。

## （二）国际经济安全

国际经济安全是指某个国家的经济生存与发展依赖于国外资源供给和国外市场的稳定与持续，这种依赖关系通过发展与其他国家的经济、政治、军事与外交关系来保持稳定，从而使本国经济发展可以避免因供给中断或者价格剧烈波动造成的冲击并能够保证本国在其他国家和地区的经济利益不受到威胁与侵害。现代社会中任何国家都无法完全脱离国际社会独立发展经济，国与国之间或多或少都必须建立一定的经济联系来保证本国的国内经济的生存与发展。国际经济安全的建立首先依赖于国际政治的稳定，否则国际经济联系会受到战争与政治争端的冲击而被割裂。一个国家的国际经济安全状况受该国资源状况、国内经济发展水平与竞争实力、政治稳定、人口素质、创新能力、军事与外交实力、地理位置等因素影响。国际经济安全与国内经济安全是经济安全两个互相作用的方面，保证国内经济安全是目的，而国际经济安全是保证国内经济安全的手段。

综合国内国际两个方面，国家经济安全可以认为由以下几个主要方面构成：金融安全。金融安全一般指货币资金融通安全与金融系统稳定，其内容包括货币流通、信用相关的各种经济活动、国际收支、资本流动等。一个国家的金融安全状况直接关系到其经济安全的状况，是经济安全系统的重要子系统。现代能源产业已经与金融产业建立紧密联系，通过产业融合形成了现代能源金融产业，能源安全也与金融安全直接建立了互动关系。

产业安全。产业安全作为国家经济安全的重要组成部分，指的是在开放条件下一个国家在参与国际竞争的过程中其产业能够抵御外来干扰或威胁并保持其民族产业持续生存和发展的能力，并始终保持本国资本对本国产业的主体控制状态。产业安全体现了该国产业的主导地位与竞争力，集中反映了一个国家不同发展阶段的产业综合素质。

资源安全。经济全球化背景下一个国家的经济存在和发展需要大量的资源供给，特别是那些关键性、战略性资源的有效供给。战略性资源在国民经济生活中具有举足轻重的作用，尤其是关系到一个国家基本生存和发展的土地、粮食、能源、水源，这些资源从人类历史和世界现状来看都是维系一个国家存在的基本物质条件，对未来经济社会发展目标的实现具有重要影响。因此一个国家的资源安全既包括其国内资源供给能力和储备能力，也包括国际资源获取能力，以及两者之间的合适比例。

信息安全。现代社会是一个高度发达的信息社会，信息系统一个关系到政治、经济、文化、科技、军事、思想意识形态、社会稳定、生态环境等涵盖国家安全各个领域的几乎所有要素的复杂综合性系统，也是各个国家日益重视的重要安全问题。

## 二、能源安全的经济分析

根据国家经济安全理论，能源系统作为经济系统的基础性的关键子系统，是国家经济安全体系中必不可少的重要组成部分。能源作为国民经济运行的基本动力和重要原材料来源，其需求弹性较低；由于能源资源的稀缺性，一般能源市场具有较强的垄断特征，仅靠市场竞争机制、价格机制无法完全有效的体现供求关系，能源价格上涨或剧烈波动直接冲击宏观经济，造成负面影响。因此构建我国科学、高效、有序、可靠的能源市场体系的目的，就是要保证能够以合理的价格长期、稳定、足额为我国经济社会发展提供所需的能源，既发展能源市场的目的是要保证国家能源安全，从而为国家经济安全提供基本的物质保障。由于自然资源条件的约束，随着改革开放与经济发展，我国能源安全问题主要面临的挑战是能源结构出现严重失衡，关键是一次能源比如石油天然气的自给率不断降低、对外依存度不断升高。随着我国能源市场与国际市场的关联度越来越高，我国能源安全受到能源供给中断、能源价格上涨以及能源价格剧烈波动的威胁也越来越大，这些干扰和冲击因素直接作用于我国经济的其他各个子系统，对国家经济的安全与稳定状态形成威胁。能源安全一般从能源供应中断、能源价格上涨与能源价格剧烈波动三个方面进行研究和分析。

### （一）能源供应中断的经济学分析

能源供应中断有技术性中断、政治性中断和经济性中断：技术性中断指由于自然灾害、生产技术原因、安全事故等原因造成的能源供应中断，比如电网系统崩溃、能源运输通道梗阻等。这种中断会对能源市场造成一定的短期冲击，甚至会危及整个国民经济安全，但可以通过及时的技术处理措施快速消除这种中断造成的危害的持续性；政治性中断一般指由于政治、军事冲突等原因造成的能源市场无法正常运行导致的能源供应中断，比如国际经济军事制裁造成的强制能源进出口中断。这种中断和由于能源市场价格的持续上涨或者剧烈波动造成的经济性中断往往伴随发生，当存在国际政治军事冲突时，能源进出口以及相关的能源金融活动被强制性中断，随之国际能源市场投机活动加剧，能源供应平衡被破坏，在国际能源市场需求没有明显变化时将使能源价格快速持续上涨，甚至超过能源市场需求方的承受能力，在对能源需求方的经济造成破坏性冲击的前提下，强制迫使需求方减少对现有能源的需求，转而寻求新的能源来源和能源品种的替代。因此能源供应中断对一个国家的经济平衡与发展是非常严重的。我们国家随着经济的发展，经济与国际联系越来越紧密，我国能源结构的不平衡导致对外依存度不断上升，我国能源市场中主要的能源商品品种中由于资源储量不足、生产成本过高等原因煤炭与油气均有大量进口，尤其是我国自有储量和产量不足的油气资源的进口量不断上升，是我国能源安全面临能源供应中断的主要威胁。对于能源进口国需要考虑能源进口的外部性并分析能源供应中断的可能性及其影响，确定能源进口的最优数量。

### 1. 能源进口策略

随着能源进口数量的增加，存在由于对外依存度增加而使能源供给中断、抬升国际能源市场价格以及造成能源价格剧烈波动的可能性也增加。在能源进口具有政治与军事保障的前提下，对于能源进口国来说能源安全主要考虑可支付能力范围内的能源供应的稳定与可靠，研究如何确定最优的能源进口数量。

在一个完全竞争的能源市场，本国自由竞争的能源进口商在国际能源市场形成采购竞争关系，这种行为可能产生收益与成本的外部性：当能源进口厂商为满足本国能源需求独自承担进口能源时的所有风险与成本，却无法独享收益，这种实付成本小于应得收益的情况就产生收益的外部性；由于能源进口增加使整个国家的能源对外依存度增加并使国家的能源安全受威胁，当能源进口厂商只支付进口能源产品本身的采购成本却并不承担其他成本，因此整个国家为保证国家能源安全而额外在政治、军事上增加的成本支出，这种实付成本小于应付成本的情况就产生能源进口的成本外部性。在考察能源进口问题时，必须考虑能源进口的外部性，一般认为在完全竞争市场中能源进口收益都被逐利的能源进口厂商所获得，所以不存在收益的外部性，因此认为能源进口厂商的边际成本就是市场价格。能源进口的社会成本包括前面所述的采购能源产品时的实付成本以及由于能源进口带来的能源安全成本，当能源进口的边际社会成本高于边际私人成本（市场价格），就产生成本的外部性，两者之间的差额就是进口能源的安全溢价。

### 2. 能源供应中断的可能性

一般认为能源对外依存度高的国家容易遭遇能源出口国的联合禁运，引起能源供应中断，这种情况对能源进口国的经济会造成严重打击。尽管有存在这种极端情况的可能，但现实发生的概率却非常小。现在国际上能源进口依存度高的国家往往是经济发达、政治军事力量雄厚的国家，而能源出口国中大多数是第三世界国家，国际政治军事冲突往往发生在这两种主体之间，这就发生国际能源市场博弈双方超出经济力量的竞争范畴。在能源消费结构没有重大改变，整个世界对于中东地区的能源依赖性将越来越强的情况下，那些政治军事实力较弱、本国能源消费结构不合理、能源对外依存度高且能源进口来源单一的国家就可能面临各种非经济原因造成的能源供应中断。在正常的国际能源市场环境中，能源价格依然是决定能源安全的主要因素。

## （二）能源价格长期上涨的经济学分析

目前国际能源市场主要交易品种产地主要聚集在中东、北非等少数地区，这些地区中的少数国家占据了国际主要能源品种供应中很大的份额。整个国际能源市场价格的上涨主要归结为以下三个因素：一是由于国际主要能源交易品种的资源储量以及产能都聚集在少数国家手中，这些少数能源生产国为了获取垄断利润，可能联合通过削减产来推高市场价格；二是随着经济社会的发展，各国对能源需求不断增加，导致能源价格上升，这反映了资源的稀缺性租金。另一方面随着低成本能源的逐渐枯竭，世界各个国家为了保证本国能源安全，不得不开发高成本的能源，也会使能源价格整体上涨，这也反映了能源的耗竭租金；三是由于能源生产调整相较于能源市场需求变化有一定的时滞也可能使能源市场价格短期上涨。

能源价格上涨对于能源进口国的宏观经济具有直接的影响。能源价格上涨增加了企业的生产成本，能源进口国厂商在成本约束的前提下为了实现产出最大化使生产可能性的边界内移，造成该国国内生产的减少即 GDP 水平下降。

能源价格上涨除了效率与福利损失以及财富转移，还对能源进口国的通货膨胀水平、外汇市场平衡、国内资本形成及货币政策都有间接影响，甚至对全世界的经济都造成影响。

## （三）能源价格剧烈波动

能源价格的长期上涨速度缓慢且主要对一个国家的宏观经济产生长期影响。而能源由于供求变化、技术、政治等原因会短期内产生的剧烈波动对宏观经济的影响非常大且其作用机制复杂，因此需要重点关注能源价格的短期剧烈波动对经济安全的影响。

能源价格的长期上涨对宏观经济的影响主要是取决于能源的进口数量，而能源价格的短期剧烈波动主要与能源消费数量有关。能源价格的剧烈波动除了前面所述的各种影响外，还有以下影响：

一是能源价格剧烈波动对就业的影响。作为厂商的投入生产要素，厂商在能源价格急剧上涨时为减少成本则减少能源投入，当劳动力与能源存在互补关系时，能源消费的减少使劳动力的边际产出降低，如果工资具有刚性则厂商为了降低生产成本会采取解雇部分员工的办法来提高劳动力的边际产出，从而使失业率上升。如果工资可以自由向上浮动，则劳动力边际产出在能源价格下降时增加的部分又会被工资上涨抵消，同样削弱了能源价格下降对经济发展的促进作用。国内外许多实证研究发现，能源价格剧烈波动对于宏观经济的影响具有不对称性，能源价格上行对于宏观经济的影响较强，能源价格下行对于宏观经济的影响较弱。

二是能源价格剧烈波动对资本的影响。生产投资一般属于长期固定资产，这些设备投资都有相当长时间的折旧周期，当能源价格急剧上涨的幅度超出原有耗能资产的可承受成本范围时，厂商和个人就只能淘汰原有资产和设备从而使现有存量资产贬值甚至成为沉没成本，造成大量经济资源浪费，并降低国内产出水平。这种能源价格的剧烈波动还可能使厂商和个人由于无法确定未来的能源价格的变化趋势而增加其调整成本，甚至做出错误的投资决策，导致结构性失业和资源浪费。

从以上理论分析可以看出，能源市场建设的主要目的是避免一个国家和社会能源安全的各种冲击与破坏，保障能源市场的安全、稳定、经济运行。

# 第三节　我国能源产业的历史变革

我国的能源生产与消费历史源远流长，是世界上发现和利用煤炭最早的国家。无论是神话故事中的女娲补天还是在辽宁的考古发现，都说明中国先祖悠久的能源开发历史，考古发现远在 6000 ~ 7000 年前我国就已经开始开发和利用煤炭资源；中国石油天然气开采历史可以远溯至 2000 年前，在班固的《汉书地理志》中记载："商奴，有洧水，可蘸"，书中记载陕西清涧附近有石油存在；中国电力工业从 120 多年前在上海外滩点亮 15 盏电灯开始，经过上百年目前已经发展成为全世界规模最大的电力工业。能源生产与消费的技术与结构总是相辅相成，我国能源生产与消费随着时代一起共同变化和发展，且规模一直在不断地发展壮大。能源工业是一个历经千百年的古老的产业，生产技术和消费方式一直在共同本质特性的基础上延续，变化的只是能源开发利用技术的进步、效率的提高与产业规模的扩大。

## 一、我国煤炭产业发展历史进程

中国既是世界煤炭储量大国也是生产与消费大国，资源分布具有多时代和煤类分带明显的特点。我国煤炭资源按照地质时代分类在晚古生代以中变质煤为主，中生代以低中变质煤为主，第三纪以低变质煤为主。煤炭资源按照地理分布格局在天山—阴山以北以褐煤和低变质煤为主；天山—阴山以南、昆仑山—秦岭—大别山以北主要以各级变质程度的烟煤和无烟煤为主并有少量褐煤；秦岭—大别山以南以高变质煤为主，中、低变质煤有少量的分布。综合我国煤炭资源整体情况来看我国煤炭资源的主要优势是煤类品种齐全、煤质较好，尤其是优质动力煤储量丰富，其储量大约占目前保有储量的 72.9%，但优质炼焦煤、无烟煤只占总储量的 25.4%，所占比例偏小，且煤田伴生矿种类多，开采以及后期加工成本较高。

我国国土面积辽阔，煤炭资源的地区分布很不均衡，大型含煤盆地主要分布于国土位置的西、北部。整个中国的煤炭资源大多数集中于北方的晋、陕、蒙三省，90%的已查明资源量集中在我国北方地区，南方仅云、贵两省有一定数量的分布但所占全国比重非常小，而且这些煤炭资源富集区又往往是经济社会欠发达地区，我国东部和南部地区既是煤炭的主要消费市场却又是煤炭资源的贫瘠区。这种资源分布与消费市场空间分离的格局使我国煤炭产业呈现出"北煤南运""西煤东运"，"北、西部生产，东、南部消费"特点。

## （一）中国古代煤炭产业的发展变迁

我国古代煤炭工业的发展历史根据不同时期开发利用水平按照纵向时间序列可以划分为先秦时期、西汉至南北朝、隋唐宋元、明清四个时期：对中国先秦时期煤炭产业进行研究是为了了解中国煤炭开发利用的起源，史料记载夏、商、周时期我国煤炭已经逐步得到了广泛的利用，周代（公元前 1122 年）我国煤炭工业的开采技术已经从露头煤开采发展到地下开采，管理体制上出现了完善的煤炭开采组织及专业的煤炭采矿管理机构，煤炭行业已经出现技术与管理职责的分工；西汉至南北朝时期我国煤炭开采技术和开采规模都达到一定的程度，煤炭工业生产逐步走向成熟。这个时期建成了中国历史上最早的能源生产储备基地（曹操于公元 210 年修建冰井台用于储存大量煤炭），煤炭的开采利用区域也扩大到新、甘等省，煤炭广泛用于生活、生产领域，这个历史时期是我国古代煤炭开采史上的一个高峰；隋唐宋元时期是我国古代历史上煤炭开发利用的第二个高峰时期，这个时期的煤炭开采技术日臻完善、成熟，煤炭开发利用于炼焦、陶瓷、冶金、医药、建材等行业，宋元时期设立了专门的煤炭管理机构，并设立大型煤炭生产基地、煤炭储备基地、煤炭交易市场；明清时期煤炭已经发展成为关系民生、政治与社会稳定的重要产业，这一时期出现了历史上最早的能源市场准入制度——政府对煤炭产业实行采煤执照和招商采煤制度。这是我国能源开发历史上资源管理与生产监管制度上的创新，对于依法保证资源的有序开发以及煤炭业的发展起到重要作用，而招商开采是早期的宏观调控方式，此外，政府在煤炭产业的税收、贷款、安全保障、建立规章制度等方面均有创造，明清时期我国煤炭工业达到古代煤炭开采史上的顶峰。

## （二）中国近代煤炭产业的发展变迁

中国近代煤炭工业的时间周期一般指 1860 ~ 1949 年，这个时期我国煤炭产业发展具有两个显著特点：一是中国古代煤炭工业生产传统落后的依靠人力、畜力和水力的动力方式被先进的近代工业的蒸汽动力取代，因此我们认为中国煤炭产业已经发展到近代工业化生产阶段；二是煤炭产业生产方式从古代的手工作坊生产方式向资本主义生产方式转变。生产技术革命与生产方式的转变推动我国近代煤炭产业的快速发展。综合中国近代煤炭产业的发展水平可将这个时间周期划分为三个阶段：

一是起步阶段 (1860～1895)，这也是中国近代煤炭工业发展的第一阶段。这个时期一方面中国在政治上由于被西方国家侵略沦为半封建半殖民地国家，另一方面中外贸易不断增加，无论是市场需求还是政治原因外国资本和国内资本开始加大对煤炭产业的投资，国外先进煤炭生产技术与设备被引进到中国，使中国煤炭产业开始进入近代工业生产时期。

二是发展阶段 (1895～1936)，这个阶段前期中国的煤炭产业基本被国外资本控制，这一时期既是中国煤炭产业的发展阶段也是中国政治主权没落的体现。中国近代煤矿是在半封建半殖民地经济结构形成过程中为了适应洋务派和外国资本主义的需要而产生的，其创办人和控制人大都是封建官僚及外国资本买办，生产技术、所有设备、管理全部来自外国。这一时期我国煤炭主要用于国内军民工业以及出口，仅有极少部分进入居民消费市场。到这个阶段中后期我国的煤炭管理工作有所进步，政府加强了资源立法并制定了矿业法，并逐步开展了全国范围的煤田地质调查工作，初步搞清了中国煤田分布与煤炭储量，这是我国煤炭工业发展史上的一大进步。到本时期的中后期由于近代工业的发展，煤炭不仅作为重要的能源与化工原料在火力发电、金属冶炼、机车运输、化工生产以至人民生活都得到广泛利用，我国煤炭工业在这一时期有了较大的发展。

三是最高阶段 (1936～1949)。这一时期中国先后经历抗日战争及解放战争，当时的国民政府为了战时国民经济与军事需要，通过一系列的措施来促进我国煤炭产业的发展：一是从政策层面放开市场准入，通过制定战时领采煤矿办法吸引资本投资煤炭开采以增加战时的能源供应；二是从金融上采取提供贷款支持的办法鼓励煤炭工业的发展；三是通过实行矿工缓役的办法保证煤炭企业在战时可以保持正常生产。由于各种措施的有力实施使处于战争时期全国煤炭总产量依然保持不断上升，这一时期的煤炭勘探技术、开采技术得到提高，与煤炭相关的产业也得到发展。战争是能源市场的极端市场状况，我国在1936政治、社会处于战争动荡时期推行的各种能源产业政策对于我国未来制定面向危机的能源安全应急措施具有一定的借鉴意义。

上述近代中国煤炭工业的三个发展阶段是中国煤炭工业的技术装备水平不断提升、数量不断增加、新的生产组织形式及管理模式不断创新的过程。这一时期中国煤炭工业不仅自身得到很大的发展还带动了冶金、电力、交通运输等相关产业，是近代中国经济增长的主要推动力，有力推动我国由农业社会向工业社会的转型，这种转型既改变了中国工业分布不平衡的格局，也冲击了传统的中国经济社会，更是新中国成立后煤炭工业继续发展的重要基础。

## （三）中国现代煤炭产业的发展变迁

中国煤炭工业的发展从 1949 年新中国成立后至今可分为三个阶段：

一是从 1949 年建国至 1980 年的计划经济时期。这一时期我国煤炭行业的项目审批、投资、设计、施工以及煤矿建成的煤炭生产、销售、定价均由国家按照计划经济模式统一安排。这种计划经济体制下尚不存在煤炭市场这一概念。

二是 1980 年至 1997 年我国煤炭产业粗放发展时期，我国投资体制在 20 世纪 80 年代初改革开放后发生了变化，计划经济时期的煤矿拨款投资方式转为由银行向企业提供项目贷款，煤矿建设也从计划经济时期的国家任务向追求项目投资效益转变。改革开放带来的生产力解放使各个行业得到快速发展，社会经济对能源需求也急剧增长，体制的变化使各种资本都可以进入煤炭行业，全国煤炭产能也迅速提高。到 1997 年全国大小煤炭矿井达到 6.7 万个，产量从 1949 年的 3000 万吨增长到 13.73 亿吨，全年煤炭工业总产值达到 844 亿元。尽管这一时期我国煤炭产业得到快速发展，但煤炭企业尤其是国有煤炭企业依然承担了许多原本应该由政府承担的社会职能，煤炭企业还没有建立作为真正的市场主体所需的投资风险和约束责任机制。

三是 1997 ～ 2007 年中国煤炭产业的整顿治理期。针对改革开放初期粗放型管理政策引起的煤炭产能盲目扩张与集中度低、市场需求信息传导不畅的矛盾，以及当时煤炭市场竞争极度激烈、价格秩序混乱、煤炭资源的不可再生稀缺性没有在价格中得到体现的情况，国家对整个煤炭行业进行了整顿：首先通过颁布一系列文件法令调整产业结构、推进资源整合、提高煤炭产业的集中度，大幅提高煤炭产业的进入门槛；其次彻底终止财政预算内资金投资煤炭产业的历史，鼓励企业逐步通过多层次资本市场拓宽煤矿建设项目融资渠道，逐步完善煤炭市场体系中的各种政策、法规以及基础设施建设，形成了神华集团这样的煤炭、运输、电力一体化经营的特大型煤炭能源公司，经过这一时期的改革与整顿，我国煤炭产业的技术、经济实力进入世界领先行列。

# 二、我国石油天然气工业发展历史进程

石油天然气是现代工业的血液，既是现代经济社会的主要能源，更是现代工业必需的原材料来源。我国石油、天然气的开发利用历史可以追溯到两千年前，但直到新中国成立以后石油天然气才真正发展成为我国现代能源生产部门。中国近代石油工业出现于 19 世纪中后叶，但中国直到解放以前都是典型的石油输入国，本国的石油生产能力非常小。从 1867 年美国向中国出口石油制品开始，石油成为我国仅次于鸦片、棉纱的第三大进口商品，中国石油市场基本被国外石油垄断。1878 年在台湾苗栗用近代钻机建成中国第一口近代油井标志着我国近代石油工业发展的始端，1907 年在陕西延长建成中国大陆第一口近代油井，这些油井的建成标志着我国油井从古代原始的人力与畜力为动力的石油开发模式向以机械为动力的近代石油工业模式的转变。中国近代石油工业基础非常差，生产技术落后、生产规模小、产量低。中国石油天然气工业的真正发展时期是新中国成立以后，大概可以分四个发展阶段：

恢复与发展期 (1949 ~ 1960)。这一时期主要在我国中华人民共和国成立前原有的石油工业基础上开展石油勘探与开采，并在玉门油田建成有代表性的体系化石油工业基地。经过这个时期的开发与建设，到 50 年代末全国已初步形成玉门、新疆、青海、四川4 个石油天然气基地。1959 年全国原油产量达到 373.3 万吨，这一时期四川天然气产量从 1957 年的 6000 多万立方米提高到 2.5 亿立方米。在加大石油天然气资源勘探与开采建设的同时，针对我国炼油工业十分薄弱的现状，先后扩建、新建了上海、克拉玛依、冷湖、兰州、大连等 8 个年加工能力为 10 ~ 100 万吨的炼油厂，到 1959 年时我国汽、煤、柴、润四大类油品产量达到 234.9 万吨，主要石油产品自给率达到 40.6%。我国初步建立起现代石油天然气工业。

高速发展期 (1960 ~ 1978)。中国从 1960 年 3 月开始以大庆为起点在全国开展石油会战，通过技术与管理的革新，科学的开发，逐步形成我国特色的石油、天然气工业开发模式，实现我国石油、天然气市场的两个自足：一是到 1963 年中国石油天然气实现自给自足，供需基本平衡。我国同期的石油天然气工业布局先后扩张到山东东营的胜利油田、天津大港油田以及辽河油田，通过这些大油田的建成投产，我国于 1973 年成为石油出口国；二是在大庆等油田的开发我国原油产量的快速增长的同时也推动了我国石油炼化工业的发展，到 1965 年我国生产汽、煤、柴、润四大类油品 617 万吨，石油产品品种达 494 种，自给率达 97.6%，提前实现了我国油品自给。

稳定发展期 (1978 ~ 1998)。随着我国在十一届三中全会后将工作重心转移到以经济建设为中心上来，我国石油、天然气工业进入一个新的发展时期。在 1985 年我国原油产量达到顶峰后由于我国国民经济快速发展，对能源的需求急剧增长，我国自有原油产量开始无法满足市场需求，我国从 1993 年开始又成为石油净进口国。这一时期先后成立中国海洋石油总公司、中国石油化工总公司、中国石油、天然气总公司、中国新星石油有限责任公司四家主要石油、天然气市场的生产供应商。

现代石油工业发展期（1998 年至今）。这个时期由政府主导的石油、天然气行业改革重组也奠定了我国现有能源市场重要组成部分的石油天然气市场结构。改革初期成立的以石油天然气上游勘探开发为主的中国石油天然气集团公司，和以石油、天然气下游炼化为主的中国石油化工集团公司均发展成为石油、天然气上下游产业链完整、内外贸易结合、产销一体化的公司。由于改革设计方案中使中石油、中石化分别占据我国南北石油、天然气市场的主导地位，而中国海洋石油总公司仍保留原有体制并以海洋石油勘探开发为主，形成中国石油、天然气市场三大巨头垄断的市场格局。由于我国国民经济持续快速发展，经济规模不断扩大，我国石油、天然气国内生产能力与国内需求缺口日益扩大，石油、天

然气对外依存度持续提高，到 2011 年，我国原有产量 2.01 亿吨，天然气产量达到 1011.15
亿立方，石油对外依存度突破 56%。

从我国石油、天然气产业发展历史可以看出，我国国内石油、天然气供需都不断上升，
但自给率年度曲线变化呈现倒 U 型，尽管产量增加，自给率却不断下降。

## 三、我国电力工业发展历史进程

19 世纪末电力工业的出现是人类工业文明上升到一个新的历史高度的重要标志，电
力工业的出现对农耕社会产生了根本性的变革，使人类社会发展到一个工业化、信息化、
现代化的社会。

中国电力的出现基本与世界有电的历史同步。从 1875 年巴黎建立世界上第一家发电
厂标志着世界电力时代的来临，中国 1882 年就由毕晓普在上海成功进行电弧发电实验并
点亮上海外滩到虹口 6.4 公里的路灯照明，到同期清朝工部成立西苑电灯公所为仪鸾殿安
装第一盏电灯，以及同期立德尔成立上海电气公司建立中国第一个发电厂，随后清朝洋务
运动的三位重要人物——李鸿章、左宗棠、刘铭传开始在中国建设和发展电力工业，中国
以外商控制为主、民族电力工业为辅的电力工业处于萌芽起步阶段。到 1936 年年底全国
电力装机容量仅为 136.59 万千瓦（不含台湾），当时最大的电力公司为上海电力公司装
机容量仅为 16.1 万千瓦，同期我国 3.5KV，154KV 电压等级输配电网也得到相应的发展。

抗战到中华人民共和国成立前我国的电力工业由于长期战争基本处于停滞状态，到
1949 年全国装机只有 185 万千瓦，全年发电量 43.1 亿千瓦时，全年实际用电量 34.6 亿千瓦时。
除了东北有少数几条 220KV 及 154KV 输电线路以外，我国其他地区仅有部分城市存在发
电厂及直配线路形成的中心城区供电区，中国电力工业极为落后。

1949 ~ 1978 年是中国电力工业的快速发展期，到 1978 年我国电力装机达到 5712
万千瓦，发电量达到 2566 亿千瓦·时，我国电网建设也取得巨大成就：其中建成 330KV
电压等级的输电线路 533KM，330KV 等级的变电设备 49 万 KVA；建成 220KV 电压等级
的输电线路达到 22672KM，220KV 等级的变电容量 2479KVA。到 1987 年我国电力装机
首次突破一亿千瓦。从 1987 年开始，以后每年新增电力装机均超过 1000 万千瓦，不到 7
年我国装机就突破 2 亿千瓦。我国电力装机一直保持快速增长势头，截至 2011 年，我国
电力装机容量突破 10.56 亿千瓦，全国全口径年发电量达到 47217 亿千瓦价，我国电网形
成 220KV 交流、SOOKV 交直流以及当今世界最高电压等级的 1000KV 特高压输电网络。

现在中国已经建成由世界上规模最大、覆盖范围最广、电压等级最高的电网以及装机
规模最大、发电方式最完整的发电厂组成的电力工业。

## 四、我国能源管理体制变迁

能源产业既涉及国家战略性物质比如石油、天然气等，又涉及煤炭、电力等关系国民经济命脉的部门，能源市场供应又具有较强的自然垄断性。因此能源与国民经济之间既具有紧密联系，是国民经济重要组成部分，又具有公共产品的特征，甚至其公共性比交易性更强。"能源主要是作为一种公共服务，其次才是作为一种商品。相应地，传统的能源法律关系更多地体现出行政法的特征，即以维护能源行政管理关系为基础，以政府行政命令直接管理能源事务与能源企业服从政府命令为方式，包括能源经营特许权的授予、产供销计划的执行、税收征管、企业征用或国有化和补贴等。"由此可以看出对能源加以监管，尤其是管理关系国家安全的重要能源，为国民经济发展提供安全、可靠、经济的能源保障，是能源管理体制的目的所在。由于国民经济与能源市场状态是动态变化的，且能源市场必须与经济社会发展水平相匹配，这就要求能源管理体制必须根据实际变化进行调整。由于能源在社会经济生活中的重要性，能源管理体制的变化与调整在实践中又往往相对比较谨慎保守。我国能源管理体制中主要强调行政管理，能源的法律关系更多地体现为行政法属性。我们根据能源的内在特征和外在关联分析可以看出能源问题并非仅限于产业发展与市场供需问题，而是具有明显的综合性特征，涉及国家安全、产业发展、能源外交、环境保护、社会福利等一系列重大问题，因此能源管理不应当只局限于行政管理这一个环节，而应该是一种综合性管理。

我国能源管理体制从新中国成立以后不断发生纷繁复杂的变化。梳理我国60多年来的能源管理体制变迁可以看出我国总在不断地对能源集中、分散、集中的管理模式进行探索的基本脉络中变化和前进，也可以看出我国能源管理体制历次改革变迁中既具有稳定性和连续性又具有保守性，能源管理体制中存在的行政管理为主导的内在问题至今并没有得到大的改观，甚至与新时期国民经济社会发展形势不相适应。我国能源管理体制变迁主要有以下层次的改革：

### （一）我国能源管理机构的变革

我国能源管理机构从解放新中国成立以后从机构设置、管理职能都一直在不断发生变化，基本可以归纳为能源集中管理的四个尝试阶段：

第一次能源集中管理尝试阶段时我国处于计划经济时期，这个时期与国民经济其他部门一样我国能源管理只是在能源集中管理还是按照能源品种分类管理之间进行选择，无论哪种管理模式都是建立在计划经济行政管理基础上。这个阶段由于没有建立市场经济，我国的能源管理也谈不上市场管理。

第二次集能源中管理尝试阶段是在改革开放初期，但由于我国市场经济体制建设刚起步，各种配套改革都处于初始阶段，因此很快就结束这次集中管理尝试。

第三次能源集中管理尝试阶段是计划经济与市场经济过渡阶段的改革尝试，这个时期能源管理体制逐渐向市场化改革转变，开始建设现代能源企业治理结构。

第四次能源集中管理尝试阶段是在我国基本建成中国特色市场经济体制基础上的改革尝试，能源管理已经基本从行业行政管理向市场管理转变，能源集中管理趋势进一步得到增强。

## （二）我国能源行业管理的变迁

### 1. 我国煤炭行业管理变迁

建国初期我国由于石油、天然气工业还没有起步，煤炭在国民经济中具有非常重要的地位，我国对煤炭行业实行政企合一的管理模式：1949 年设立的燃料工业部下设煤矿管理总局直接管理华北地区的国营煤矿企业和华东地区的部分国营煤矿企业；东北、华东、中南、西南、西北军政委员会都设立煤矿管理局负责管理所属地区的国营煤矿。"一五"计划初期燃料工业部在我国撤销大区制后分别设立华北、东北、华东、中南、西南和西北 6 个直属煤矿管理总局的区域煤矿管理局，负责其所在地区国营煤矿管理。

1955 年撤销燃料工业部后成立的煤炭工业部对煤炭行业管理基本沿袭政企合一的行政管理模式。这个阶段煤炭行业管理机构经历数次拆分与合并，所进行的改革基本只是管理机构形式的差别，尽管中间成立数个全国和区域性公司，但这种政企合一的国有公司与现代公司化治理结构的企业制度差别非常大。

1998 年之后我国煤炭行业的市场化改革加速：1998 年撤销煤炭工业部后煤炭行业行政管理职能交由国家经贸委管理的国家煤炭工业局负责；2000 年成立了国家煤矿安全监察局；2001 年撤销了国家煤炭工业局，煤炭的行业管理职能分别由国家经贸委和国家计委等部门负责；2003 年国家计委变更为国家发展与改革委员会后煤炭管理由国家发改委负责；2008 年成立国家能源局后，煤炭的行政管理由国家能源局负责。我国煤炭行业实现政企彻底分开，煤炭行业基本完成市场化改革，我国煤炭行业也得到迅速发展。

### 2. 我国石油行业管理变迁

建国至今我国石油工业的管理体制经历了数次变革与调整，总的趋势是从统一的高度集权计划管理模式逐步向市场化管理过渡。

石油工业的集权计划管理阶段。1950 年中央人民政府设立的燃料工业部下设专门进行石油管理的石油管理总局，并在 1955 年撤销燃料工业部时成立了专门的石油工业部。1970 年 6 月撤销石油工业部并成立燃料化学工业部后，石油的行业管理职能也划归燃料化学工业部。1975 年恢复的石油工业部重新承担石油行业管理职能。1980 年石油部由国家能源委员会负责管理，1982 年能源委员会年被撤销后石油工业部由国务院直接领导。

1978～1988年也是我国石油行业开始进行市场化改革的第一个阶段,坚持"引进来"方针。1982～1983年期间分别成立负责海洋石油对外合作事务的中国海洋石油总公司和石油工业部炼油板块剥离出来成立的中国石油化工总公司。

从20世纪80年代初期到1998年是我国石油工业发展的专业化分工阶段,石油工业管理体制逐步进行专业化分工,实行政企、政资分开改革。已经成立的石油企业尽管仍然承担着大部分的政府管理职能,但我国石油产业总体趋势开始向企业化管理方式转变。1988年撤销石油工业部的基础上成立中国石油天然气总公司,中石油、中石化、中海油三大石油公司的成立是我国石油工业管理体制改革的重大成功实践,对我国石油工业的发展具有重要的意义。由于三家石油公司成立初期改革方案的不完善导致彼此产业链、地域、陆海分割,发展矛盾和利益冲突问题日益凸显。为了进一步对我国石油工业进行市场化改革,1998年经过集团化重组成立了负责我国北方11个省区内的油品业务的中国石油、天然气集团公司,和负责我国南方几个省区的油品业务的中国石油化工集团公司。中国石油、中国石化、中国海洋石油三大石油企业先后分别在纽约、伦敦、香港上市,随着市场化进程继续深入,石油价格除成品油实行政府指导价、天然气政府定价外石油、石化产品实行市场定价。中国石油、中国石化、中国海洋石油加上负责进出口的中国中化等经过一段时间的发展,各个集团内部均实现上下游、内外贸、产销一体化,各集团之间形成互相交叉、各有优势、有序竞争与合作的格局,我国石油工业的实力与国际影响力得到极大的增强。

### 3. 我国电力行业管理变迁

新中国建国初期电力行业实行军、政、企一体化管理。我国电力行业管理变迁经历了政企分开,计划管理模式向市场管理模式转变的过程。

从1949～1979年30年间我国电力工业经历数次行业调整,电力部几次撤销、合并、分立以及电力行业管理的收权与放权都没有改变电力政企合一的行政管理体制。

从1978～1997年是电力市场化改革的第一阶段,这个阶段推行电力工业政企分开的改革,先后成立了中国电力企业联合会和国家电力公司,1998年撤销电力工业部并实行电力工业的行政管理与产业经营发展相分离,成立华能、大唐等发电公司和长江三峡、清江、五凌等水电公司,成立华北、东北、华东、华中和西北成立五大电力集团公司和南方电力联营公司,全国除西藏和福建外各省市、自治区都成立了省电力公司。我国电力工业开始进入市场化发展与管理模式。1997～2000年是我国电力体制改革的深入阶段,这一时期进一步对电力工业推行政企分开与公司化改组。

2000年以后,以"厂网分开、竞价上网、打破垄断、引入竞争"为目标,我国电力工业管理体制改革进入第三个阶段。2002年成立了国家电力监管委员会,作为电力行业监管部门;成立国家电网、南方电网两大电网公司;成立华能集团、大唐集团、华电集团、国电集团、中国电力投资集团五大发电集团和中国水电顾问集团、中国电力顾问集团、中国水电建设集团、中国电力建设集团四个辅业集团,至此中国电力工业彻底完成政企分离的改革，各电力企业按照现代企业制度进行公司化管理，并参与市场竞争。2008 年后电力市场行政管理职能中的投资核准审批、价格管制、市场运营监管等行政管理职能分别由国家能源局、国家发改委、电监会负责。

纵观我国能源管理体制的历次改革与调整，基本朝着市场化管理的方向发展。建国70 多年来，我国数次尝试能源的集中管理，但都只是试图进行能源供应的统一管理，但能源行业的项目审批、价格管制等行政管理职能基本都一直保持在国家计委、国家发改委、国家能源局的范畴，历史上成立的燃料工业部、能源委员会、能源部旨在统一能源管理的努力都因为能源行业管理职能的分散无法集中而失败。剖析几十年来我国能源管理体制变革的脉络，基本都是一些部门管能源生产项目的审批，决定哪些能源项目可以上，上多大的产能，在哪些地方布局；一些部门管能源价格的制定，制定市场上能源价格的多少；一些部门管能源生产的数量；一些部门管能源行业法律法规的执行监管以及市场运行规则的制定。我国能源市场基本形成事前、事中、事后相分离，能源市场主体要求按照市场经济规则进行竞争，而能源行政管理部门按照计划经济规则进行指令管理的格局。

# 第四节　中国能源、经济结构优化政策

## 一、基本概念

### （一）能源结构

能源结构是一次能源总量中各种能源的构成及其比例关系。通常由生产结构和消费结构组成。从总生产量分析能源结构，称为能源的生产结构，从总消费量分析能源结构，称为能源的消费结构。一次能源资源丰富的国家和地区，影响其生产结构的主要因素有：资源品种，储量丰度，空间分布及地域组合特点，可开发程度，能源开发及利用的技术水平。在能源生产基本稳定，能源供应基本自给的基础上，能源生产结构决定着能源消费结构。一次能源资源贫乏，能源产品依赖进口或输入的国家和地区，其能源生产结构和消费结构取决于产品来源、保证程度及相互替代的经济性。如某些工业发达国家国内煤炭生产的比重，往往受进口石油数量大幅度增减的影响。

### （二）经济结构

指国民经济的组成和构造。它有多重含义：

①从一定社会生产关系的总和来考察，则主要通过不同的生产资料所有制经济成分的比重和构成来表现。

②从国民经济各部门和社会再生产的各个方面的组成和构造考察，则包括产业结构（如一、二、三次产业的构成，农业、轻工业、重工业的构成等）、分配结构（如积累与消费的比例及其内部的结构等）、交换结构（如价格结构、进出口结构等）、消费结构、技术结构、劳动力结构等。

③从所包含的范围来考察，则可分为国民经济总体结构、部门结构、地区结构，以及企业结构等。

④从不同角度进行专门研究的需要来考察，又可分为经济组织结构、产品结构、人员结构、就业结构、投资结构、能源结构、材料结构等。

一定的社会经济和技术条件，要求与它相适应的一定的经济结构。经济结构的各个组成部分之间，都是有机联系在一起的，具有客观制约性，不是随意建立任何一种经济结构都是合理的。一个国家的经济结构是否合理，主要看它是否适合本国实际情况；能否充分利用国内外一切有利因素；能否合理有效地利用人力、物力、财力和自然资源；能否保证国民经济各部门协调发展；能否有力地推动科技进步和劳动生产率提高；是否既有利于促进近期的经济增长又有利于长远的经济发展。

## 二、能源结构、经济结构与经济增长关系理论的基本假定

从世界各国能源的生产结构与消费结构来看，能源的生产与消费与经济的增长有着十分密切的关系，两者结构的每一次巨大的变化都会引起世界经济及区域经济的相应变化。因此，从经济的角度来研究能源结构、经济结构以及两者与经济增长的关系，是从能源结构、经济结构与经济增长间存在着相关性这一前提出发的。在这一前提下，我们从以下具体的假定出发来研究两者与经济增长的关系。

### （一）经济的增长以 GDP 的增长率为基本衡量指标

由于经济增长具有长期性，因此经济增长意味着在较长时期内的经济领域内的人民生活水平的变化。同时，经济增长强调的是整个社会或较大的区域内的人民生活水平的提高，因此经济的增长具有总体性，这就需要在较长时段内加以研究。上述两要求经济增长衡量指标需要既体现长期性，又要保证整体性。GDP 这一经济增长率的经济指标可以较好地体现上述经济增长的两个基本特征。此外，从能源结构与经济结构的角度对经济增长进行研究也表明 GDP 是一个不错的选择。原因是能源结构与经济结构的变化也是一个长期的过程，而其对经济增长的影响也是需要在较长时期内才能够充分体现出来的。加之能源与经济结构需要在较大范围内来调整，所以 GDP 这一经济的年均增长率就是研究能源、经

济结构与经济增长之间关系时较为恰当的变量。

## （二）能源结构本身并无优劣之分，能源结构的合理性主要是看其是否适应其所服务的经济环境

能源结构包括生产结构与消费结构。能源结构后于能源分布与能源消费而形成，因此从这个意义上来理解能源结构可以将其看作是一定能源分布与能源生产、能源消费的产物。能源结构是人们对一定社会的政治经济环境下的能源生产与消费情况的规律性总结。无论是经济的增长还是衰退，都会有与之相配的能源生产与消费结构，当能源的生产与消费结构处于经济增长状态时，则这一能源结构可以基本断定其促进了经济的增长。反之，当能源的生产与消费结构处于经济衰退状态时，则这一能源结构可能基本断定为延缓或滞停了经济的增长。但这并不意味着前一个能源结构就优于后一种能源结构。因为如果经济的发展水平较低，选择较高经济发展水平下的能源结构就会造成能源结构的无谓损失；同样，经济发展水平较高，选择较低经济发展水平下的能源结构就会造成能源结构的不足，即经济发展的无谓损失。这表明不同的能源结构会在不同的经济环境中发挥其最大效用，结构本身不存在优劣高下之分，主要是能否针对经济发展的特点来选择恰当的适合经济发展水平的能源结构。

## （三）经济结构本身无优劣之分，经济结构的合理性主要是看其能否与特定的经济环境相适应

与能源结构的产生类似，经济结构是人类自交易由简单变得复杂的过程中所总结抽象出来的关于经济社会中各组成部分于整个经济系统中所占比例、所发挥的功能等一系列指标的集合。因此经济结构也是后于经济发展的而形成的，对经济的设计与创新也是基本已有的经济的结构的，这也符合物质决定意识的基本的事物发展的基本规律。世界各国的经济发展所选择有经济结构有所不同，一个国家不同时期所选择的经济结构也有所不同。任何一个经济体的发展中会不断地调整其经济结构以适应不断变化的经济环境。对一个进入更高阶段的经济体而言低效率的经济结构未必不适应于其他处于较低发展阶段的经济体；较低发展阶段较低水平的经济体的经济结构也未必对较高发展阶段的经济体没有借鉴意义。由于经济具有长期内必然向更高阶段发展的基本特征，因此经济结构也就具有在特定的经济发展阶段对经济发展的促进作用。与此同时，世界各个国家各个区域经济发展水平的不一致性也决定了经济结构不会因经济长期内向更高阶段演化而失去其市场价值。所以，经济结构的产生过程与经济发展的客观规律决定的经济结构无高下优劣之分。

### （四）能源结构与经济结构存在着一致性，其一致程度决定着两者结构对经济的贡献程度

这一假定是上述两个假定的基础上推演而来的。经济的发展离不开能源，而能源结构又是衡量能源对经济产生作用的重要指标，其与经济发展水平的一致程度是经济能否快速高效发展的一个重要决定因素。与此同时，经济结构是经济处于何种发展水平的一个重要衡量指标，经济结构与经济发展水平的一致程度也是决定经济能否快速有效地发展的一个重要决定因素。可见，能源结构与经济结构间必然有着对经济发展贡献程度的一致性。也就是说，两者结构上和相适度是决定着两对经济发展做出贡献多少的一个重要因素。两者的相适度越高，其对经济发展的贡献越大，反之越小。这一点不难理解：如果能源结构与经济结构存在着对经济发展贡献度的不一致情况，要么是能源有效水平的损失，要么就是经济结构有效水平的损失。

上述四个假定是研究能源结构、经济结构与经济增长关系的基本假定。这些基本假定基本上反映了实际经济运行中能源结构、经济结构与经济增长三者之间关系的真实情形，使得我们在研究三者关系时有了较好的逻辑起点，也使得基于此的研究成果具有较强的可操作性及广泛的应用性。

## 三、能源、经济结构与经济增长关系

### （一）能源结构与经济增长

能源的生产与消费是拉动经济增长的重要因素，社会中的各种经济行为从某种意义可以理解为是对各种资源进行的生产与消费，能源是诸多资源中较为重要的一种，其往往会对经济的变化起到较为明显的制约作用。而能源对经济实施有效率的影响的主要途径之一就是结构的调整与变化。一般地，能源结构与经济发展状况的适应度越高，其对经济增长的贡献越大。

### （二）经济结构与经济增长

经济结构与经济增长是否适应是衡量一个国家经济是否良性发展的一个重要标志。一定的社会经济和技术条件，要求与它相适应的一定的经济结构。构成经济结构的各个要素是相对固定的，不同的经济结构只是这些要素的不同组合方式而已。因此，经济结构本身并没有优劣高下之分，有些经济结构之所以表现为与经济社会不相适应，是因为经济社会

的管理者并未根据社会的经济和技术条件选择符合社会发展状况的经济结构。如果经济增长过程中选择了恰当的经济结构，那么这一经济结构就会有效地促进经济的增长，反之就会延缓甚或滞停经济的增长。因此，与能源结构一样，经济结构也是经济增长中对其产生重大影响的要素之一，经济结构与经济增长间有着密不可分的关系。从某种意义上来讲，经济结构也是一种资源，其需要合理地被配置在各种不同的经济环境中，使其效用得到最充分地开发，尽量避免效用的损失。

### （三）能源结构、经济结构与经济增长

能源结构、经济结构两者均对经济增长有促进作用，两者同时作为除了在索洛模型中的利率、劳动力、资本、折旧率等影响经济增长的因素外的影响经济增长的重要因素，其自身的变化与两者间的关系就成了分析其影响经济增长时的必须解决的问题。能源与经济均存在着多种结构，且这些结构本身无优劣高下的差别，因此每一种能源结构和经济结构都对经济有着促进作用。但能源与经济结构对经济增长的促进作用能否发挥出来，以及发挥到什么程度是由其与现实的经济环境的相适度所决定的，对于同一能源或经济结构而言，相适度越高，对经济增长的促进作用越大，反之越小。对于不同的能源或经济结构来说，其对经济增长的促进作用就会有所不同。一般地，能源或消费结构的适度弹性越大，同样适度水平下其对经济的增长作用越明显。由于适度性的高低主要体现为其适应经济时所花费的成本的多少，所以低适度意味着成本低，但低适应度却能够实现高增长，这就是经济增长适度弹性高的益处，而经济增长的适度弹性高是源于能源和经济结构本身的构成及其发挥作用的成本要低于同样适度性的其他的能源或是经济结构。但同一能源或经济结构在不同的经济环境中其适度性可能会完全不同。由此可知，从能源与经济结构的角度来理解经济增长就是：在经济增长中，会尽可能地选择那些增长的适度弹性较大的能源和经济结构实现经济高速低耗的发展。

## 四、中国能源、经济结构优化政策

中国能源结构、经济结构和经济增长间存在着不同程度的不适度与不拟合，因此需要对能源与经济结构加以优化与调整，从而提高经济增长的效率。对双结构进行优化需要从能源结构与经济结构两个方面入手加以分析。

对于能源结构的优化主要是根据上面对能源结构各个要素包括能源生产结构要素与消费结构要素对经济增长的拟合性与适度性进行优化，通过制度及实施优化政策与建议来提高能源结构的适应经济增长的能力，从而避免经济增长机制与能源结构两类经济社会中要素的无谓损失，从而保证经济增长高效高速。

### （一）调整能源生产结构，促进其与经济增长的适度性

①努力扩大各类能源的生产量，从而增加能源的生产总量，从而与经济增长的速度保持一致，满足经济增长对能源的需求。

②在扩大能源生产总量的同时，要控制其增量幅度，尽量使能源生产的增长幅度与经济增长的速率保持一致。包括建立能源生产与经济增长速率契合水平的监测机制，实行实时信息公布制度等。

③建立国家能源生产项目控制制度，对能源产能的增加实行总量控制和增长幅度控制，保证能源的生产年增长量相对稳定，这样可保证能源的合理开发，避免过度开采。

④进一步地对高能源企业实施降能耗计划，不断提高能源的利用效率，同时开发新的可利用清洁能源，对能源生产中产量过大的高能源实行限产，对低能耗能源的生产实行鼓励政策，这样可以使能源生产结构趋于合理，科学，使得各类能源产量的增幅与能源总量的增幅保持一致。

⑤不断改进能源生产结构，在单位 GDP 增长中能源生产结构趋于合理，同时保持能源生产结构的稳定，促使能源生产弹性保持相对稳定。

### （二）调整能源消费结构，促进其对经济增长的适度性

①控制高能耗能源的消费，在保证基本能源需求的情况下，尽量减少高能耗能源的过度消费或超前消费，鼓励新兴能源的消费。

②充分调查研究能源消费现状，建立能源消费增长幅度预警机制和控制机制。确立能源消费的短期、中期与长期规划，并且与经济增长的幅度保持一致，在经济增长速度调整的同时，调整能源消费增长速度。

③建立能源消费的导向机制，对能源消费中各类能源的消费增量进行调控，对于非正常因素导致的能源消费快速增长采取控制措施，鼓励消费清洁能源，使能源的消费结构中各类能源消费增量的幅度、能耗单位 GDP 增长系数保持稳定。

④要充分认清目前中国的能源消费市场处于快速成长期、能源消费增量较大、能源结构调整频繁这一事实，从而建立起能源消费结构实时调整的快速反应机制。

### （三）调整经济结构，促进其对经济增长的适度性

①鉴于中国城镇人口增量变化路径与 GDP 增量增长路径对比显示城镇人口增量增长对经济增长的适度水平较低，并未与经济增长形成良好的默契，因此需要加快城镇步伐，从而使城镇化速度与经济增长速度保持一致。

②中国在 2000 年以后，GDP 增量增长以持续上扬的路径演进时，第三产业就业人数

增量却始终以"连续 M"的路径来行进，这表明其适度性或高或低，需要建立对第三产业的持续激励机制，保证其增长路径与经济发展路径一致。

③稳步推进地方财政改革，使其与经济发展的方式与速度保持协调。

④工业污水的排放与经济增长的适度性长期内较低，是经济结构适应经济增长中的一块"短板"，必需补长，否则会严重影响经济的增长速度及增长质量，主要是建立关于污水排放的更严格的监管机制，保证达标。

⑤中国进出口贸易增量的增长与 GDP 增量的增长存在较多的不一致，因此需要从宏观上协调进出口贸易的增长，保证优势贸易行业，发展新兴贸易产业。

⑥国家要建立科技三项费用支出的保障体系，从制度上对科技费用的投入加以约束，从而首先实现科技投入与经济增长的适度，进而实现对经济增长长期效用。

⑦最终消费支出贡献率作为经济结构中与经济增长密切相关的要素，其适度水平可谓不容乐观，主要经济增长增量与最终消费支出的不同步，因此，要采取长期的措施，增加居民收入，引导居民消费，使消费真正成为拉动经济增长的主要动力。

⑧从偏离系数来看，对经济结构的调整应该抓住重点，考虑全面，主要是调整最终消费支出、工业污水、进出口贸易这三项指标，然后再调整科技三项费用、地方财政收入、第三产业就业人数、第三产业增加值等项。

⑨从经济结构中各种变量年增量增长的稳定程度来看，经济结构整体上对经济增长的适应度较低，调整的首选也应该是最终消费的贡献率这一指标，因此要努力拉动居民消费。

⑩从长远来看，一定要加大对科技三项费用投入，进一步地减少工业污水的排放，加快地方财政和进出口贸易结构的调整。总之中国经济结构在经济增长中作为一种资源，要充分开发其效用，进而提高经济结构的运行效率，保证经济增长的高效持久进行。

## （四）加大能源结构的调整，提高能源结构各要素间以及它们与经济增长间的拟合度

主要政策对象具体包括：生产结构与消费结构的拟合性、能源生产结构与 GDP 的拟合性和能源消费结构与 GDP 的拟合性。

①从四类主要能源生产增长率所反映出四类能源生产上的拟合度上看，石油生产增长率与其他三者拟合度较低，主要体现在其变化幅度上较小。因此要加大对石油能源产业的政策引导，相较而言，对煤炭能源产业要加以整合，提高其开采利用的技术水平，建立相关制度加以保障。

②针对能源消费结构各要素间的拟合度情况并未达到理想状态的现状，政府在注重煤消费的同时，采取激励机制不断扩大天然气的消费，在投资引导上，注重对水核风能的消费。

③从能源生产结构与消费结构各要素间的拟合度上来看，石油、天然气这两类能源增长率路径则存在明显不一致，或存在能源生产的损失，或存在着能源消费的损失，因此要

建立能源的生产与消费的市场配置机制，使供求实现均衡，主要是加大煤炭和石油的市场供求均衡的宏观调控机制。

④较多情形下，能源生产弹性系数增长率要高于能源消费弹性系数增长率，这表明这些时期 GDP 增长中所需能源要高于消费量，存在着能源生产上的损失，两者拟合度较低。针对这一情况要对能源的生产与消费进行宏观调控，通过限制政策来对能源生产进行调控，可以借此来实现能源生产企业的转型升级，实现资源整合。

⑤能源生产与消费增长的总量间的拟合角度来看，还存在着较多的个体上拟合度较低的情况。主要是中国能源结构从能源生产与消费总量、各类能源生产与消费量及能源生产与消费弹性系数三个方面来看仍旧属于拟合度较低，国家需要建立针对各类能源的生产与消费的具体调控机制，实现对各类能源生产与消费的更具针对性的调控。

⑥从各类能源与 GDP 的拟合情况来看，主要包括以下对策：一是继续对煤炭生产与消费的调控，建立应急预案，防止煤炭的过度开采与消费；二是加大石油的开采与利用，尤其是天然气的利用；三是加大水核风能的开发，包括建立融资平台，加快前期勘探与论证速度等。

⑦能源生产增长率较多时期均低于 GDP 增长率，这种路径特点表明存在着 GDP 增长机制中有较多空间可以利用能源，但能源却存在供应不足，所以 GDP 增长机制就会存在着机制资源的无谓损失。因此要加大新能源的勘探与开采，适时鼓励民间资本进入能源的开发与利用行业，不过要建立科学的规范的约束机制，避免"一哄而上"，从而造成低效率开采，无序开采，以及可能出现的某段时期内的产能过剩。

⑧从能源消费来看，经济增长的多个时期的能源消费并未饱和，因此需要采到措施鼓励消费，可通过国家基础设施投资，鼓励汽车消费等来实现对能源消费的拉动，但同时需要注意控制对煤炭的消费，鼓励对石油、天然气以及水、核、风的消费。

## （五）加大经济结构的调整，提高经济结构各要素以及它们与经济增长间的拟合度

主要包括针对经济结构各指标间的拟合度和经济结构各指标要素与 GDP 间的拟合度的对策建议。

①大力发展第三产业，努力增加第三产业吸纳就业人数的数量，主要包括制定相关的第三产业发展规划，具体的行业规则，将第三产业的从业人员的保障机制与社会保障机制协调，不断提高第三产业从业人员的基本能力，建立固定的行业培训机制等等。

②加大科技三项费用的投入，从制度上保障地方财政对科技三项费用的支出，并且建立相应的财政支出的后期监管。

③对于最终消费支出的激励，要针对不同地区的不同情况区别对待。基本原则上避免出现两者发展路径上太大的波动。对于最终消费支出在城镇人口增长率路径之上时，要努

力加快城镇化的步伐；当最终消费支出增长率路径在城镇人口增长率路径之下时，要降低城镇化的速度，保证两者的拟合。

④从经济结构各要素与经济增长的拟合度角度来考虑对策建议，主要的包括：加快农村人口的城镇化，经济发展水平可以支持农村人口的城镇化，不过需要建立农村人口城镇化的相应保障机制；对从事第三产业的人群采取激励措施，可以从最低工资、社会保障等方面加保障；建立地方财政投资效率研究机构，主要研究地方财政投资效率，使地财政对经济增长的效用更充分地发挥出来；建立更加严格的工业污水排放的监管机制，确保工业污水排放合格的同时，还要降低排放成本，可以通过引入先进技术来实现；调整进出口贸易结构，扩大优势产业出口量，提高出口产品的技术含量，从而增加出的稳定性；继续扩大科技三项费用的投入。

总之，中国对能源与经济结构的调整要重在提高能源与经济结构对经济增长的适度性与拟合性，要注意在尊重市场经济发展规律的基本前提下，遵守以下几个原则：总体性和局部性相统一；短期目标与长期目标相统一；重点与非重点相统一；公平与效率相统一。争取实现经济更科学理高效地发展，最大化能源与经济结构这两类重要的经济社会的资源。

# 第二章　能源与经济基础

## 第一节　能源需求

### 一、能源需求的基本概念

能源需求指消费者在各种可能的价格下，对能源资源愿意并且能够购买的数量。与一般产品的需求一样，能源需求必须满足有购买的欲望和有购买的能力两点，缺少任何一点都不会产生有效的需求，进而在市场上形成实际的购买力。

人们对社会产品和服务的需求是一种绝对需求。能源需求在很大程度上是一种派生需求。是由人们对社会产品和服务的需求而派生出来的。能源需求从本质上来说，是类似于劳动和资本这样的生产要素，因为能源可以转换为现代化生产过程中所必需的燃料和动力，或直接作为最基本的生产原料，它们与劳动、资本等生产要素相结合，就能为市场提供产品和服务。因为能源需求的派生性质，在其他条件不变时，能源需求水平会随着市场产品需求的变动而变动。

能源需求是能源经济学的一个基本概念，在实际应用中容易与能源消费相混淆。能源消费量是有效能源需求的反映，当能源供给充足，且不存在库存时，能源需求在量上等于能源消费。但是，能源需求一般很难准确测度，因此，实际分析中仍经常用能源消费代替能源需求。

### 二、我国能源需求的现状

中国是目前世界上第二位能源生产国和消费需求国。能源供应持续增长，为经济社会发展提供了重要的支撑。能源消费需求的快速增长，为世界能源市场创造了广阔的发展空间。中国已经成为世界能源市场不可或缺的重要组成部分，对维护全球能源安全，正在发挥着越来越重要的积极作用。

## （一）增长迅速的能源需求量

能源问题是关系我国国民经济增长和可持续发展的关键问题。我国经济在过去的 30 年间保持了较高的增长速度，由此也导致对能源需求量的快速上升。自 1978 年改革开放以来，中国经济进入了经济增长的快车道，国内生产总值和能源需求量增长迅速，年增长率分别为 9.6% 和 5.2%。2005 年，全国能源需求总量 22.2 亿吨标准煤，比上年增长 9.5%，每万元 GDP 能耗为 1.43 吨标准煤，与上年基本持平。其中，煤炭需求量 21.4 亿吨，增长 10.6%；原油 3.0 亿吨，增长 2.1%；天然气 500 亿立方米，增长 20.6%；水电 4010 亿千瓦时，增长 13.4%；核电 523 亿千瓦时，增长 3.7%。我国的 GDP 由 1978 年的 6584 亿元增长到 2005 年的 78678 亿元，平均增长率达到 9.7%，能源需求量由 1978 年的 5.71 亿吨标准煤增长到 2005 年的 22.25 亿吨，年平均增长 5.3%。中国的人均能源需求量也在迅速增长，从 1978 年的 0.09 吨标准煤增长到 2005 年的 1.70 吨标准煤。2002 年以来，中国经济进入了新一轮的增长周期，固定资产投资迅速增长，重工业的比重出现了增大的趋势，钢铁、建材、电解铝等高能耗产业迅速扩张，由此导致能源需求的迅速增长。

## （二）日趋严峻的中国能源进口依存度

中国既是能源生产大国，也是能源需求大国。从总量上看，中国的能源生产和消费基本上是平衡的，根据国家统计局 2005 年有关数据得到 2005 年中国一次能源自给率达到 92.8%，进口依存度仅为 7.2%。但是，受到资源禀赋的影响，中国主要一次能源的供需结构很不平衡。从 1993 年起，中国成为成品油净进口国，1996 年成为原油净进口国，净进口数量不断攀升，2005 年原油和成品油净进口数量分别为 11875 万吨和 1742 万吨，石油进口依存度超过了 40%。中国石油进口依存度的迅速上升使中国能源的日趋严峻。中国煤炭资源比较丰富，2005 年煤炭净出口为 4551 万吨，焦炭出口为 1276 万吨。受国内市场需求的影响，由于石油供给紧张，近些年国内煤炭消费总量增加较快，导致 2004 ～ 2005 年中国煤炭和焦炭净出口数量有所下降。

# 三、能源需求的特征分析

能源消费需求就是要素需求，因为生产过程中的能源需求，并不是直接从能源本身中获得效用和收入，而是因为能源转换成生产过程中所需要的光、热、动力等，使生产得以进行。生产过程中的能源需求具备以下两个主要特点：

## （一）能源需求是派生需求

派生需求是人们对生产要素的需求根源于人们对产品本身的需求。为了生产供人们消费的产品，才产生了对生产要素的需求，生产要素的需求就是对产品需求派生出来的。根据世界各国经济增长的经验，经济增长的过程也就是能源需求不断增长、能源资源不断被开发的过程。在社会生产力水平较低的农业社会，人类只需要采用简单的技术采集木材、柴草等初级的能源；到了工业社会时期，人类利用能源的规模和种类的成倍增长，初等的生物资源已被矿物质能源所取代，煤炭、石油、电力成为人类社会主要的能源。

## （二）能源需求是相互依赖的需求

需求的依赖性是指产品是由不同需求要素相互作用所创造出来的，要素的作用是通过要素组合发挥出来的，很难说多种要素中哪一种要素单独创造出了多少产出。但是由于生产过程和生产工艺的不同，生产同一种产品可能有不同的要素组合，生产过程中的能源需求，可以由不同的能源品种经过加工转换的以满足。

# 四、影响能源需求的因素

能源是支持经济增长的重要物质基础和生产要素。能源消费需求量越大，产品产量越多，社会产量越多，社会也越富足，人们才能享有更多的物质文明和精神文明。能源消费需求量的不断增长，是现代化建设的重要条件。因此，一个国家的能源消费需求水平是衡量其现代化水平的重要标志。能源短缺，供求关系严重失调，就会突出地影响经济发展和人民生活水平的提高。影响我国能源需求具体有以下几个因素：

## （一）技术进步对能源需求的影响

在市场经济体制下，技术进步对能源系统及其供需结构的影响具有重大的现实意义。由于技术进步对能源需求的影响具有影响性，即技术进步可提高能源利用效率进而节约能源消费需求，如何利用当前正在建设的市场经济机制，刺激技术进步，优化能源结构是一个涉及许多因素的复杂问题。技术的进步可以提高能源的利用效率，有效地减少能源投入量，对能源需求也同样的减少。因此，要充分发挥国家高新技术开发区的集聚、引领和辐射作用，降低资源消耗和环境污染，提高产品质量和档次，促进国家完成节能减排目标。

## （二）循环经济对能源需求的影响

发展循环经济，可以提高能源的利用效率，减少能源需求总量。发展循环经济，一是要发展循环型服务业和资源回收产业，实施产业创新，培育新的经济增长点；二是创建一大批循环经济型企业，提高资源利用效率；三是构建以产业体系、基础设施体系、生态保障体系为核心的循环型区域，建立完善的循环经济法规体系、发展机制和框架，通过制度创新和观念创新，引导全民建设资源循环型社会，形成新型的经济发展模式，使国家发展走上和谐可持续发展的道路。

## （三）能源生产总量对需求的影响

供应影响需求。由于我国能源资源赋存分布不均衡从而影响我国能源生产的总量。我国能源资源分布广泛但不均衡，煤炭资源主要赋存在华北、西北地区，水力资源主要分布在西南地区，石油、天然气资源主要赋存在东、中、西部地区和海域。中国主要的能源消费地区集中在东南沿海经济发达地区，资源赋存与能源消费需求地域存在明显差别。同时，能源资源开发难度较大也影响着我国能源生产总量。与世界相比，中国煤炭资源地质开采条件较差，大部分储量需要井工开采，极少量可供露天开采。石油天然气资源地质条件复杂，埋藏深，勘探开发技术要求较高。未开发的水力资源多集中在西南部的高山深谷，远离负荷中心，开发难度和成本较大。非常规能源资源勘探程度低，经济性较差，缺乏竞争力。这两方面的因素影响着我国能源生产的总量，从而进一步影响我国经济生产对能源的需求。

# 第二节　能源供给

## 一、能源供给含义与性质

能源供给是指在一定时期内，能源生产部门在各种可能的价格下，愿意并能够提供的数量。如果由于价格太低，厂商不愿意出售，即使有产品也不能在市场上形成有效的供给。

当今世界供应的主要能源为煤炭、石油、天然气等化石能源，这些能源是典型的自然资源，具有两个方面的显著特点：

①有限性指能源资源总量是有限的，这种有限是绝对的，不是相对人类无限需求欲望而言的相对有限，这种绝对有限性与人类社会不断增长的需求构成了供需结构上的矛盾。当然受人类认识世界能力的限制，人类对各类能源资源（即储量）的探明是一个逐步发现

的过程，但无论人类探明还是未探明，这些能源资源的总量都是有限的；

②区域性指能源资源分布上的不均衡性，存在数量或质量上的显著地域差异，并有其特殊分布规律。从已探明的石油资源储量看，约 3/4 集中在东半球，储量前 10 位的国家占了全球 83% 的份额，中国以 22 亿吨列第 13 位，储量最多的国家是沙特，达 363 亿吨，占全球 21.9%，储量前 5 位的国家都在中东，占有了全球 61.5% 的份额，被称为"世界油库"。类似地，天然气和煤炭资源在全球的分布也具有高度地缘性。

正是由于能源资源的上述两个特点，使得能源供给始终处于能源供需的短边，能源供应安全成为全球关注的一个重点问题，各国都在积极努力，大力促进可再生能源，新能源的开发利用，力求提高能源供给多样化，保证供需平衡。

## 二、我国能源供给体系现状

### （一）能源供给总量

从改革开放以来快速增加，能源供给能力明显增强。从 1978 年的 62770 万吨标准煤增加到 2006 年的 221056 万吨标准煤，是 1978 年的 3.5 倍。

1989 ～ 1996 年，大致保持在年均 3.91% 的增长水平。1997 ～ 2000 年之间出现了能源生产总量的下降，到 1999 年时已经低于 1995 年的水平，仅为 106988 万吨，特别是 1999 年下降幅度最大，比 1997 年减少了 15124 万吨，降幅达到了 12.17%。2000 年以后，我国能源生产总量又呈现出较快的增长势头，增长速度逐年提高，从总量看，三年间增长了 63700 万吨；从增长速度来看更是明显，2001 ～ 2004 年间每年比上年增长都超过了 13%，2007 年产量标准煤 23.7 亿吨，是 2000 年的 1.8 倍，7 年年均增长 8.76%。

### （二）能源供给结构

经过几十年的努力，中国已经初步形成了煤炭为主体、电力为中心、石油天然气和可再生能源全面发展的能源供应结构。2006 年一次能源生产总量 22.1 亿吨标准煤，列世界第二位；原油产量 1.85 亿吨，列世界第五位；天然气产量 586 亿立方米；电力发展迅速，装机容量和发电量分别达到 62200 亿千瓦时和 28700 亿千瓦时，均列世界第二位。

以煤炭为绝对主导的供给结构，没有发生根本性变化。煤炭所占的比例一直在 70% 左右，1980 年是 69.4%，2006 年是 76.7%。石油作为能源供给的第二大主体，在供给总量中的比重呈下降趋势，从 1980 年的 23.7% 下降到 2006 年的 11.9%，天然气则从 1980 年的 2.9 上升到 2006 年的 3.5%，以水电、核电和风力发电为代表的非一次性能源的比重从 1980 年的 3.1 上升到 2006 年的 7.9%，是 26 年前的 2 倍多。

### （三）能源供给主体

从能源供给主体来看，我国的能源供给企业以国有和国有控股为主体，占据绝对垄断地位。私营企业和外资企业虽有所发展，但由于规模较小，难以对市场形成大的影响。

2006 全国能源行业的固定资产投资共计 11826.3 亿元，其中国有及国有控股企业的投资达到了 9255.7 亿元，占 78.3%，集体企业及其控股有 620.7 亿元，私营企业 1513 亿元。如果加上集体控股的部分，占到了固定资产投资的 83.5%。

国有能源企业的资产总计达到 64288.72 亿元，私人企业仅是 2173.57 亿元，是私营企业的 29.58 倍。私营企业主要集中在煤炭开采和炼焦行业，私营企业的在煤炭开采和炼焦等初级产业中的资产分别达到了 624.19 亿元和 979.04 亿元，石油和天然气开采业的资产仅为 8.89 亿元，国有企业是它的 902.92 倍。

主营业务收入，2006 年国有企业是 44823.73 亿元，是私营企业的 18.45 倍，利润国有企业达到了 5095.01 亿元，是私营企业的 29.12 倍。国有企业具有绝对的垄断地位，这对于能源行业的健康发展十分不利。

## 三、当前我国能源供给体系存在问题

市场均衡供需双方共同决定，价格机制调整着供需双方的行为，实现资源的合理配置，一旦市场价格杠杆失灵，市场对参与者的行为调整就会失灵，造成资源浪费，效率低下。能源供给市场是市场体系的有机组成部分，也不能脱离经济规律。中国的能源供给市场存在不容忽视的问题，主要表现为：

### （一）供给总量不足，难以满足需求

中国能源供给，远不能满足国内经济发展对能源的需求。受需求扩张的影响，能源增长迅猛，其增速已经超过了当年 GDP 的速度。统计数据显示，2000 年我国电力消费比上年增长 9.5%，快于 GDP 增速 1.1 个，2002 年电力消费比 GDP 快 2.7 个百分点，2003 年能源消费和电力消费分别比 GDP 快 5.3 和 5.6 个百分点，并且增速有加速的趋势。

中国 1991 年以前，我国能源供给是大于需求的，并略有剩余。随着改革开放的进行和深入，从 1992 年开始需求和供给的平衡被打破，出现了需求大于供给的局面，缺口基本上是呈现递增趋势。1995 年和 1997 年稍有缓和，而 2000 年达到最大的 9757 万吨标准煤的缺口，2001 年和 2002 年需求和供给缺口有所缓和，但是从 2003 年以后供需缺口进一步增大，并呈现加速趋势，2003 年供需缺口是 11148 万吨标准煤，2004 年 15886 万吨标准煤，2006 年更是达到了 25214 万吨标准煤，四年间增长了 1.3 倍。

## （二）能源价格扭曲，偏离市场供求

在能源市场上，供给和需求共同决定能源市场均衡价格。这是一个基本的市场规律，即使在价格瞬息万变能源期货市场，也脱离不开最基本的均衡价格。

我国实行低廉的能源供给价格，没有形成市场化能源价格形成机制，国内价格还没有与国际价格接轨。2007年7月份，国内汽油价格比美国低25%，比日本和新加坡低50%；动力煤方面，国内外价差23%；焦煤方面，国内外价差超过22%。

目前，我国成品油价格是根据新加坡、鹿特丹和纽约三地综合加权的"一篮子价格"来进行调整的，即当三地成品油加权平均价当月波动幅度超过8%时，国家发展和改革委员会就在下个月调整国内成品油零售基准价。但实际操作时却更加滞后，这使得我国的石油价格与国际油价严重脱节。这种能源价格既不反映国内能源市场的供求状况和消费结构变化，也不反映国际能源市场的供求变化。

近年来，我国高能耗产业的比重显著增加，而能源利用率和节能技术并没有得到明显改进。中国能源价格扭曲导致了能源的低效和"过度"利用，已经给我国的能源利用、经济发展和环境保护带来了严峻挑战，能源价格改革迫在眉睫。

## （三）供给结构失衡，破坏生态环境

对比1978年和2006年中国能源供给结构，发现以煤炭和石油为主的供给结构没有发生改变，两者的总和占了90%。

这种能源供给结构，给生态环境带来了新的压力。能源生产过程中产生主要包括煤炭开采过程中的粉尘污染、煤矿瓦斯排放，以及煤矸石自燃产生的大气污染；火电生产带来的 $SO_2$、氮氧化物与烟尘排放；煤炭大量开采造成矿井采空区地表塌陷，威胁人类和其他生物的栖息环境，而煤炭开采过程中产生的酸性矿井废水和煤矸石堆放造成地表水和地下水污染；海上采油泄漏造成海洋和水体生态环境污染；水电建设改变河流水深、水温、流速及库区小气候，对库区水生和陆生生物产生不利影响，并可能引发地震；农村生态物质能源的不合理利用造成农村生态环境的破坏；由于化石燃料引起的二氧化硫和酸雨污染以及全球气候变化，对生态环境产生一种叠加性的长期危害。

就以上情况看，可以认为我国能源供给体系出现市场失灵问题，其原因不外如下几点：

### 1.垄断

由此前的分析看，中国的能源供给主体主要是国有和国有控股企业，私营企业的份额很小，是典型的垄断，国家控制了能源的定价权、开采权和审批权，国家严格限制私人进入一些领域。

以石油行业为例，中石化、中石油和中海油三个集团，实质上确立了中国石油行业的垄断局面。在开采领域，由于国家石油政策的限制，行业进入壁垒的阻碍，加之在产业结构、投资能力、技术积累和管理体制存在诸多缺陷，民营企业注定成为国家石油垄断的附属品。在销售环节，中石化、中石油两大集团仍将控制着成品油的调配和批发。目前石油进出口业务的贸易权控制于两大集团下属的四大公司手中，几乎所有其他公司进行石油进口业务，都需要通过四大公司代理。

### 2. 能源供给安全的公共品属性

在人们看来，能源被一个人拥有，别的人就不能再免费拥有了。实际上，能源有很多形式，并一定都是私人物品，像太阳能，就可以说是公共品。

从能源安全的角度来看，会发现能源有公共品的性质，能源是一个国家经济发展的动力，不能保证供应可能会导致社会动乱。世界上的主要国家美国、日本等都建立了完善的能源储备，以保证能源的供给安全，抑制市场的波动。美国为了保证对石油资源的控制更是不惜发动战争。由于能源储备需要巨额的资金作保证，它的任务主要是平抑能源价格，并不以营利为目的。作为理性人，没有私人企业愿意去做，除非政府给他们补贴弥补他们的亏损。我国还没有建立完善的能源储备体系，一旦能源价格剧烈波动就会对国民经济健康发展产生不利的影响。

### 3. 能源供给的外部性

能源的生产带了负的外部性，比如煤矿开采引起的地面塌陷，废水污染地下水，煤矸石占用大量土地，发电厂排放的 $SO_2$，粉煤灰，烟尘，等等对环境造成的破坏。据统计，2005 年统计的中国 2828 个煤炭开采和洗选企业共排放废气 1826 亿立方米，其中 $SO_2$ 排放量为 15.2 万吨，烟尘为 13.5 万吨，粉尘为 13.8 万吨，去除率分别只有 27%、88% 和 52%。据测算，中国因煤炭开采引起的地表塌陷面积约为 40 万公顷。每年因为煤炭自燃而排放到环境中的有害气体约为 20 ~ 30 万吨。至 2005 年年底，中国 39 个海上油气田，含油污水年排海量约 9036 万吨，钻井泥浆年排海量约 58763 吨。

## 四、防止能源供给失灵的公共政策

市场导致的结果被大部分的公民认为是不合需要的，能源供给失灵的存在，促使政府制定公共政策，介入资源配置过程，保证资源配置的公平和效率。政府的公共政策，可以改变市场决策主体的行为和偏好，从而调节他们的行为，降低自由决策所带来的外部性。鉴于迅速变化的消费结构、有限的资源和生态环境基础。保证能源供给安全，防止能源市场失灵，满足国家经济可持续发展对能源的需求，需要产业、财政税收和外交等政策多方协调。

## （一）加强能源外交，实现能源进口的多元化

中国作为能源消费和进口大国，需要把能源外交作为国家外交活动的重点，加强政府高层互访和友好往来，积极同世界主要能源生产国建立友好联盟和协作伙伴关系，积极吸取中俄"安大线"的经验教训，努力从政治上为中国能源进口贸易、境外投资与合作创造条件。

当前中国原油进口来自中东的份额为 45.4%，来自非洲的份额占 28.7%，来自东南亚的份额占 11.5%，来自欧洲和西半球的份额占 14.3%。石油进口的多元化水平远低于美国和日本等发达国家。并且石油大部分是通过波斯湾经印度洋和马六甲海峡这条运输线，而中国缺乏强大的海军和海外军事基地保障这些石油进口航线的安全，存在着较大的国际政治风险。

降低能源供应安全的风险，中国的石油进口来源在确保中东地区的石油进口份额的同时，应增加与俄罗斯、里海地区如俄罗斯、哈萨克斯坦等国能源的合作，签订长期能源贸易合同，铺设石油、天然气运输管线，降低油气能源的供给风险，促进中国石油、天然气等非再生能源的供给安全。

## （二）建立官方和民间结合的能源储备体系

当前，中国在沿海运输方便的地方开展了国际石油储备基地的建设，这是根据国家的财力、国际市场油价的状况和非再生能源供给安全的实际，实施的保障国家能源供给安全的战略举措。首批四座国家战略石油储备基地镇海基地、岱山基地、黄岛基地和大连基地全部建成后，预计相当于十余天原油进口量。加上全国石油系统内部 21 天进口量的商用石油储备能力，中国总的石油储备能力将超过 30 天原油进口量。与美国、日本这类国家的储备能力都达到 100 天以上相比，30 天的石油储备相对于国际水平还是比较低的。

能源储备需要巨额投资，仅依靠政府力量建立能源的储备是不行的。大多数国家能源储备都是官方与民间共同完成的，所以中国应该建立以政府为主导，民间参与的能源储备体系。应该建立《能源储备法》在法律框架下，让企业在正常的商业储备之外，承担一定的为国家和社会服务的石油储备。并对民间的能源储备应该给予财政和税收的支持，统一规划、分步实施与完善国家的石油储备体系。

## （三）开设石油期货市场，规避国际价格风险

我国是第二大石油进口国，但在影响国际石油价格的比重上却达不到 0.1%。据有关部门测算，国际油价每桶变动 1 美元，将影响进口用汇 46 亿元人民币，直接影响 GDP 增长 0.043 个百分点。我国应充分发挥消费大国的需求优势，积极融入全球定价体系，争取

定价的参与权、发言权和调控能力，成为国际价格的积极影响者。

期货市场是很好的风险规避场所，要建立和完善中国的期货市场，以远期合同交易方式降低近期价格风险。我国目前有上海期货交易所、郑州商品交易所和大连商品交易所共17种期货。但目前全球期货交易所已发展到100多家，共有商品期货和期权93类商品267个上市合约品种。这与资源需求大国的地位极不相称，严重制约了期货市场经济功能的发挥和国际价格的参与程度。

通过现货储备、期货储备、商品期货市场、金融期货市场等联动来降低能源风险。在建立和完善期货市场的基础上，建立国家级的重要能源、原材料安全保障和风险监控机构，以应对随时可能出现的各类风险。

## （四）积极开发新能源和可替代能源

我国煤炭储量丰富，在常规能源中，煤炭资源占90%以上。应当进一步发展煤制油产业，使我国油品供应和价格稳定建立在主要依靠国内生产的基础之上。

利用好丰富的可再生能源资源。目前，水电和太阳能热水器已发展成为比较成熟的产业，风力发电发展的条件已经具备，太阳能发电、生物质能利用等技术领域也具备了一定的基础。我国生物质能源主要有农林废弃物、粮食加工废弃物、木材加工废弃物和城市生活垃圾等。其中农业秸秆年产量6亿吨，加上薪柴及林业废弃物等，折合能量7.5亿吨标准煤，但利用率极低。粮食主产区每年都有大量秸秆被白白烧掉，既浪费了资源，又污染了环境。农产品加工和禽畜养殖场废弃物理论上可生产沼气近800亿立方米，相当于5700万吨标准煤。城市生活垃圾处理也可回收大量能源，预计2020年城市垃圾年产生量达2.1亿吨，如30%焚烧发电，60%采用卫生填埋方式，回收填埋气发电，可产生能源500万吨标准煤。

国际上许多利用生物能源的成功范例。丹麦主要利用秸秆发电，使可再生能源占全国能源消费总量的24%。美国实施生物能源计划，每年将为农民增收200亿美元。我国要学习他们的技术和经验，把利用生物能源作为能源安全战略的重要组成部分，积极予以发展。

## （五）深化税制改革，调整企业和居民行为

调整企业所得税、增值税。比如允许企业当年发生的用于节能设备、产品的研发费用可以在所得税前据实列支；允许企业对生产节能产品的专用设备，实行加速折旧法计提折旧；对关键性的、节能效益异常显著且价格等因素制约其推广的重大节能设备和产品，实行一定的增值税减免优惠政策。对境外捐赠人无偿捐赠的直接用于节能产品生产的仪器、设备和图书资料，免征进口关税和进口环节增值税。

开征燃油税。国际经验表明，推行汽车燃油税是推动节油事业发展的成功举措，对推动汽车节油具有重要意义。建议国家择机尽快推行燃油税，以此推动节能汽车产业发展。对不同能耗的燃油或燃气，规定不同的税额予以征收。改革现行对原油征收资源税的计税办法，改从量征收为从价征收，使国家能从原油价格上涨中分享部分收益。

改革资源税制度。将一些尚未纳入资源税征税范围的资源品，如水资源、森林资源等，纳入资源税征税范围；对于国家需要重点保护或限制开采的能源资源，适当提高资源税的税额，可以采取从量定额征收与从价定率征收相结合的征税办法。

开征环境保护税，将一些超过国家规定标准的高能耗产品纳入征税范围，引导社会投资向节能型产品的生产转移。

## （六）引入竞争，打破垄断，理顺价格机制

打破国内市场垄断行为，加速形成统一、开放、通畅、有序的能源、原材料市场。允许国内民间资本进入石油行业的勘探开发等上游环节；天然气和电力行业除输送网络业务之外的领域要全面引进竞争机制，允许多种所有制企业的进入。

适当调整能源价格，理顺比价关系。我国经济已经保持了连续多年的快速增长，居民收入提高较快，承受能力显著增强。积极推进有望先期形成有效竞争的领域如煤电价格、成品油价格和上网电价领域的市场化改革，引入市场机制。进一步改进和完善煤电价格联动机制；在改革煤炭订货制度、规范市场交易行为的基础上，建立主要由市场形成、政府适度调控的煤炭（包括电煤）价格形成机制。在推进电力体制改革的基础上，发电价格和售电价格主要由市场竞争形成。完善成品油定价机制，逐步建立起在政府有效监管和与国际接轨的市场形成成品油价格机制。逐步取消天然气价格双轨制。理顺天然气与可替代能源的价格关系，建立天然气价格与可替代能源价格挂钩和动态调整的机制。完善天然气管道运输价格管理，逐步推行两部制收费办法。通过调整成品油、天然气和电力的价格，使得这些能源或产品成本的上升在价格中得到较大程度的体现。

# 第三节　能源市场

## 一、能源市场化中的能源安全法律问题

从全球范围来看，各个国家的政府在实行能源市场化改革时，均要从建立有效的竞争的能源市场和满足一定水平的稳定的能源供给上做出选择。实际上，在美国、意大利、新西兰等国家能源市场化的初级阶段，都出现过由于能源的生产和运输上的长期投资不足而

带来的能源安全问题。因此，中国作为人口众多、能源消耗量大、能源进口比重高的国家，如何处理好能源市场化改革与能源安全问题就显得尤为重要。

## （一）能源市场化的背景

能源是我国计划经济时期被政府严格控制并实行计划管理的产品，这也是我国资源长期短缺，利用效率低下的重要原因。在中国从计划经济向市场经济转变之时，能源也开始了其市场化的道路。能源市场化主要分为了三个阶段，第一阶段是探索发展时期(1978～1992)，其改革的主线是探索社会主义经济体制的新模式，开始由非经济向市场经济转变，能源的改革主要包括了所有制、价格体制、产业结构体制、法律体制和政府结构体制等；第二阶段是初步建立中国特色社会主义经济体制(1992～2000)，在这一时期，对能源改革的配套改革，如：财政、税收、投资等政策有重大突破；第三阶段则是中国特色社会主义经济体制发展和完善期（2000-至今），主要是建立现代化的产权制度。能源市场化改革则成为我国"十二五"规划能源发展目标，是构建安全、稳定、经济、清洁的现代能源产业体系的需求。

## （二）能源市场化和能源安全的关系

能源市场化和能源安全是一对紧密联系的概念。虽然能源市场化改革并不会必然引起能源安全问题的出现，但是现实生活中，市场化的过程往往会伴随着安全问题的发生。其主要通过以下两个方面对能源安全产生影响，一方面，是关于能源市场内部的市场结构、市场行为和市场绩效的调整；另一方面，是关于对能源输送、分配所依赖的基础设施的规制。

## （三）我国能源市场化下的能源安全问题

能源市场化的不稳定。首先，能源市场化的明显特征之一就是要与国际接轨。与国际贸易的衔接就意味着，我国的能源企业将正面迎战国外企业，竞争国内的能源市场占有率。我国目前经济正处于一个由粗放型向集约型转变的阶段，其能源企业的起步较晚，技术较之发达国家也相对落后，且能源企业多以国有或国家控股为主，这类企业一般内部管理体系紊乱，竞争力低下。一旦受到国际社会的竞争压力，其能源市场占有率一定会大幅度下降。能源作为现代国家经济构成的重要部分之一，如果被其他国家侵蚀，很容易对我国能源安全、经济发展、社会稳定造成巨大威胁。其次，能源市场化改革会导致能源产品的波动性增强，在没有建立完善能源法律保障机制的情况下，很可能会导致能源的强制配给和能源价格的增长不确定性的问题出现。能源的强制配给主要有以下情况，如计划的轮流停电、输送网络的超载、分配网络的超载等能源安全问题；而能源价格增长的不确定性，则主要是由能源供给的突然减少或能源需求的突然增加造成，虽然可以通过强制配给的方式解决，但从社会效率角度来看，依靠市场自身价格变动要优于行政干预。由于能源的需求波动比较小，能源价格的上升并不会导致消费者相应的减少能源消费，所以最终会增加消费者的经济负担。

能源法律体系及监管体制的不完善。其一，能源法法律体系不完善。我国至今都没有一部综合性的《能源法》作为能源基本法，调整能源领域；其二，能源监管体制的不完善。我国的能源市场缺少综合性的能源监管机构，并且能源监管机构及其权力分散。并且能源监管机构不独立，机构执法人员的专业性和技术性水平低下。

### （四）我国市场化下的能源安全法律解决机制

第一，建立健全的能源法律保障机制，对于能源价格的波动进行适当的政府介入，对能源市场进行宏观调控，阻止国外能源企业对我国的市场垄断的可能性。并且确立一定的补偿机制，对于在市场化中消费者的损失进行合理补偿，增强其对能源市场化的信心，从而保证能源的安全。第二，建立完善的法律激励体制。首先，应建立竞争性的能源财政补贴制度，鼓励中小型、私有化的能源企业的进入能源市场，提高中国能源的竞争力；其次，对于能源企业进行税收鼓励，当能源企业玩长了一定限量的能源任务时，可以适当地给予税收方面的减免，增加其在生产和销售能源时更有动力；最后，注重经济性激励措施，以市场手段鼓励企业提高能源的开发利用技术。第三，建立完善的能源法律体系及监管体制。制定能源领域的根本大法，调整各单行能源法之间以及单行能源法与其他法律之间的关系。对没有法律调整的能源领域制定单行法，并制定相应的操作规章制度。除此之外，设立独立的能源监管机构，并建立监管机构的最高机关集中监管权力。对监管机构执法人员的专业性和其技术水平进行提高。

能源市场化与其安全是紧密联系的。因此，我国在推进市场化改革和制定能源法律政策时，必须以适当的法律措施协助；在政策中，既要明确能源企业的责任，防止企业垄断；也不能因供应安全而损害产业或个人利益，同时还要注意能源供应安全的国内法律措施与其他国家能源体系的协调和配合。

## 二、我国能源市场体系

党的十八大以来，我国电力体制改革不断深化，电力市场建设、交易机构组建、发用电计划放开、售电侧和输配电价改革加快实施，油气体制改革稳步推进，电煤价格双轨制取消，煤炭资源税改革取得突破性进展，能源投资进一步向民间资本开放。

2014年6月13日，中央财经领导小组召开第六次会议研究我国能源安全战略。会议要求还原能源商品属性，构建有效竞争的市场结构和市场体系，形成主要由市场决定能源价格的机制。一场立足于中国国情和资源禀赋的能源革命正在不断推进，构建有效竞争的市场结构和市场体系是其中的核心内容。

对于我国能源市场,这是砥砺前行、步伐坚实的五年:油气市场竞争性环节价格不断放开、"黄金十年"之后煤炭市场面临深度转型、新一轮电改积极推进电力市场建设,一系列关键举措正在为建设更加规范有序的能源市场发挥积极作用。

## (一)竞价交易活跃油气市场

3家国家级油气交易中心筹建成立。

近年来,我国出台多个油气改革政策,从加强天然气输配价格监管、油气管网设施信息公开、放开储气设施和化肥用气价格,到推进天然气门站市场化价格改革等,都在为油气市场的有序建设贡献力量。2015年10月,中共中央国务院《关于推进价格机制改革的若干意见》正式印发,其中提到要推进石油、天然气等领域价格改革,放开竞争性环节价格,充分发挥市场决定价格作用。

2015年3月,上海石油天然气交易中心在上海自贸区注册成立,同年7月,我国首单管道天然气现货网上交易成交,标志着该交易中心投入试运行。2017年1月,继上海之后,我国第二个国家级大宗能源商品交易中心——重庆石油天然气交易中心挂牌成立。自此,拥有中国首个大型页岩气田的重庆成为我国唯一的集生产地、消费地、管网枢纽地、金融高地"四地合一"的地区。

2017年4月,克拉玛依市获准筹建我国第三个油气交易中心——新疆油气交易中心。《关于克拉玛依开展新疆油气交易中心筹建工作有关事宜的复函》提出,要推动建立以新疆为中心的油气交易中心,研究建立新疆国际(中亚)能源交易中心。

成立国家级石油天然气交易中心,让市场决定价格,是我国能源市场深化改革的重要成果,有助于进一步完善油气定价机制,有助于促进我国更好地参与国际能源合作。据了解,截至2016年12月29日,上海石油天然气交易中心2016年天然气成交总量(双边)突破300亿立方米,线上交易量约为全国天然气消费量的8%。2017年7月20日,上海石油天然气交易中心开展首次线上专场竞价交易,通过激烈的竞价,当天总共挂出64笔卖单,挂单量从20吨到3000吨不等,最终全部成交,下游参与竞价的近20家企业中有8家成功竞得气量。整场共成交液化天然气11420吨。

引入竞价交易机制,由企业在公开平台通过竞争确定价格,标志着我国天然气市场化定价又迈出坚实一步。未来,随着交易主体多元、管道公平开放、价格放开逐步实现,这些国家级石油天然气交易中心也将通过市场化手段解决供需矛盾、稳定市场供应。

## (二)推动煤炭行业清洁化转型升级

2016年淘汰落后、化解过剩产能2.9亿吨。

中国是全球最大的煤炭生产国和消费国。2012 年之前的十年，作为基础能源材料的煤炭市场需求大增，煤炭行业经历了高增长、高赢利的"黄金十年"。自 2012 年下半年至 2016 年下半年，中国煤炭市场持续 4 年经济下行，企业面临深度调整转型，煤炭市场的转型迫在眉睫。

2012 年，国务院印发《关于深化电煤市场化改革的指导意见》，要求自 2013 年起取消煤炭供货重点合同，加强煤炭市场建设，形成以全国煤炭交易中心为主体，区域煤炭市场为补充，与市场经济体制相适应的统一开放、竞争有序的煤炭交易市场体系。

随后，功能、规模、覆盖区域各异的煤炭交易中心陆续建立。交易中心以电子交易平台为支撑，能为多个煤炭供需主体同时提供信息、交易、物流、金融和结算等服务。在各方努力下，产运需各方共同参与的全国煤炭交易会制度逐步建立，创新的交易平台、交易模式、交易机制推动传统煤炭订货制度向现代煤炭交易市场体系转变。

2013 年 9 月 26 日，动力煤期货在郑州商品交易所上市。动力煤期货的成功上市，是我国煤炭市场化改革的重大进展，是促进煤炭行业市场化的重要举措，对于发现动力煤市场价格、规避煤炭市场风险、促进煤炭行业可持续发展具有重要意义，并为电力企业提供了及时准确的价格信号和高效规范的风险规避渠道。

数据显示，截至 2017 年 6 月底，国内煤炭交易量最大、交易额最高、交易商最多的煤炭现货交易市场——中国（太原）煤炭交易中心共完成煤炭现货交易量 7.68 亿吨，交易额 4431.48 亿元，注册交易商达 12039 户。该交易市场从 2012 年开市到 2017 年 6 月底，累计完成煤炭现货交易总量 68.24 亿吨，交易总额 3.53 万亿元。

2016 年初，国务院印发《关于煤炭行业化解过剩产能实现脱困发展的意见》，煤炭行业供给侧改革全面发力，神华集团等央企带头削减产能，煤炭行业去产能 2.5 亿吨的年度任务提前完成，动力煤价格强势回升。在国家有关部门和行业协会（煤炭、钢铁、电力等协会）的推动支持下，在 2016 年全国淘汰落后、化解过剩产能 2.9 亿吨的基础上，2017 年煤炭行业继续加大去产能力度，全国煤炭生产结构不断优化。

## （三）电力市场化交易稳步推进

2016 年直接交易电量同比增长 85%。

充分发挥市场在电力资源配置中的决定性作用，进一步释放改革红利，是我国新一轮电改的目标之一。五年来，我国电力中长期交易规模不断扩大，电力现货交易建设试点运行积极推进，市场化的电力电量平衡机制正在形成。

2014 年年底，深圳率先启动输配电价改革试点。此次改革，将现行电网企业依靠买电、卖电获取购销差价收入的盈利模式，改为对电网企业实行总收入监管。这标志着我国对电网企业监管方式的转变，被认为是电力市场改革提速的标志性事件。

紧接着，2015 年 3 月，国务院印发《关于进一步深化电力体制改革的若干意见》（中发9号文），新一轮电改正式启动。

中发9号文中明确提出要加快构建有效竞争的市场结构和市场体系，形成主要由市场决定能源价格的机制。该文件印发以来，我国电力市场建设方面取得令人振奋的重要进展。

完善市场化交易机制，促进资源优化配置。2016年底，《电力发展"十三五"规划》中明确提出2018年底前启动现货交易试点。2017年8月，北京电力交易中心发布了《跨区域省间富裕可再生能源电力现货试点规则（试行）》的公告。同月，国家发展改革委、国家能源局下发"特急"文件《关于开展电力现货市场建设试点工作的通知》，确定了南方（以广东起步）、蒙西、浙江等八个地区作为第一批试点，要求"成熟一个，启动一个"，在2018年底前启动电力现货市场试运行。

搭建市场化交易平台，促进机构良性竞争。区域层面，组建了北京、广州电力交易中心，成立了市场管理委员会。省级层面，除海南外均组建了交易机构。另外，云南、贵州、广东、广西、山西、湖北、重庆等地组建了股份制交易机构，较好实现了交易机构相对独立。十几个交易机构成立了电力市场管理委员会，在制定交易和运营规则等方面逐步发挥议事协调作用。

交易机构之间不分层级，促进了交易机构之间良性竞争，也激发了调度机构结合职能组织开展市场化交易的积极性。

培育多元化市场主体，激发交易市场活力。2016年10月，《售电公司准入与退出管理办法》和《有序放开配电网业务管理办法》发布，市场主体准入退出机制和以信用监管为核心的新型监管制度相继建立。多元主体参与的竞争格局自此开始形成，售电公司和分布式电源、电储能企业等新型市场主体如雨后春笋般纷纷加入市场化交易中。

截至目前，全国在交易机构注册的售电公司已有1859家，为用户提供更多选择和增值服务。据了解，2016年全国包括直接交易在内的市场化交易电量突破1万亿千瓦时，约占全社会用电量的19%。其中，直接交易电量接近8000亿千瓦时，同比增长达85%。已有13000多家电力用户通过市场化交易切实降低了用电成本，改革红利进一步释放。

关山初度尘未洗，策马扬鞭再奋蹄。十三五能源"1+14"系列全部规划已经落地，对下一阶段能源市场建设工作的新要求已经提出。坚持市场化改革方向、理顺价格体系、还原能源商品属性、充分发挥市场配置资源的决定性作用，未来，我们看到的将是一个更加统一开放、竞争有序的现代能源市场体系。

# 第四节　能源价格

## 一、能源价格规制理论

能源价格规制的目的是在一定程度上恢复能源价格的本性，使它能够确实反映资源的稀缺程度，使其能够真正成为一种激励因素，成为沟通经济活动参与者信息的有效方式并切实地反映市场关系。政府的价格规制与实现资源配置效率的经济政策有着直接的关系，而且与维持原有企业的生存和健全经营有着直接的关系。价格的本性或者价格的自然属性主要表现在以下几个方面：价格是资源稀缺程度的反映或度量，价格是一种激励因素，价格是经济活动参与者相互沟通信息的方式。

传统价格规制理论认为价格规制起源于市场失灵。在微观经济学里面假设的完美市场下，价格通过竞争机制可以促使企业降低生产费用，使企业为实现进一步谋求低成本和提供新的物品及服务而获利的目的而努力进行生产方法的创新和研制新产品。由于在能源价格形成过程中，存在很多因素使市场机制失效，其中最主要的几个因素就是自然垄断、外部性和信息不对称，这些因素会使市场活动偏离帕雷托效率最优标准，所以需要政府实施规制。

由于在能源价格形成机制的研究中，信息的作用越来越大，因此基于信息经济学的激励规制理论也在能源价格形成机制研究中发挥重要的作用。该理论的要点是，由于存在不对称信息，效率与信息租金是一对共生的矛盾，也就是说，在得到效率的同时，必须留给企业信息租金，而信息租金会带来社会成本。这一结果的意义在于它说明了规制的控制并不是免费的午餐：虽然规制可以避免企业得到垄断利润，但必须付出效率的代价。此外，为了得到最好的规制政策，政府需要尽可能地利用企业的私有信息，实现企业的自我选择。为此，政府可以运用诸如成本补偿机制和定价政策等某些特定的规制工具实现最优规制，其中，具有不同激励强度的成本补偿机制就是激励规制。

从传统价格规制理论到价格激励规制理论均存在问题，即规制削弱了被规制企业对提高生产技术效率和开发新技术的积极性，加上现实中实现服务多样化、收费体系多样化和降低收费水平的进展迟缓，要求放松和取消规制的呼声甚高，在 20 世纪 70 年代，美、日等国率先在电力、天然气领域进行了放松规制的改革。价格放松规制意味着要放松和取消有关价格的诸多规制条款。但是放松规制的措施都是部分的，缺乏具体性，也存在企业间进行合谋的危险，有保留价格卡特尔协调行动的危险性。此外，放松规制要求有比较发达的市场结构、法律结构和行政结构。对发展中国家来说，这些条件并不具备。

## 二、我国能源价格发展历程及其模式

我国能源价格的改革，是伴随着能源行业市场化改革而展开的，能源行业的市场化改革又是与我国经济体制改革相伴随的。但是，由于我国能源行业本身的特点以及我国经济体制改革的渐进性特征，我国能源行业的市场化改革与总体的经济体制改革的进程相比是滞后的，作为其核心的能源价格改革的进程相当缓慢。从建国一直到 1979 年，我国是计划经济体制，能源作为生产资料在这个阶段实行的是国家统一控制与管理的单一价格，多年未变。自 1978 年年底，我国实行经济体制改革，与此相适应，能源价格体制改革同时启动。一直到 1992 年，能源价格基本上处于价格管理松动阶段。在这一阶段，能源价格改革先后经历了计划单轨制为主、指导性计划价格为辅和价格双轨制。这一阶段，虽然能源价格水平和价格体系的内部关系经过多次调整，但价格形式基本没有变化。自从 1993 年确立我国经济体制改革的目标是建立社会主义市场经济体制，能源价格改革基本确立了以市场形成价格为主的机制，能源价格改革进入深化阶段，改革的力度逐步加大。2007 年 12 月 3 日公开的《能源法》征求意见稿中规定："国家按照有利于反映市场供求关系、资源稀缺程度、环境损害成本的原则，建立市场调节与政府调控相结合、以市场调节为主导的能源价格形成机制。"至此，我国能源价格改革进入到攻坚阶段。但由于能源产品的特殊性，目前我国能源的上游和中游环节价格基本实现市场化，但终端价格仍掌握在政府手中。所以，相对于其他产品价格而言，能源价格的市场化远远落后于其他行业。因此，能源价格改革模式的最终确立与完善，是我国能源工业体制改革与发展的关键。

纵观我国能源价格发展与改革的历程，我国能源价格改革模式主要是由政府主导的渐进式改革，其最终目标是建立反映市场供求状况和资源稀缺程度、环境成本的价格形成机制，建立有助于实现能源结构调整和可持续发展的价格体系。这种模式对于促进能源价格的市场化起到了一定的作用，但由于宏观与微观环境的变化，它也出现了一些与整体改革不相适应的方面。

## 三、我国能源价格改革模式存在的问题

### （一）各成体系，分类推进，缺乏统一规划

长期以来，我国能源管理主体和调控模式经历了"分久必合，合久必分"的变化，一元和多元主体交替变更，稳定性较弱。虽然目前的改革是在国家发展改革委下设立国家能源局负责对我国能源实行行业管理，较之前明显趋向集中。但在能源初级产品领域，国土资源部、商务部和电监会分别保持着对矿产资源开采、成品油市场流通和电力行业管理等

权利。由此，我国主要能源品种"煤、电、油、气"实质上采取的还是分而治之的管理模式，受此影响，能源价格改革便呈现出各成体系、分类推进，缺乏系统与全局的统一规划的特点。我国能源管理主体从一元到多元再到一元的多次变革，以及能源调控模式由集中管理到分散管理再到现行的集中管理的多次曲折变化，是这一特点的集中体现。另外，这也反映在我国现有主要能源产品的价格形成机制各成体系方面。

### （二）注重短期，忽视长期，缺乏统一协调

由于能源在整个国民经济和社会发展中所占有的重要地位，其具有战略性、复杂性和敏感性等特点，能源价格改革面临的制约因素和困难也比其他领域的价格改革要多得多，因此，采用政府主导的渐进性改革是必要的也是必需的。但这就使得对于能源价格改革所具有的短期利益和长期利益、短期代价和长期代价进行必要的协调与统一。从短期来看，推进能源价格改革会给物价上涨带来巨大压力；但是从长期来看，目前存在的问题都源于能源产品价格机制的不完善。因此，大力推进能源价格机制改革势在必行。缓慢的能源价格改革可能会导致能源无效或低效使用，这意味着我们将来要为此付出更高的能源价格和更大的环境成本。

### （三）被动改革，进程缓慢，缺乏主动推进

虽然渐进式的改革是符合我国基本国情与战略的，但是我国能源价格改革模式基本上就是被动的渐进式改革，即头痛医头、脚痛医脚，等到出了问题不得不去解决的时候，才进行相应的改革与完善，即使改革，幅度也要尽量地小。这样的被动式的改革，不仅进程缓慢，而且增加了改革的成本。

## 四、完善我国能源价格改革模式

### （一）确定主动的渐进式改革模式

渐进式改革是符合我国国情的。但是渐进式改革本身也分为主动的渐进式和被动的渐进式。到目前为止，我国能源价格改革主要是被动的渐进式改革，即只有到了不得不改的地步，才会向前推进，而且我们的价格改革常常会因为所面临的社会经济压力而无限期的向后延迟。我们为此而付出的可持续发展成本和代际成本是十分高昂的。因此，同为渐进式改革，我们应该进行主动的渐进式改革。主动的渐进式改革应该是有计划、有步骤、有目标、有时限的改革，一旦确定，就应该坚定不移地实施。当然，在经济转型的过程中，

由于整个市场化改革配套的缺位，我们实现一次性的、整体的能源价格改革的跨越，是十分困难的。但现在能源价格问题已经成为能源矛盾集中的爆发点，因此，确立主动的渐进式改革模式，尽快实现能源价格的市场化，对于解决经济运行过程中的一些深层次矛盾是至关重要的。

## （二）确立"市场 + 政府"的合轨制改革目标

我国能源价格改革历时多年，但基本上是在市场定价和政府定价之间进行博弈。这两种定价方式分布于各个能源品种之中，交叉渗透于各个能源品种之间。这种非此即彼的分轨制造成了现有的能源价格困境。由于能源本身的战略性、稀缺性、基础性等特点，决定了能源的价格不可能单纯由市场或政府来控制，因此，能源价格形成模式既要体现市场对资源配置的基础性作用，同时也要发挥政府在资源配置上的宏观调控作用。首先，能源价格完全由市场形成；其次，政府通过收取各种税费以及建立能源储备制度，来对能源价格进行有效的调控。只有确立这样"市场＋政府"的合轨制目标，才能够解决现有能源价格改革所带来的长期利益与短期利益、长期代价和短期代价之间的矛盾，使其能够协调统一。

## （三）确定能源统一的宏观管理模式

我国能源行业缺乏统一的管理，能源行业内部的各个行业之间缺乏统一协调。这就使得能源价格改革是各行业自行其是，缺乏互动、协调和关联。这就需要我们建立一个较高层次的宏观管理部门，对能源行业的改革、发展实行统一的规划与管理，建立能源各行业的协调机制，建立合理的能源价格体系。

我国能源价格改革已迫在眉睫，因此，完善我国能源价格改革模式，对于减少改革成本，顺利实现改革目标至关重要。

# 第五节　能源效率

能源效率是单位能源所带来的经济效益多少的问题，也就是能源利用效率的问题。一般提高能源的使用效率除了采用回收再利用的方法之外就是尽可能增大反应物的表面积以提高受热面积，产生更多的活化分子。要从建筑物的外观、位置、使用材料的设计入手，调节能源需求。

## 一、能源效率测算

衡量能源效率的指标主要包括能源消费弹性系数、单位产品能耗、能源强度以及全要素能源效率。其中能源消费弹性系数、单位产品能耗、能源强度是传统的测算能源效率的方法，主要考虑单一的能源投入和产出之间的关系，该类指标具有计算简单、方便的特点。单一的能源投入并不能生产出产出，必须和其他要素投入相结合。基于这样的现实，他们第一次提出全要素能源效率的概念，不同于传统的基于单要素的能源效率测算，他们将传统的能源效率测算指标称为部分要素能源效率，而将其构建的指标称为全要素能源效率，以和传统的测算指标相区别。

### （一）部分要素能源效率

#### 1. 能源消费弹性系数

能源消费弹性系数用一国或地区能源消费量的增长速度与经济增长速度比值表示，反映该地区经济增长提高一个百分点，其能源消费量将提高多少个百分点，能源弹性系数大于1表明能源消费量提高的速度大于经济增长提高的速度，能源效率低下。该弹性系数可用于预测该地区能源消费需求。其计算公式具体如下：

$$能源消费源消费弹性系数=\frac{能源消费源销量年平均速度}{国民经济年平均增度}$$

以能源消费弹性系数作为能源效率替代指标的研究较少，对能源消费弹性系数的分析也比较简单，主要集中在对其统计描述分析及其经济学解释层面。

#### 2. 单位产品能耗

单位产品能耗是指能源投入与产品数量之比，主要从微观方面反映生产单位产品需要的能源量，反映微观领域能效状况。其具体计算公式如下：

$$单位产品能耗=单位换算系数\times\frac{能源消费源}{产品产量}$$

其中单位换算系数用来协调能源消费量和产品产量单位之间的关系。

单位产品能耗作为衡量能源效率的指标具有计算简单、应用方便的优势。但由于其微观指标的可得性受到很大限制，导致对单位产品能耗的研究无法深入，因此用单位产品能耗研究能源效率不是经济学领域主流研究指标。

#### 3. 能源强度

能源强度用来衡量单位产出的能源消耗水平，相关学者一般将能源强度定义为能源投入与国内生产总值的比值,并将该比值作为能源效率的衡量指标。具体来说,通常用每单位 GDP 的能源消费(标准煤)来表示,该指标能够直接反应每单位最终产品的能源消耗量,因此成为很多学者研究能源效率的一致选择。能源强度的公式如下:

$$能源强源 = \frac{能源投入}{国内生产内生}$$

通过能源强度指标的估计提出具有针对性的具体可行政策建议,是利用能源强度研究能源效率的重点和难点。相关学者往往基于信息的可得性将能源强度分解为不同的结果,以实施与现实经济相吻合的经济政策的目的。能源强度越大,表示生产过程中能源消耗越多,能源效率越低,而能源强度越小表示能源效率越高。能源强度的变动通常被分解为效率变动、经济活动结构变动、生产水平变动和燃料来源变动等部分。通过将能源强度变动进行分解,能够找出影响能源强度变化的具体原因,从而提出有针对性的政策建议。

以上三个指标是研究能源效率中最常用到的指标。从其差异性方面来看,由于能源消费弹性系数和单位产品能耗的研究主要局限在简单的统计性描述分析方面,一定程度上脱离了经济学规律,因此其对经济学解释具有随意性,加之由于单位产品能耗的测算是以微观数据为基础,而微观数据在可得性方面受到很大限制,因此这两类指标在能源效率的研究发展中受到一定限制。而能源强度克服了上两种方法的缺点,因而在能源效率研究中被广泛应用。

## (二)全要素能源效率

能源作为一种要素投入,需要与其他生产要素相结合才能生产出产品。因此,纳入多种要素投入测算能源效率的衡量方法才能克服部分要素能源效率的不足。全要素能源效率被定义为潜在能源投入与实际能源投入之比,潜在能源投入是企业不存在生产浪费情况下的能源投入。其公式如下:

$$TFEE_k = \frac{PE_k}{AE_k}$$

其中,$TFEE_k$ 为第 k 个决策单位的全要素能源效率,$PE_k$ 为第 k 个决策单位的潜在能源投入,$AE_k$ 为第 k 个决策单位的实际能源投入。潜在能源投入剔除掉了能源消耗的无效率部分,是决策单位提高能源使用效率的目标。

## 二、能源效率的提高机制

### （一）市场障碍性因素分析

**1.市场的缺陷和障碍**

（1）市场自身的缺陷包括主要包括三种情况：

①激励措施不当，缺少有效的激励，影响了企业的积极性。

②不合理的财税和管制政策，导致对企业浪费的惩罚低，企业缺少改善能效的动力。

③环境成本未定价。能源的利用中没有反映出环境成本，企业的经营缺少环境成本的考量。

（2）市场障碍是指那些并不是起于市场缺陷，但却能导致能效技术的扩散和应用减缓的因素。市场障碍主要包括：

①信息不完善，市场上搜集信息是需要时间和成本的，这样企业可能降低对能源效率提高的渴望。

②决策时并不优先考虑能源效率因素，企业在决策时往往会优先考虑到进行能效提高时会导致成本提升。

③资本市场不完善，不同的公司和消费者可能通过不同的渠道获得利息不同的资金来源，这也就对企业进行能效的改进和消费带来了不同的成本和动力。

④能效市场产品不完备，消费者有不同的产品需求，企业研究开发的能力也有差异，这就要求能源市场能适应不同的市场情况，而时下能源市场灵活度不足。

正是因为市场存在这样的缺陷和障碍，更需要争取有针对性地采取相应的措施，弥补市场机制的不足，促进能效的最终提升。

**2.企业经济责任与社会责任的融合**

企业的生产活动不仅仅是为实现利润，也应承担起相应的社会责任。企业的社会责任主要表现为三个方面：一是企业对自身员工的责任；二是对消费者的责任；三是对环境的责任。企业不能一味地只是追求利润，否则就会导致企业发展空间受到限制甚至会受到社会公众的抵制，进而损害股东的长远利益。因此，企业的经济责任与社会责任之间并非零和博弈的关系，从长远来看他们也是一致的。政府可以通过制定相关政策，增加对企业治理节能减排的激励，提高企业改善能效的边际收益，增加了企业履行社会责任的经济利益，进而可以获得更大的社会效益。

## （二）中央与地方激励相融问题

我国的能效工作是以中央为主导的，自上而下制定相应的节能目标并逐级分解到各省市自治区，虽然中央决心很大，但地方依然保持着以过度消耗资源贴现未来为代价的发展冲动。

### 1. 地方政府推动节能减排的制度性障碍

（1）分级财税制度使地方政府无力推动能效工作。中央和地方实行分级的财税制度使地方政府财政困难，无力推进能效工作，另外，也促使地方政府千方百计招商引资，大力上马高消耗、低层次的项目。而且地方政府和企业之间形成了利益共同体，当企业与公众的环境利益冲突时，地方政府也往往是偏向企业，这就纵容了企业的行为，使节能工作困难重重。

（2）当前政绩考核制度不利于地方政府推动能效工作。目前，我国政绩考核体系还是以 GDP 为主导，这就导致地方政府法具有强烈的投资饥渴。各地竞相招商引资，不断降低土地使用价格和环保标准，从而使能耗和污染进一步增大。以速度论成败的思想和以速度为核心的政绩考核机制，严重扭曲了政绩观。

### 2. 地方政府在节能减排执行力方面的影响因素

在执行力方面的影响因素主要表现为：

（1）部门保护主义：我国环保工作管理机构众多，政出多门，且受到险隘部门利益的影响，各部门之间难以形成有效的合作机制，因此执行力难以提高。

（2）政府和企业间的利益关系：地方政府的政绩和收入依赖于企业的发展，而且多依赖于几个污染大户的规模扩张，地方政府在节能减排能效提高方面工作的推进会受制于这种利益的关系。

（3）成本因素制约：执法成本高，守法成本高，而违法成本低，地方政府在决定是否推进能效政策是会衡量收益与成本，地方政府往往会怠慢执行相关政策，选择短期内有利于自己的决策。

（4）信息不对称：地方政府往往可以通过干预相关的信息而迷惑上级，这也就导致上级不能对下级进行充分的监督，致使相关政策贯彻不够得力。

## （三）政府充分发挥主导性的建议

### 1. 完善相关法律制度，明确政府环境责任

我们在强调公民、企业的环境责任的同时，也要以法律的形式明确政府在环境保护方面的责任，通过完善法律制度，形成长效机制，促使政府环保责任的法律化、制度化、规范化，强化对政府环境过失行为的追究，增强其责任意识，做到有法可依、有法必依、执

法必严、违法必究。

### 2. 深化财税体制改革

我们应该深化财税体制改革，形成事权与财权相匹配的财政体制，降低敌方一味追求地方经济的冲动。通过财政补贴，税收优惠等政策，激励企业改善能效的行为，建立节能专项基金，对节能减排，设备研发等节能行为进行有效支持，对一些重大节能工程项目和重大节能技术开发、示范项目给予投资和资金补助或贷款贴息支持。

### 3. 建立目标责任机制

强化领导的环保意识，建立目标责任制。针对国家总体的节能目标，相应分解，落实责任人，实行政府组成人员的连带制度。加大监督与考核的力度，责任到人，明确分工，严加考核，完善负责制，落实追究制，促使目标的最终实现。

### 4. 健全科学决策机制

要健全科学决策机制，实现决策的科学化、民主化。完善信息获得机制，增强信息的获取能力，提高信息的准确性。完善沟通机制，积极利用网络、听证会等渠道，积极与民众沟通。完善公众参与机制，完善听证制度，人民代表大会制度，减少政府决策行为的随意性。完善环境评价制度，实行严格的环境准入制度，尽量减少长官项目、关系项目，避免决策失误。

### 5. 健全监督机制

首先应完善环保管理体制，环保部门应垂直接受上级的领导，干部任命和财政支出有上级负责，这样就避免地方政府的干预。其次统一环保管理职权，赋予环保部门全面的环保监督管理权，使环保部门成为综合性的统一监督管理部门；再其次要完善权力机关的监督机制，人大常委会内单独建立环境保护机构，通过立法、代表视察、议案等方式，对政府部门实行督导；最后要健全社会公众监督机制，引导民众对相关行为进行监督，形成全社会保护环境的浪潮。

# 第六节　能源要素替代

## 一、替代能源

所谓替代能源，往往是指替代石油、天然气和煤炭等石化燃料的能源，它包括风能、太阳能、生物质能、海洋能、水能等可再生能源，也包括核能等不可再生能源。在各种替代能源中，生物燃料、风能和太阳能近年来的发展速度最快，产业前景最好，是替代能源中的明星。随着可再生能源的战略定位和发展目标的确立。在替代能源的战略地位的认识上，已经从原来的工业经济层面讨论上升到了能源安全的高度来认识，替代能源在能源安全中的重要地位已经凸显出来。替代能源的发展目标也呈现出了统一性、协调性，科学性的特点。

## （一）提出原因

能源问题成为中国乃至世界经济生活中关注率最高的问题，尤其石油是不可再生的战略资源，是现代经济社会赖以正常运转的血液，除了对石油资源大力开源节流外，寻找替代能源也是极其重要的发展方向。2005 年中国公布的《节能中长期专项规划》提出了十大重点节能工程，其中节约和替代石油工程就包括以煤化工、天然气化工、生物质化工产品替代石油化工产品；发展混合动力汽车、燃气汽车、醇类燃料汽车非燃料电池汽车、太阳能汽车等清洁汽车；醇醚类燃料及煤炭液化技术的示范及醇类燃料的推广等内容。

发展替代能源是我国经济实现可持续发展的前提。十一五期间，在现有的能源和资源边界的约束下，能源替代这一有助于解决经济可持续发展瓶颈问题的产业，孕育着重大投资机会。

## （二）分类

### 1. 水能

水能是一种可再生能源，水能或称为水力发电，是运用水的势能和动能转换成电能来发电的方式。以水力发电的工厂称为水力发电厂，简称水电厂，又称水电站。水能主要用于水力发电，其优点是成本低、可连续再生、无污染。缺点是分布受水文、气候、地貌等自然条件的限制大。水容易受到污染，也容易被地形，气候等多方面的因素所影响。我国的水能资源理论蕴藏量有 6.78 亿千瓦，年发电量 5.92 万亿千瓦时，居世界第一位，有美好的开发前景。我国著名的水电站有：三峡水电站、葛洲坝水电站、小浪底水电站。其中三峡水电站是世界上最大的水电站。

### 2. 风电

风电是目前最具成本优势的可再生能源，风力资源较好的地区的风力发电成本与燃油发电或燃气发电相比，已经具备成本竞争力。目前我国风力发电装机容量仅占我国可利用风力资源的 0.1%。风电到 2020 年很可能超越核电，成为我国第三大发电形式。2006 年到 2015 年风机设备市场容量总计达到 1000 亿元以上，目前我国风机设备的国产化率仅有25%，对风电场招标有 70% 国产化率的要求，本土风机制造商面临巨大市场空间。

### 3. 太阳能

太阳能是最丰富的可再生能源形式，是所有化石能源及多种可再生能源的源头。多晶硅价格上涨对于多晶硅太阳能电池行业的影响并非完全负面，行业内不具备竞争优势的厂商的电池片产能和组件产能成为无效产能，避免了电池片和组件价格的恶性竞争，行业优胜劣汰得以更快地实现。高价多晶硅的压力下，优势企业也会有极强的动力削减成本，比如应用更先进的硅片切割技术，提高太阳能电池转换效率等，以求获得成本优势和竞争力。多晶硅太阳能行业极有可能 2008 ~ 2009 年重新进入黄金发展期。

### 4. 其他替代能源

在我国能源消费新格局中，中国富煤少油的能源禀赋格局决定了煤变油，煤代油具备比较成本优势。生物质能油品具有清洁环保，可再生的特点，中长期将成为重要的交通用能源。醇醚燃料是潜力巨大的替代能源，尤其是二甲醚是替代 LPG 的最佳选择。当油价高于 35 美元 / 桶的时候，煤液化和煤制醇醚燃料具有竞争优势；对煤头和气头醇醚燃料做经济分析的结果是，每立方米 1 元的天然气价格生产的醇醚燃料成本对应的约是 400 元 / 吨的煤炭价格；原油价格跌到 40 美元 / 桶，煤制烯烃仍有竞争优势。甲醇作为燃料和原料，其需求必将大幅增长；而煤液化由于投资大和技术风险，国家对此仍持谨慎的态度；而甲醇制烯烃由于其成本低，是较有前景的煤化工发展方向。

## （三）发展前景

在我国的能源安全策略中，发展替代能源是未来战略的重中之重。在更大的时空视野中，这其实是一场科技研究的竞赛，是一场看不见硝烟的战争。美国、德国、日本等发达国家，由于较早进行研发投入，在研究替代燃料及推广新能源方面已有一批新成果。对核心技术的追求，是我国长期不懈的重要坚持。中国是一个大国，必然寻求对未来国家能源安全的主导能力，并且为全球未来能源做出贡献。经过多年努力，我国一批具有自主知识产权的替代能源技术已逐步成熟，部分产业化示范工程即将投入使用，乙醇汽油等替代燃料试点进展顺利，为进一步发展替代能源打下了良好基础

在我国现有能源供给的约束条件下，我国面临着能源供需结构性矛盾，能源自给安全压力以及巨大的环保压力。

发展替代能源，实现传统能源之间、传统能源和新能源之间的替代是解决我国能源供需瓶颈，供需结构性矛盾以及减轻环境压力的有效途径。

我国未来的能源消费格局中，决定不同形式能源的应用及发展前景的决定因素有两点：一是能源使用过程中的内外部成本；二是后继储量以及是否可再生。《国家中长期科学和技术发展规划纲要》指出可再生能源在 2020 年我国能源消费中的比重将达到 16%。

## 二、石油替代能源发展战略

### （一）石油替代能源的内涵

2016 年国土资源公报数据反映，截至 2015 年年底，我国能源矿产查明资源储量保持稳定增长，页岩气呈现突破性增长。其中，煤炭查明资源储量达 1.5 万亿吨，新增约 400 亿吨；石油查明资源储量为 35 亿吨，新增约 9 亿吨；天然气查明资源储量 5.2 万亿立方米，新增 7265 亿立方米，页岩气查明资源储量 1301.8 亿立方米。

从以上数据我们可以看出，考虑到经济因素和能源安全问题，随着能源需求量的不断增加，能源供需矛盾将日益严峻，迫切需要寻找替代能源满足日益增长的能源消费需求。

替代能源的概念是指能够替代石油、天然气和煤炭等石化燃料的能源，一方面包括了风能、太阳能、生物质能、海洋能、水能等可再生能源，另一方面也包括了核能等不可再生能源。替代能源和新能源在概念上有某种程度的重合。

### （二）石油替代能源发展现状

经过几十年的发展，人类社会逐步意识到石油替代能源对于能源可持续发展的重要性，诸多国家开始着眼于技术、经济和政治层面，全面采取积极措施发展石油替代能源产业。囿于体制机制、技术水平和政策法规等各种因素，我国水电、气电、核电的发展长期处于相对滞后状态。

近年来，石油替代能源已在欧美等国家发挥了重要作用。据统计，全球石油替代能源发电新增装机量在 2015 年首次超过常规能源，说明全球电力系统建设正发生着结构性的转变。尤其在美、德等国家，可再生能源已逐步成为主流能源，并成为其能源结构转型、低碳绿色发展的重要助力。

国家能源局最新统计数据反映，2017 年上半年我国可再生能源发电装机突破 6 亿千瓦。其中，水电装机达 3 亿千瓦、风电与光伏发电装机分别达 1 亿千瓦。上半年，各类石油替代能源发电新增装机 3700 万千瓦，占比百分之七十左右。以上数据进一步说明我国能源结构转变的速度在不断加快，石油替代能源已经进入了大规模产业化发展的新阶段。可见，目前我国水电、风电、光伏发电装机容量已稳居全球第一，超越美、德等传统替代能源生产和消费大国。

### （三）石油替代能源发展的对策

当前，我国石油替代能源发展总体思路是：以新能源替代传统能源，以可再生资源替代化石能源，大力开发利用水电、风电、核电等新能源，结合不同替代能源的特点与优劣势，因地制宜进行多元化发展，实现经济高效、最大限度的能源替代。

一是积极实施"煤制油"战略。在我国能源消费新格局中，富煤少油的能源实际情况决定了"煤制油"这一发展途径具有比较成本优势。"煤制油"是一种以化学加工手段将煤炭转化为清洁液体燃料的洁净煤技术。目前我国从技术和资源层面上都具备实施"煤制油"战略的条件和能力。

二是大力发展水电产业。我国水能资源丰富，技术上也具备成熟的大型水电设计、施工和管理运行能力。应在保护生态的前提下有序开发水电资源，提高水电开发率，因地制宜积极开发中小水电，借助经济手段和市场机制引导中小水电的合理有序开发，优化西部水电开发格局。

三是积极推进核电建设。核能属于经济、低碳、高效的能源，是当前最为可能进行大规模发展的替代能源。据测算，每建成 100 万千瓦的核电，对标煤的替代效应相当于 200 万千瓦水电，或相当于 350 万千瓦风电，抑或是 470 万千瓦光伏发电。一座百万千瓦电功率的核电厂每年比燃煤电厂少排放二氧化碳达 600 多万吨。目前还是应该纳入国家统一规划框架下，在较短的时间内、在安全选址的前提下积极推进核电建设。

四是鼓励发展风电和太阳能等可再生能源发展。风能是真正意义上的清洁、环保能源。近年来我国风电技术水平趋于成熟，在过去 20 年里风电成本下降了 80%，由此发展风电具备大规模商业化运作的技术。此外我国光伏发电发展迅速，技术创新能力大幅提升，加上生产规模的扩大，光伏组件价格下降 60% 以上，极大提高了光伏发电的可行性和经济性。

### （四）石油替代能源安全风险防范

#### 1. 市场风险

石油替代能源产业作为高新技术产业正处于崭新、探索阶段，缺乏成熟的行业经验，也遇到"弃风""弃光""弃水"等产业瓶颈，需要政府从研发、示范到产业化不同阶段在政策上给予支持，进一步解决配套设施和政策法规，为新兴产业的持续健康发展保驾护航，使石油替代能源产业得以持续健康发展，从根本上解决石油替代能源新领域的生存和发展问题。

#### 2. 技术风险

当前我国风能、太阳能等新能源领域发展迅猛，关键领域仍一定程度上受到技术水平的限制，部分核心技术仍掌握在欧美等国家中，钳制了石油替代能源的大规模产业化发展，以至于替代量、替代程度有限。因此应加强自主创新，加大在技术创新方面的研发力度，突破技术瓶颈，推广应用新的技术路线、生产工艺，特别是要力争在"煤制油"、电机制造技术、多晶硅和单晶硅提纯技术等方面取得突破。

### 3. 环保风险

在发展石油替代能源产业的同时应当注意解决好环境保护问题，避免造成"二次污染"。譬如"煤制油"技术实施过程中势必会产生废气、废水和废渣，造成较为严重的环境问题，这一风险需要在实施项目过程中着重考虑。此外，开发水电、风电等项目也存在着破坏原有生态环境的风险，核电建设更是需要在项目前期做好全面的评估和防范以避免核泄漏等严重事故。

# 第三章　能源与金融

## 第一节　能源与金融市场

### 一、中国能源金融发展路径

#### （一）概念和内涵

"能源金融"是一个泛意的概念，目前，学术界对于能源金融的概念和内涵还没有形成统一认识。林伯强等认为能源金融的核心是能源的市场化定价机制，把能源金融体系分为能源金融市场、能源金融创新、能源货币体系、能源产业资本运作四个层面；贺永强、马超群、余升翔等从形态上将能源金融分为能源虚拟金融与能源实际金融；刘传哲等从产业共生发展角度展开系统性研究，认为能源金融的系统性研究应涵盖四个方面的内容：一是研究金融支持能源以及能源产业作为金融产业利润来源而构成的机制中，金融信息通过能源产业向实体经济的传导，以及能源产业信息对金融产业的影响机理；二是基于两大产业的正向关联性研究金融支持能源的路径；三是基于两大产业的负向关联性，研究能源金融安全，包括能源金融的产业风险传染性及风险的预警和控制体系；四是研究促进两大产业共生的金融生态和能源战略以及其他能源金融政策。

从现有研究来看，人们更多地从能源产业与金融资本相关联的市场、价格、形态、系统性等不同角度认识其概念与内涵，能源金融的理论研究薄弱，特别是缺乏学科建设方面的研究。从学科研究角度上来说，能源金融是一门新兴学科，是研究能源生产、交换、分配、消费过程中，公司、个人、政府与其他机构如何融资和运用资金。能源金融是能源和金融两大体系相互耦合组成的新的金融系统，本质是金融活动，遵循金融的自然属性，但服务对象和归宿是能源体系，具有一定的特殊性。也即以能源体系为特定出发点，借助股票、债券、基金等金融资产和期货、期权、可转换证券、互换等衍生工具的金融体系，最终服务能源产业发展以及能源效率提升、节能减排、碳交易市场构建。能源金融是保障国家能源安全的重要组成部分，对于完善能源价格信号的产生与传递、开发能源资源、规避能源市场风险有着重要意义。

## （二）中国能源金融发展严重滞后

能源金融形成于 1886 年，是国际能源和金融市场的重要组成部分。国内能源金融的研究处于起步阶段，尚未展开系统性的深入研究。研究滞后是中国在金融市场实践中经常被动挨打的一个重要因素。

能源金融最早产生于国外，早在 19 世纪 80 年代就开始运用远期合约等金融资产对能源商品进行运作。1886 年，煤炭交易所在威尔士卡迪夫建立，这是世界上最早的能源交易所，开启了运用金融交易模式对煤炭交易进行风险管理和市场运作的模式。20 世纪中叶，随着石油逐渐替代煤炭成为世界最主要能源，为了规避石油价格剧烈而频繁波动产生的价格风险，伴随 20 世纪 70 年代初石油危机的爆发，石油期货产生；80 年代初，伦敦国际石油交易所 (IPE) 和纽约商品交易所 (NYMEX) 引入原油期货，把石油从现货、实体经济演变成了期货、虚拟经济和赤裸裸的金融产品，这是目前世界上最具影响力的两个石油产品交易所。此后，石油期货迅猛发展。随着远期、期权、互换等金融衍生品的推出、交易，以及私募基金、对冲基金、商业银行、保险公司、投资银行等金融机构的涉足，石油交易大部分都通过金融市场完成，石油的"金融属性"日趋明显。经过 30 多年的发展，石油期货已经成为世界上最大的货物期货产品，国际石油市场也成了全球金融市场的重要组成部分。

不同于国际原油期货价格是国际石油价格的参照基准，目前对全球煤炭贸易价格最具影响力的是各类国际煤炭价格指数，产生于 20 世纪 80 年代，亚太、欧洲和北美都有各自的煤炭价格指数体系。真正的煤炭期货起步时间较晚，从 21 世纪以后才开始。美国纽约商品交易所于 2001 年推出中部阿巴拉契煤炭 (CAAP) 期货合约；英国伦敦洲际交易所于 2006 年 7 月推出以荷兰鹿特丹和南非理查德湾动力煤为标的物的两种煤炭期货合约，参照 Argus/McCloskey 煤炭价格指数以现金方式进行结算，美国纽约商品交易所和英国伦敦洲际交易所 (ICE) 是国际上最具代表性的煤炭期货交易所。煤炭期货在全球流动性差，主要是反映和影响当地煤炭市场供求关系。美国天然气金融发达，拥有世界第二大能源期货品种——Henry Hub 天然气期货合约，其价格走势是国际天然气价格的标杆。美国于 1990 年后连续推出 Henry Hub、Waha Hub 等天然气期货合约、期货期权合约、日历价差期权合约等。伦敦国际石油交易所于 1997 年引入天然气期货合约。随着应对气候变化成为全球关注的热点，碳排放额度的金融属性正日益凸显，服务于旨在减少温室气体排放的各种金融制度安排和金融交易活动的碳金融将为国际金融带来巨大变革。

与国外娴熟地把金融资产及金融衍生工具运用到能源产业相比，我国的能源金融发展非常稚嫩，能源金融化程度严重不足。中国是世界上第二大石油消费国、最大的原油进口国，2015 年石油对外依存度首次超过 60%。遗憾的是，中国缺乏原油和成品油方面的期货产品，在国际能源金融市场上，没有制定规则权和话语权，是被动的价格接受者，只有"中国需求"，没有"中国价格"。1993 年，我国曾在上海石油交易所推出石油期货交易，但由于当时市场体系不完善，交易所最终关闭；2004 年 8 月，上海期货交易所 (SHFE) 推出燃料油 (180CST) 期货，这为中国争取国际石油市场定价权迈出重要的一步，但并没有改变中国在国际原油定价体系没有话语权的局面。近年来我国一直在筹备推出原油期货，预计原油期货将在不久后上市，中国的原油期货有利于人民币国际化运作、提升中国在国际原油市场上的定价话语权。中国是全球煤炭生产与消费大国，曾于 1992 年建立上海煤炭交易所，大胆创新尝试采用公开喊价和计算机自动撮合等交易方式，开展煤炭的现货合约以及中、远期合约等，但终未能推出煤炭标准化期货合约和期货、期权交易，并在一年半后被迫关闭交易所；中国大连商品交易所 (DCE) 于 2011 年 4 月、2013 年 3 月分别推出焦炭期货、焦煤期货合约，这是世界上第一个同类期货品种，合约规则极具中国特色；2013 年 9 月，郑州商品交易所推出动力煤期货。为了提升市场效率，推动市场化改革进程，中国正在积极探索建设天然气、碳金融等能源期货产品。

2003 年以来，在全球流动性宽松背景和能源经济的高速发展下，能源产品价格严重偏离供需基本面，石油价格在 2008 年最高飙升到每桶 147.27 美元、后来又跌至每桶 28 美元。近年来，随着美元的大幅波动和国际金融巨头的操纵，国际能源价格异常变动，国际能源金融形势复杂。为了改变中国在国际能源博弈中的不利地位，我国一定要把能源金融提升到国家战略高度，加强能源金融研究。

## 三、能源金融发展路径选择

中国能源对外依存度越来越大，已成为能源消费大国，但能源金融化程度极为低下，是能源金融化小国。为了保障能源经济的稳定运行和金融安全，需从加强市场建设、实施政策支持、推进新能源开发、控制能源金融风险等方面展开研究。

### （一）加强能源金融市场建设

中国能源金融市场起步晚，发展落后。能源金融产品尚处于起步阶段，融资渠道单一，创新能力弱，能源安全问题突出。为此，要加快推进石油、煤炭、电力、天然气、新能源等能源金融市场建设，培育金融产品交易主体。鼓励中海油、中石油等能源企业参与到国际能源市场建设中，鼓励金融机构参与国际能源金融交易和能源市场的深度发展。加强国内能源金融市场建设，充分利用金融衍生工具促进能源金融可持续发展。

## （二）实施能源金融政策支持

设立能源发展基金。近年来能源发展基金越来越受到重视，目前，国家层面设立了部分行业的发展基金，如可再生能源发展基金、中国绿色能源发展基金等。吉林、上海、江西、山东、浙江等也设立了可再生能源或新能源发展基金。为了维护中国在复杂的国际能源环境中的能源安全，政府层面应设立以国家能源专项发展基金为基础的能源金融体系，除鼓励发展可再生能源或新能源外，更要通过财政补贴、贴息贷款、价格补贴、研发投入等手段，大力支持石油、煤炭、天然气等大宗能源的科技进步和创新改造、能源行业资源综合利用和节能减排等发展。同时，设立能源产业发展基金，以灵活的海外融资权限和定价权参与期货市场交易，通过基金支持国际资源型企业兼并和收购，进行风险勘探，收购探矿权、采矿权，投资新能源产业技术研发，投资精细化工项目建设，等等。

建立专业性能源发展金融机构。建立能源储备银行，支持构建国家能源战略储备体系，特别是石油战略储备体系。打破石油行业的高度垄断，扶持非国有企业在市场上的占有份额，提高市场化程度，为石油期货市场提供充足的现货，避免现货和期货市场脱节问题的产生。建立能源开发投资银行，能源资源的勘探和开发以及能源项目建设具有周期长、风险大、资金额度大的特点，通过能源开发投资银行，建立能源及资本融通和增值的长效机制，为企业提供规避风险的治理方案，为本土能源企业向海外拓展提供贷款担保。逐步引入产业投资基金、风险投资资金、能源信托等金融产品，改变以银行贷款和企业自筹为主的单一融资模式，推进能源资产证券化进程。

建立能源效率金融制度。与发达国家相比，我国能耗强度至少落后20年，是美国的3倍、日本的7倍。创新能源效率金融市场，提高能源利用率，促进节能降耗是中国经济社会发展中的紧迫问题，需从三个方面做起：一是深化和完善能源价格体系，真实反映环保成本和能源资源稀缺性；二是建立生命全周期能源金融模式，从能源资源上游到能源终端利用下游，利用先进技术、管理节能以及结构调整，促使能源效率成为吸引投资并具有良好经济效益和环境效益的优质资产，实现节能放大效益；三是促进能源效率市场化运作，利用合同能源管理等方式，用商业化模式将节能服务商的资金和能源终端客户的能源效率收益联系在一起，风险共摊同时获利，实现双赢，共同促进节能降耗先进适用技术的大力推广和使用。

## （三）建立能源—人民币体系

石油、煤炭、天然气等矿产资源的可耗竭性和资源禀赋布局上的地域性，导致能源的稀缺性和战略属性，因此，各国都在积极争取对能源金融主导权的把控。目前，人民币国际化已取得重要成果，为建立能源—人民币体系创造了条件。中俄天然气协议全部采用人民币结算，中东卡塔尔建立了人民币清算中心等，这些都将削弱美元在能源贸易结算体系中的地位，提升人民币作为国际能源货币的使用程度。但毋庸置疑，美元在国际能源金融领域仍占据霸权地位，全球贸易量近70%以美元为结算货币。随着中国经济社会的持续发展，2020中国将成为世界最大石油进口国，2030年将取代美国成为最大石油消费国，能源安全将面临严重挑战。为此，中国应加快组建和完善石油储备和原油期货市场，摆脱中国缺乏原油等期货产品的困境，从而有效应对石油价格的波动。鼓励国内能源企业更多参与国际能源金融市场，推动能源交易中人民币结算份额，逐步拓宽人民币国际支付范围，扩大"能源—人民币"国际认可度，改变能源金融中以美元作为全球货币结算机制的历史。

## （四）快速推进新能源金融开发

新能源是未来国际能源开发的重点，国际上的新能源金融也日趋成熟。如日本推出洁净能源金融体系，企业通过向日本一般家庭租借屋顶安装太阳能电池面板，获得日本政策投资银行的低利融资。中国应把握新能源金融发展机遇，积极开发新能源或洁净能源金融，探索恰当路径深化新能源和金融结合。银行的信贷政策应向新能源倾斜，政府在加大财政支持的同时，积极给予市场准入等方面的支持。建立让公众参与的新能源金融体系，加强新能源与互联网金融之间的深度融合。参与国际规则制定，抢占新能源金融发展的战略制高点，争取在新一轮能源金融化浪潮中获得主动。

## （五）建立能源金融预警机制

能源金融化不足制约能源行业实体经济的健康发展，能源过度金融化又容易加剧能源价格波动，加大能源市场风险，为此，要建立能源金融预警机制和风险控制体系，保障能源宏观经济的可持续运行和安全发展。一是建立与能源产业发展匹配的金融风险预警体系，能源、金融两大产业的相互渗透耦合有巨大的发展潜力和利润空间，也潜藏着巨大的风险，并通过产业关联机制导致风险传染。部分能源信贷资金流向低水平重复建设领域，贷款行业集中度过高，能源产业政策与信贷政策不协调。因此，金融机构应切实了解能源产业政策和准入门槛，严把能源企业贷款资金的审批关；建立能源工业前景分析机制，并纳入能源金融风险控制框架；建立能源金融风险预警机制，加强警源监测、分析和警兆识别。二是防范能源过度金融化风险，鼓励国内能源企业和金融机构参与国际金融市场时，在提高我国能源金融水平时，加强国际合作，完善国际能源金融的交易规则，降低杠杆率，警惕能源过度金融化，共同维护全球能源市场的健康发展和金融安全。

## 二、再生能源和金融市场的过去和未来

自从 2006 年 1 月 1 日开始实施的《可再生能源法》拉开了中国可再生能源近 12 年的高速发展，风电、光伏轮番创出新增高峰。

各家投资企业固然功不可没，但若无金融机构的支持，也是绝无可能取得这样的成绩。金融作为现代商业的血液，几乎可以决定一个行业的发展规模。而可再生能源由于其自身特点，对金融要素的敏感程度比化石能源更为强烈。

### （一）可再生能源资产的特殊性

可再生能源行业的特殊性，决定了商业模式和融资模式与化石能源的不同。

在过去的上百年，化石能源集团因为要同时管理好燃料端的成本，例如石油或者煤炭的采购成本，还要管理好销售端的收入，例如卖出的汽油或者火电，只有发展成超大型的公司才能具备双边的价格管理能力，在市场波动中生存下来。但可再生能源的特点完全改写了商业模式，开创了全新的市场格局。

第一个特点，也是核心优势，即无需对冲燃料成本。

风、光是完全免费的，整个设备的后期运维成本恒定，因此投产之时几乎可以锁定全生命周期成本。那么中小型的公司也可以根据项目情况和自身承受能力，持有可再生能源资产，而不必担心燃料价格的波动。

第二个特点，即是重资产，但是建设周期又短。

通常意义的重资产，以水电、石油、高速公路来看，普遍存在建设周期长的特点。但是风电的建设周期大约为六个月，光伏可以控制在三个月，大大缩短了垫资建设的压力，提高资本的周转率，在同样的资本金条件下，可以撬动更多的项目。

第三个特点，与全生命周期成本固定相对应，是全生命周期的收益也固定。

截至目前，除了少量分布式光伏自发自用的项目是直接卖电给用电客户之外，95%的可再生能源发电量是以固定电价卖给电网公司，现金流分为火电脱硫脱硝部分和补贴部分，保持 20 年的电价不变。

因此，这种情况下，全生命周期的收益是完全固定的，且受《可再生能源法》保护。因此可再生能源资产结构单一、清晰，对投资方来说，主要通过项目质量等技术手段来控制项目风险，除此之外，燃料波动、电价波动的风险完全隔离了。

### （二）过去产业融资的核心逻辑

与可再生能源资产相匹配的融资模式，在新的商业模式刺激下，也呈现出行业的特点。

股权投资、债券投资根据自己的风险控制要求，选择行业上下游的位置，有机构赚得盆满钵满，也有机构赔得非常惨烈，大浪淘沙十年，是产业和金融机构共同成长的十年。

在过去的 10 年中，可再生能源相关的融资分为两个部分，制造业融资和发电项目的融资。在早期，金融机构常常将两者混淆，其实前者跟传统的制造业区别不大，最终都是依靠技术优势占领市场。由于中国可再生能源装机市场的发展太过迅猛，导致上游制造业的变化比其他制造业要快得多，包括技术更新换代和龙头企业的变化。在整个洗牌过程中，部分金融机构损失惨重，"一朝被蛇咬，十年怕井绳"，后期大大收缩了对制造业的放贷。

反观下游市场，新增可再生能源的装机增长却一直比较强劲，风电高速发展结束后，光伏立马顶上，金融机构的融资支持起到了关键作用。融资的核心逻辑有两点，"保电价、保销售"，是依靠政府信用和电网信用双轮驱动实现的。

第一，政府信用的主要作用是保住电价，通过固定电价来确定未来二十年的现金流。

包括火电、水电都难以保证未来 20 年电价不变，但是风电、光伏通过补贴来差额补足的方式实现了二十年不变。部分地区确实因为限电等因素，通过降低火电脱硫脱硝部分来争取更多的发电份额，但是在不限电的情况下，可再生能源项目电价是非常有保障的。

第二，电网的高信用是可再生能源项目电力销售的保障。

在任何其他行业都很少出现依靠单一客户稳定销售二十年的案例，因为产品的更新换代、市场需求都会影响产品的销售。电力是极其特殊的标准化产品，且收购方是电网公司，拥有几十年积累的极高市场信用。因此，可再生能源的发电，未来二十年的销售都被市场视为可以相信的，金融机构可以一定程度上放松对投资主体的信用要求，更多地审视项目本身来提供信贷支持。

## （三）市场变化导致未来融资变化

随着中国电力市场的改革和可再生能源装机成本下降、总量上升，市场结构又出现一些新的变化。改革开放 40 年，大约有 35 年中国一直是处于缺电状态，也就是近 5 年来，电力供应逐步宽松，在部分地区出现过剩。

在一个缺电的市场，既无法改革也不存在销售困难。但是未来电力市场将逐步还原电力的商品属性，那么所有的发电设备都要面对市场的竞争和考验。

同时，可再生能源在逐渐地去补贴，争取 2020 年之后的新增项目基本不要补贴，那么投资企业和金融机构可以说将面对，卖电电价是多少和如何尽可能多的卖电这种市场化之后的问题。

市场的开放意味着把主动权交还给客户，客户自己可以在电力交易中心竞价，可以选择自己想要的电力品种。

如何保障可再生能源的消纳或者说销售，是摆在政策制定者面前的难题。为适应变化，国家的支持政策也从支持发电转变为创造需求，通过需求侧的拉动来引导项目端的投资。

具体来说就是，从补贴每度可再生能源电力过渡到未来以可再生能源配额制为主对消费侧进行约束。

对于电力投资企业来说，尽可能找到价格更高、更稳定的用电客户是关键。对于大型地面电站来讲，可以通过规模降低成本来竞价，但是那些分布式的可再生能源电站主要将依靠"自发自用，余电上网"的模式来开发市场。单个项目情况将更加多样，金融机构同时需要配套相应的融资方案。

2018年，三季度并网的分布式光伏有大约500万千瓦，全都没有补贴，主要是靠企业自投，少量使用了租赁融资。这种仅靠企业自有资金的模式，难以支撑未来分布式的发展。截至目前，银行依然很少涉及分布式项目的开发，但分布式是未来电力市场中的重要组成部分，如何对接这些项目，需要政府、电网企业、金融企业、开发企业相互配合。

其中购售电合同的稳定性是第一需要保障的。为单一用电客户供电是不可能跟卖电给电网那样稳定。一旦这个客户出现经营困难、用电波动，能否迅速找到另一个客户，也就是隔墙售电是项目能否融资的关键。如果隔墙售电无法打开，那么这部分可再生能源发电自己竞价，将严重影响收益，如果项目按照之前的现金流做了融资，恐怕会出现还款困难的局面。

另一个需要保障的是电费收缴。如果只卖电给电网，只需跟电网结算，简单且可靠，但如果卖电给多个用户，自己收款实在是成本高、难度大。所以，尽快解决电费收缴问题也是项目能否融资的关键，无论是通过电力交易中心结算也好，还是通过售电公司结算，总之要解决该问题。

综合来看，当前不仅电力市场风起云涌，金融市场同样在经历"降杠杆、促发展"的调整。

过去的十年是中国新能源为代表的能源变革持续进行的十年。当前，可再生能源技术仍然在快速进步，成本持续降低，将进入全新的发展周期，给相关行业也带来机遇。可再生能源项目的普遍化、小型化使得投资空间巨大，无论是企业或者个人均可以投入其中，共同分享可再生能源带来的收益，这在化石能源领域是不可想象的。

如果要事半功倍，不仅要依靠强有力的行业治理措施，还必须采用一系列财税、金融等手段改变资源配置的激励机制，让经济结构、能源结构、交通结构变得更为清洁和绿色。在资源配置中，资金配置的激励机制必将发挥其关键的作用。

# 第二节　金融影响能源产业发展理论

## 一、能源产业与金融产业的共生性

"共生"原是生物学概念，I879年，由德国生物学家德贝里提出，指共生单元之间在一定的共生环境中按某种共生模式形成的关系，其要素包括共生单元、共生模式以及共生环境。自20世纪五六十年代以来，共生的思想和概念逐步由生物学扩展到人类学、社会学、经济学、管理学、建筑学甚至政治学领域，一般用来研究不同单元之间的相互关系及其生存的环境。经济学中，产业共生指不同的共生单元通过共享同类资源或互补异类资源而形成的共同体，该共同体通过改进系统内部或外部资源配置效率，促进企业效益增加，从而推动产业发展。一般的产业共生系统具有形成共生的群落性、上下游产业的关联性、资源使用的循环性，以及生产成果的增值性等特征。而能源产业和金融产业的共生与一般的产业与金融产业的共生既有共性，又有特殊性：能源产业作为一般的产业，对金融产业呈现出单向依赖性；作为特殊的产业，与能源产业属于互利共生系统。

### （一）能源产业对金融产业呈现出较强的依赖性

一般非金融产业之间共生的核心与生产有关，不同产业单元形成企业群落，彼此间具有高度依赖性。而作为生产货币这种特殊商品的金融业，其与一般产业组成的共生体与纯生产性产业共生体明显不同，表现在金融业对单个产业的依赖性较小，有选择共生产业的主动性；由于货币的特殊性，一般的产业对金融产业均具有较高的单向依赖性。能源产业作为一般的产业，与金融业构成共生系统，虽同能源产业与非金融产业构成的系统明显不同，但同其他一般非金融业与金融业构成的系统基本一致即表现出一般产业对金融产业单向的依赖性，甚至还存在差距。这是因为传统能源企业盈利能力有下降趋势，同时，新能源产业的投资风险较大，作为一个营利性的金融机构缺乏对能源企业提供资金的主动性。

### （二）能源产业与金融产业属于互利共生系统

从产业共生模式来看，能源产业作为一般的产业与金融业共生属于被动与主动的产利型共生系统。在这个系统中，金融给予能源产业资金支持，在促进能源产业发展的同时，自身获得了利息收入，而能源产业对金融业的支持能产生新的价值，这种价值尽管与金融业共享但偏向能源产业。因而，能源产业与金融产业不属于寄生型共生系统，而属于产利型共生系统。但由于能源的特殊性即经济社会发展的原动力和商品与金融的二元属性，能源金融共生模式与一般的产业金融共生模式存在明显不同，属于产利型互惠共生系统。这表现在以下两个方面：其一，能源作为工业生产的血液、国民经济发展的原动力，倘使能源供给不足，能源产业发展落后将直接导致整个经济社会发展落后，从而制约着整个金融业的发展；相反，能源产业发展良好，一方面直接可以为金融业的发展壮大提供资金支持，另一方面也可以因促进其他产业的发展而为金融业的发展奠定基础。同样地，金融业的发展将直接或间接地促进能源产业的发展，一方面金融发展为能源产业提供资金支持，直接扶持能源产业发展，另一方面，金融为能源消费企业提供资金支持间接地助推其发展。其二，能源金融化背景下，能源市场价格波动，直接影响到金融市场的发展，对金融发展产生强烈冲击，制约或促进金融业的发展；相反，金融市场的发展与完善将直接影响到能源金融市场的发展，加强有效市场成立将削弱能源价格的投机性波动。

## 二、金融影响能源产业发展的机理

金融功能理论认为，金融体系具有交换、隔离、分散或汇集风险；配置资源；监督管理者和改进公司治理；增强储蓄流动性；促进产品和服务交换等五大功能。认为金融发展内生于经济发展的过程当中，二者通过金融功能相互"联结"，相互促进：一方面信息成本和交易成本等约束促使了金融市场的产生和发展，另一方面金融市场通过提供各种功能，又促进经济增长。认为金融发展影响经济增长主要有两条途径：一是金融通过影响资本积累率增长，从而促进经济增长；二是金融体系影响技术进步和产品创新，从而促进经济增长。也就是说，金融通过集聚资金功能（影响资本积累）与配置资源功能（影响技术进步和产品创新）发挥作用影响经济增长。这里借鉴金融影响经济增长的理论分析，认为金融通过资金集聚效应影响能源产业规模、金融通过投资向导效应影响能源产业结构、金融通过技术催化效应影响能源产业效率。

### （一）金融通过资金集聚功能影响能源产业规模

在一个经济体系内部，总存在两种单位主体即资金盈余单位与赤字单位，一方面资金盈余单位缺乏投资项目或途径，不能获取资金必要的报酬即利息，另一方面资金赤字单位有好的投资项目，却缺乏资金的支持，难以取得产业发展利润收益。由于存在信息不对称及交易成本等问题，资金盈余单位与赤字单位不能达成交易，资金的利用效率被降低；同时，由于项目投资往往需要大量的资金，单个的社会闲散的小额资金基本不能满足项目融资需求，使得市场在配置资金过程中处于失灵状态。金融机构的出现使储蓄和投资分离为两个独立的行为，通过对储蓄者和投资者资金供求的重新安排，提高了储蓄与投资的总水平，从而促进资金需求单位的发展。能源产业具有投资周期长，资金需求大的特点，单靠自身的资金积累很难满足对资金的需求，即使能满足，资金积累的时间也会比较长。而金融的资金集聚功能，将社会闲散的小额资金加以汇聚，以满足能源产业发展所需资金，有利于能源产业规模的壮大。

## （二）金融通过资源配置功能影响能源产业的结构与效率

### 1.金融通过投资向导效应影响能源产业结构

资本具有逐利的天性。在资金的导向作用机制下，金融系统将金融资源配置在不同收益率的投资之间，使资金能够按照经济原则在可再生能源产业部门与非可再生能源产业部门之间高效流动，带动金融要素以外的其他生产要素的转移，从而优化能源产业的结构。同时，金融政策具备对资金导向的倡导机制与校正补充机制。一方面，政府通过选择性的货币政策工具，对可再生能源产业与非可再生能源产业部门的发展采用不同的利率政策、信贷选择政策、根据产业政策进行信贷配给或行政指导，直接干预民间金融机构信贷，从而引导资金投向，调整能源产业结构布局。另一方面，政府通过利用一般性货币政策工具，调整货币供应同时，辅以财税政策，为实施能源产业结构的调整提供一个宏观氛围。

### 2.金融通过技术催化效应影响能源产业效率

技术创新是经济社会发展的不竭动力，也是推动能源产业效率提升的关键因。从现实角度看，从事能源技术创新风险巨大，前期投入具有固定性，但产出为零，一旦投资失败将血本无归。金融市场是风险集聚与重新分配的地方，能将一定的风险分散到不同的投资者身上，从而减少能源技术创新主体承担的风险。此外，能源技术创新或改造需要大量的资金投入，金融通过传统的资金集聚作用，吸收社会闲散资金，或通过金融创新如合同能源管理等满足其对资金的需求，将有利于促进能源企业的技术催化；这其中，以风险投资基金为代表的风险投资机构，对于新能源这种高新技术产业企业的催化作用，尤为明显。

# 第三节　金融对能源产业发展影响

金融对促进我国能源产业的发展具有重要作用，但同时，金融在支持能源产业发展中还存在不足，金融对能源产业发展的影响相对较弱。产生这一结果的主要原因之一是金融的资金集聚效应没有得到充分发挥，表现为能源金融市场发展水平低制约了金融资源向能源产业集聚；另一个重要原因是金融的资源配置功能失灵，导致了金融资源的不合理配置：这体现在宏观和微观两个层面，宏观层面看，能源金融政策缺陷导致金融资源错配，微观层面看，金融机构行为偏差制约金融资源的合理配置。

# 一、能源金融市场发展水平低制约金融资源向能源产业集聚

## （一）能源企业投融资模式单一限制能源产业资金规模

目前，尽管我国能源工业投资呈现多渠道发展趋势，煤炭行业融资由财政主导向银行主导，再向多元混合融资模式转变，投融资机制也正在改变以财政为主导向以市场经济为主导的模式转变，但我国能源投融资渠道的多元化建设尚处于起步阶段，投融资模式仍较单一。2004 ~ 2008 年，能源产业投资资金来源中，外资利用很少，能源金融开放度比较低。外资利用占比最高的 2004 年也才 3.02%，且随着我国能源产业投融资规模的扩大，外资占比逐步降低，至 2008 年仅为 1.16%；自筹资金和金融机构贷款为最主要的融资渠道，且自筹资金的比重越来越高，2008 年占比已超过 60%，同时，金融机构贷款规模占比相对降低，由 2002 年的 34.30% 降为 2008 年的 29.06%；2008 年末，两者共占资金来源比重高达 90%。

在自筹资金中主要来自地方财政投资，资本市场融资规模较小，资本市场融资力度不够。截至 2009 年年底，我国在沪深交易所（包括 A 股和 B 股）能源上市企业共 112 家〔按照 FTSE（新华富时）提供的行业分类标准，选取包括石油、电力蒸汽热水生产和供应、天然气、煤炭采选业为主营业务的上市公司〕，即使是近年来依靠 IPO 和增发股票融资最多的电力行业，资本市场融资占比也不足 2%，而煤炭、天然气、石油等传统能源行业上市公司融资占比更低，还不足 0.9%；此外，我国共有 14 家新能源企业在沪深上市，但 2009 ~ 2010 年，募集的资金总额均值才 0.95 亿美元，远低于中国新能源企业海外上市募集资金总额均值 2.34 亿美元。由上分析可以看出，能源企业的融资模式较为单一，导致总体融资规模受到了限制。

## （二）能源金融创新水平较低减缓能源产业资金集聚速度

目前，发达国家能源金融衍生品市场发展极为迅速，交易品种多，主要包括石油期货、煤炭期货、电力期权以及新能源等多方面，发展极其迅速。而我国能源金融产品单一，国内金融机构向能源企业提供的业务类型主要为中长期的能源信贷业务，能源利用产品及汇率风险服务等业务仍不能提供；能源金融衍生品品种少，交易规模更小。自 2004 年我国成立了上海燃料油期货市场，到 2009 年底总成交金额仅为 32119 亿元；2009 年以来，受新合约标准等因素影响，燃料油期货市场表现更加低迷，2010 年燃料油期货全年累计成交仅合约 2136.44 万手。此外，国际能源金融创新涉及节能量交易（白色证书交易）、可再生能源配额交易（绿色证书交易）等方面，我国也尚未涉及。我国能源金融创新水平较

低，一方面致使我国传统能源金融市场正面临着发达的国际能源金融市场的严峻挑战，另一方面，导致国内外金融资源向我国能源产业集聚的速度减缓。

## 二、能源金融政策缺陷导致金融资源错配

### （一）新能源政策缺陷助推光伏产业投资泡沫

随着传统能源供求矛盾日益显现，能源供给多元化将是中国能源发展战略的重点。"十二五"规划纲要中明确指出，要加快制定能源发展规划，降低能源消耗强度，深化能源价格改革，大力发展可再生能源和新能源，新能源产业发展已成必然趋势。在金融危机的阴霾下，众多发达国家纷纷出台新能源刺激方案，把新能源产业发展作为经济复苏的动力之一。我国也出台了众多支持新能源产业发展的政策，尤其是 2009 年《关于修改＜中华人民共和国可再生能源法＞的决定》获得通过，其中第十四条明确规定，"国家实施可再生能源发电全额保障性收购制度"，对于促进我国可再生能源的快速发展意义重大。以当前我国光伏行业的发展现状看，2011 年 8 月 1 日，国家发改委对外公布光伏上网电价新政，规定今年 7 月 1 日前核准，并将于 12 月 31 日前建成投产的光伏发电项目标杆电价定为 1.15 元／度；而在 7 月 1 日后核准，或此前核准但未能在年底建成的项目核定为 1 元／度，促进了我国光伏产业的急速发展。然而，不得不承认，当前我国新能源产业的发展动力仍以政策推动为主，多数投资者以借助国家政策获得短期利益为目标，导致产品技术水平、集中式建设的长期经济性等问题被忽略，新能源投资泡沫正在形成。《2010 年中国新能源行业发展研究报告》指出，私募股权基金蜂拥挤入中国清洁技术领域，造成对其估值大大超过真实价值。

### （二）信贷管理体制改革"后遗症"影响西部地区融资

国有商业银行信贷管理体制改革后，将信贷资金投放的信贷政策制定权和管理权集中到了其总行，并在全国范围内统一制定行业的客户分类标准等信贷政策，忽略各地区经济发展的具体情况和特殊优势，导致信贷资源在全国的优化配置时，更容易向东部等经济发达地区倾斜，而中西部地区的信贷资金需求相对难以满足。以青海为例，青海能源企业超过 3 亿元的贷款都需要报其总行审批，造成某些在青海省内属于优质的企业和项目在贷款申请时却不具有优势，因而，很难获得批准。

## 三、金融机构主体行为偏差制约金融资源合理配置

### （一）金融机构的短视行为导致金融资源利用效益低

当前，由于受到体制等因素影响及短期收益效应驱使，我国很大一部分银行信贷资金集聚到了一次性资源开发项目和资源型企业的基本建设项目，而对新能源企业发展、能源资源深加工转化项目以及能源工业企业的技术改造项目则明显支持力度不够。此外，由于缺乏有效的资金组织整合平台，大量民间资金涌向了地方小火电企业及小煤窑生产企业。这产生了严重的逆向选择风险〔逆向选择风险指在当前我国特殊的能源体系下，与新能源企业相比，传统的非可再生能源（主要指石油、煤炭）生产企业更可能向银行获得信贷资金及民间资金，而这会制造较多的碳排放，加重环境破坏程度〕，导致资金的利用效率不高，制约金融对能源产业发展的影响力度。

### （二）信贷趋同导致能源金融环境风险潜伏

能源金融环境风险主要指宏观经济环境的周期性变化，造成投向能源产业的信贷资金不能回收的可能性。与其他工业项目相比，能源开发项目的投资建设周期较长，一般至少需要 3 ~ 5 年时间，个别项目的投资建设周期甚至长达 10 年、20 年。同时，能源工业发展又是一个随经济周期影响而发生波动现象比较明显的行业。从银行业发展的历程看，我国银行业的信贷趋同行为比较明显：当某个行业景气时，银行业纷纷前去"锦上添花"，而当某个行业萧条时，谁也不愿"雪中送炭"。目前信贷资金已在能源领域呈现出较高的行业和企业集中度，一旦整体经济运行出现周期性调整或相关产品供求关系发生变化，已经投入到这些行业和企业的信贷资金的安全性能否得到保障，很值得思考和警觉。

# 第四节　金融支持能源产业发展的政策

能源金融市场发展水平低制约了金融资源向能源产业集聚即金融的资金集聚效应没有得到充分发挥；金融的资源配置功能失灵，导致了金融资源的不合理配置：宏观层面看，能源金融政策缺陷导致金融资源错配，微观层面看，金融机构行为偏差制约金融资源的合理配置。因而，要是金融更好地服务能源产业的发展，需要提高能源金融市场发展水平，积极完善能源金融政策，规范金融机构资源配置行为。

## 一、提高能源金融市场发展水平

### （一）拓展能源企业融资渠道

当前，我国能源企业融资模式单一，主要依靠银行中长期信贷资金，根据美国能源基金会与国家发改委的联合预测，2005～2020年，中国需要能源投资18万亿元，融资需求巨大，因而，要积极拓展能源企业资金来源。首先，要扩大能源企业上市规模，提高股权融资比例。其次，要支持能源企业发行短期融资券股票和中长期债券，提高债务融资比例。其三，建立专业性能源产业发展金融机构。

①设立国家能源专项发展基金，包括海外并购、产业开发及风险投资三类专项基金，其资金来源可以考虑利用国家的部分外汇储备。

②建立能源投资和储备银行。政府可以协调外汇储备机构、能源企业、银行、投资基金等，设计一系列约束与激励制度，鼓励和支持能源企业或金融机构出资建扩大适当引入能源信托、产业投资基金、风险投资基金等金融产品，发行能源支持证券，实施能源资产证券化，拓宽能源产业发展的投融资渠道。

最后，逐步提高我国能源业融资的开放度，一方面放宽外资的进入标准，利用外国的先进技术与雄厚资本，改善能源业的持续发展与融资环境；另一方，加强对民间资本的规范与引导，做活民间金融这盘棋，让民间资本更多地流入到能源产业。

### （二）提高能源金融创新水平

我国能源金融产品单一，除传统的能源金融业务（如存、贷款等）外，新型能源金融产品仅有燃料油期货，因此，我国能源金融的创新水平低，创新潜力大。根据创新层次，可以将能源金融创新分为两类即初级创新和深度创新。其中，初级创新主要指能源金融发展水平较低的发展中国家结合自身实际国情，模仿发达国家现有的、较成熟的能源金融产品所推出的一系列能源类相关产品和服务如煤炭期货、能效公司等。深度创新则指在可持续发展理念的指导下，为促进环境健康发展，创造一个能源制度体系，为节能减排提供投融资平台，如欧盟碳排放交易体系。当前，对我国来讲，能源金融创新的首要任务是学习国外经验，逐步增加电力、煤炭、太阳能、生物质能等期货合约，丰富我国能源类金融衍生品的种类，促进能源金融市场的不断完善，接轨国际市场。其次，要站在国家战略发展的高度，鼓励更多企业进入国际石油金融市场，逐步尝试与一些产油国实施"石油人民币"的结算方式，建立"石油人民币"体系，积极争夺国际石油定价权。同时，重新组建和完善石油期货市场，有效应对国际石油价格波动。最后，改革我国外汇储备管理体制，在保持足够的外汇储备用于经常项目支出的条件下，提高我国外汇储备的经济效益，构建国家石油—外汇国际储备体系，将外汇储备能源化，石油储备金融化。

## 二、积极完善能源金融政策

### （一）完善新能源产业政策

整体上看，我国新能源产业发展相对比较迅速，但我国新能源产业的发展动力仍以政策推动为主，多数投资者以借助国家政策获得短期利益为目标，导致产品技术水平、集中式建设的长期经济性等问题被忽略，新能源投资泡沫正在形成。因而，国家应规范新能源产业的发展，出台政策扶持新能源产业发展的思路需要做适当调整，由鼓励新能源产业产能的供给向激励新能源消费转变，由依托新能源技术设备的进口向鼓励新能源技术的自主研发转变。一方面采取价格补贴等财税支持政策，推动新能源企业的产品消费增加，拓展新能源企业的市场空间，解决当前部分新能源产业产能过剩问题；另一方面，要站在能源产业未来发展的高度，促进新能源技术的自主研发，将我国新能源产业打造成未来的支柱性产业，促进我国经济的持续发展。合肥市政府在推动我市新能源汽车产业迅速壮大的过程中所采用的模式值得借鉴：合肥市政府的财税政策支持的重点放在促进产业技术进步，建立新能源汽车关键零部件自主创新体系，引导相关企业、合肥新能源汽车研究院、安徽新能源汽车产业战略联盟加强技术研发与储备，提高自主研发能力，抢占技术制高点，突破核心技术，多渠道降低成本。

### （二）深化国有银行信贷管理体制改革

受国有商业银行信贷管理体制的制约，我国的信贷资金投放向东部经济发达地区集聚，造成中西部地区信贷资金相对难以满足。因而，国家一方面要继续深化国有商业银行信贷管理体制改革。其一，要建立专业化信贷决策体系，实行信贷审批人专职化。其二，要确保信贷工作审批独立性，实行分区和垂直集约化对贷款审批人进行管理。其三，要使信贷审批人员专家化，培养专家型的贷款审批人。其四，要提高对市场的反应能力，促进审批质量提高，探索实行信贷审批个人负责制。其五，要减少环节，优化流程，提高信贷审批工作功效。其六，要统一信贷风险与信贷审批管理，建立以信贷对象风险程度及授权对象经营管理水平为主要衡量指标的信贷授权体制。其七，要在信贷资产管理中充分突出审批人员的重要地位，强化信贷审批权、责、利统一的约束与激励机制。其八，要在信贷经营和决策环节强化风险监管职能部门制约作用。其九，要建立良好的信贷管理信息系统，为信贷决策提供支持。另一方面，要在国家推进西部大开发战略背景下，积极采取财税优惠政策、窗口指导政策、再贷款优惠政策引导信贷资金均衡流动，破解中西部地区能源产业融资相对不足的问题。另一方面，要采取财税优惠政策、窗口指导政策、再贷款优惠政策引导信贷资金均衡流动，破解中西部地区能源产业融资相对不足的问题。

## 三、规范金融机构金融资源配置行为

### （一）调控金融机构的短视行为

要调控金融机构的短视行为，降低逆向选择风险，关键在于促进其"三大转化"，其一，要积极采取金融调控措施，遏止银行向环境污染型、资源浪费型粗放式发展的企业发放贷款，加大对"两型"项目即资源节约型、环境友好型项目的信贷支持，促进能源产业向集约化方式转化。其二，要加快能源金融服务体系建设，有效发挥能源金融市场配置社会资本和金融资源的功能，加大对高技术能源产业化项目及能源科技创新的支持力度，促进能源产业向高载能型转化。其三，要充分运用金融杠杆，合理配置金融资源，改变能源产业发展依赖耗竭性资源主导的直线型发展模式，逐步向充分利用可再生能源资源主导的多元化环状型发展模式转化，最终形成可循环的永续发展模式。

### （二）监控信贷趋同产生的能源金融环境风险

由于金融产业与能源产业的发展均与宏观经济基本面状况密切相关，尤其是能源产业受宏观经济的影响更大；能源基础监测数据是否全面、及时真实、可靠，对能源发展战略的制定与能源金融的决策产生直接影响。而当前能源信贷与能源工业景气监测存在较大的盲点，因而，有必要密切关注宏观经济基本面的变化，建立健全相应的监测分析与预警机制，完善相关的政策法规，加强对能源信贷与能源行业景气的跟踪监测，防止因能源价格波动而引发金融风险。同时，依据宏观经济基本面的监测数据，匹配金融机构与能源企业之间的贷、还款机制，解决能源信贷投放结构与能源产业周期的匹配性问题。

# 第四章　能源与市场

## 第一节　能源市场体系及特殊性

### 一、能源市场体系

十四届三中全会通过的《中共中央关于建立社会主义市场经济体制若干问题的决定》中指出"建立社会主义市场经济体制，就是要使市场在国家宏观调控下对资源配置起基础性作用""发挥市场机制在资源配置中的基础性作用，必须培育和发展市场体系"。市场体系一般是指以社会化大生产为基础的相互联系的各类市场的有机整体。随着商品经济的发展，各种要素不断进入市场并逐渐商品化，商品市场派生出许多的特殊市场比如技术市场、金融市场、服务市场、产权市场等等，这些不同种类、功能各异的市场通过相互关联、互相制约，形成具有多元市场结构和复杂市场机制，并反映各种商品经济动态关系的有机统一整体，这就是一般市场体系的概念。市场体系是与商品经济发展相适应，具有多层空间结构的各类市场信息的总和。

我们知道市场经济是依靠市场机制来进行资源配置的经济，只有市场开始在社会资源配置中起基础性作用时市场经济才真正形成，而建立完整的市场体系是发挥市场机制功能的必要条件。根据市场体系中主体结构、客体结构、时间结构、空间结构以及形态结构等可以将市场体系看成不同市场的集合，市场体系的一般结构是从市场的功能细分角度横向进行划分的；从市场体系主体功能的角度纵向可以划分为商品市场体系、商品流通体系、市场法律法规体系、市场监控体系和商业信用体系等部分。对于某一种产品或者某一行业市场而言，市场体系的概念主要指后者所包括的部分。

### （一）能源市场体系的概念

能源市场体系是构成能源市场的各种主体、规则、形式、内容的有机集合，是为完成能源商品交易而必须具备的各种条件及交易赖以发生的各种规则、媒介所构成的有机统一体。从这个概念可以看出，能源市场体系必须具有"条件"和"媒介"两个基本要素。能源市场体系所要求的"条件"是指与能源市场有关的基础设施、市场制度规则、生产与供应链、管制机制等，"媒介"是指能源商品在能源市场中顺利进行交换的各种有效的市场机制。一般商品市场体系的本质也要求具有"条件"和"媒介"，但能源市场体系强调媒介与条件的融合，这是能源市场体系与一般商品市场体系的区别，因此能源市场体系建设的目标就是建立符合能源商品交换需求的完备基础条件，培育和完善保障能源商品交易得以顺利进行的各种有效规则。

## （二）能源市场体系的组成

能源市场体系的基本组成要素由能源市场基础设施、能源市场机制与制度、能源市场监管三大板块组成。

### 1. 能源市场基础设施

能源市场基础设施是能源市场体系的物质基础，是能源市场体系正常运行的基本保障。有些能源品种比如电力无法储存，电力的生产、输送、消费必须同时进行，因此如果没有完备的市场基础设施，能源市场就无法有效运转，也就谈不上建设能源市场体系。这些基础设施主要包括：

（1）能源开采、加工设施。能源开采、加工设施主要包括油田、气田、煤矿等一次能源开采设施以及炼油厂、发电厂等一次能源加工设施。这些开采与加工设施生产加工市场所需的符合有关技术质量标准的分类同质化无差别能源产品。

（2）能源管、网、线设施。这些设施包括原油管道、成品油管道、天然气管道、输配电网和线路，还包括专用的能源运输铁路、公路等。这些管、网、线是能源产品快捷高效到达消费终端的保证。其中的天然气、电力管、网是相关类型能源产品在能源市场成交的唯一物理途径，没有这些管网，天然气、电力就无法在市场上完成交易。

（3）能源转运、储备、终端销售设施。这些设施主要指码头、专用运输车船、油库、油站、气站、充电站等。这些是进行能源储备、调节市场需求、减小价格波动风险并直接为能源市场消费者服务的基本设施。这些设施的建设与完备，关系到能源市场体系的稳定性、可靠性。

（4）计量监控以及数据采集处理设施等。能源系统是一个对时效性要求很强、市场信息数量很大、数据采集与处理非常复杂的大系统。能源生产、调运和销售，都需要采集大量的市场信息并对数据加工来进行投资、生产与销售决策，电力系统的实时市场信息还直接关系到整个系统的安全运行，因此能源市场体系中还必须具备发达的计量监控以及数据采集处理系统。

### 2. 能源市场机制与制度

能源市场机制主要是指供求机制、价格机制、竞争机制和风险机制等这些能源市场的实现机制组成。能源作为一种特殊商品，需要这些市场机制相互作用，互相制约循环运动来实现交换，而实现能源商品交易的核心是价格，因此价格机制是能源市场体系建设的重点与核心。能源市场体系是在能源基础设施的基础上，市场主体在市场机制的作用下，按照一定的市场制度安排与市场规则来进行交易的，这些市场制度安排和市场规则是保证能源市场有序、公平、高效、安全运转的必要条件。没有科学、公平、有效的市场制度安排和市场规则，能源市场就是一部无法启动的机器。这些能源市场制度和市场规则主要包括：

（1）能源产品质量技术标准与安全监督标准。能源产品的使用主要用来获取热量、动力和照明等，能源产品是其他产业的动力、热量与原材料基础，能源产品的质量标准直接影响其他产业的安全与生产，因此必须对能源开采、加工、转运、销售的过程与环节，对能源产品的分类与质量制定完备的技术质量标准与安全监督制度体系。能源一般都是易燃易爆，高危产品，没有严格的技术质量与安全监督标准，不仅无法保证能源市场的供给，而且直接威胁到生产者与消费者的生命财产安全。

（2）能源市场准入制度。由于能源资源的稀缺性，能源产业的基础性，公益性，以及能源工业的资金密集型、技术密集型的特点，不可能对任何资本都可以限制的作为市场主体进入能源市场，因此需要制定符合能源市场要求的市场进入门槛，在这个进入门槛的强制约束下，各种资本才能进入能源市场，按照公平的原则开展市场竞争，为市场提供能源产品和服务。这是能源生产与服务连续性、稳定性、可靠性的基本制度保障。

（3）能源价格定价机制。在一个完全有效的理想市场环境中最理想的能源价格形成机制是充分考虑能源外部性的前提下采取竞争性市场定价机制；另一种状态是完全由政府制定能源价格，比如计划经济下的能源价格定价。更多情况是根据市场发育程度，以市场定价为主，政府价格管制为辅的能源价格定价机制。目前中国的能源市场实际状况远离理想状态，我国政府对能源价格的目标需要综合考虑能源的各种外部因素，比如能源的环境影响、能源的耗竭、可再生能源的激励、能源的长期成本及收益的必要性、能源的普遍服务、政府的社会职能等，这些目标是无法简单地依靠一个不成熟的市场来完全通过市场竞争定价就可以实现的。因此在现阶段对于中国能源市场来说在无法避免能源价格的补贴和交叉补贴的现状下，我们只能制定一个相对合理透明的定价机制，这个机制必须考虑市场竞争定价在资源配置中的基础作用、能源定价程序及其对市场的影响、供应成本、能源效率、补贴以及补贴的影响等因素。我国在对能源价格管制时为了综合考虑能源的外部性因素，一般的实际操作方法是通过税收和补贴的办法对供求双方来以干预，这种多目标约束的定价机制必须明确补贴的原因、补贴方式。我国为了满足社会对能源的消费需求，长期实行能源价格补贴，使能源市场的交易价格低于生产成本。我们所采取的补贴政策并没有考虑补贴的有效性和公平性，比如对某种能源终端销售价格的补贴并没有给没有或者很少直接燃用该种能源也没有给社会带来污染物排放的消费人群带来福利，从而这些补贴实际给了那些既大量消耗能源又给社会带来外部影响的人群，这就是补贴的无选择性带来的无效率性。因此在制定能源市场价格形成机制的时候，需要改变以往的普遍无差别补贴方式并体现补贴的有效性与公平性，并以税收方式使能源市场遵循一个最基本的市场经济原则：多用多支付，少用少支付。从而利用合理透明的能源价格定价机制来促进能源产业的发展，并保证中长期能源供应的可靠与稳定，引导能源消费的合理性需求。

（4）能源市场产权制度。能源市场产权制度是按照既定规则和产权关系并且能够有效组合、调节、保护能源市场产权关系的制度安排。传统的产权制度是一个静态范畴的概念，指对财产归属的静态确认和对财产实体的静态占有。而现代产权制度不仅是单一的财产所有权，而是包括所有权、收益权、支配权、使用权等一系列以所有权为核心的权力的组合，是一个对财产实体的动态经营，和对财产价值动态实现的过程。要建立能源市场体系就必须建立一个符合现代产权制度要求的能源市场产权制度，能源市场产权制度必须是一个权、责、利高度统一的制度，制度安排应报保证归属清晰、权责明确，必须严格保护产权，产权的流转应该顺畅。能源产业是技术与资金密集的产业，只有建立完善的能源市场产权制度，才能吸引投资者进入该领域，并保护市场主体的投资、经营、创新，保证他们在遵守市场法律法规的基础上的合法收益，从而鼓励他们加大对能源行业的投入与创新活动。

（5）能源市场交易制度。能源产品既具有一般商品特性，又具有其自身的独特属性，它的交易方式也有别于一般商品，因此能源市场交易中需要建立和遵循符合能源市场规律与要求的交易制度。这个交易制度是能源市场交易各方必须遵循且体现能源产品特性，使能源产品有效、有序、迅速、节约低耗完成交易的制度安排。这个交易制度是一系列具体交易规则的集合，既有期货交易制度、现货交易制度、大宗交易制度等的组合，又有统一能源市场交易制度原则下的石油交易制度、煤炭交易制度、电力交易制度等的组合。这些交易制度不应该是分裂，隔离的，而是互相制约，互相关联，互相联动的。

（6）能源市场法律法规。能源市场的各项制度安排需要有强制性的法律法规建设来保证其实施的权威性与可靠性。能源产品具有公益性、外部性、基础性等特征，公益性特征要求能源产业不应具有暴利的发展取向，而由于能源产业的某些自然原因的垄断性，市场主体的经济人本性会驱使其追求利益最大化为目标，这就要求制定特定的法律法规来约束和控制市场主体的逐利唯一企图。能源产品的外部性与市场主体经济人本性追求也是冲突的，如果没有法律法规的约束，市场主体也难以在逐利的前提下愿意为能源产品的外部性做出应有的补偿。能源产品的基础性要求能源供应的长期可靠、稳定，必须有法律法规约束市场主体的有序进入和退出，否则频繁的进出市场行为会导致能源供应的剧烈波动，从而影响整个国民经济的安全与稳定，甚至危及社会的稳定。因此必须建立一系列的强制性的法律法规，作为能源市场正常运行的基本稳定器。

### 3. 市场监管体制

不同的市场模式选择会产生不同的监管体制。在能源市场体系构建之前，首先必须明确这个能源市场是"受管制"的能源市场，还是"解除管制"的能源市场，或者混合型能源市场。由于能源的基础性、耗竭性、外部性和公益性以及部分垄断性，因此能源市场在一定程度上存在自发、盲目以及滞后，加上能源金融属性的增强，不可避免会存在对能源产品的投机行为，造成能源市场的供求、价格的异常波动，从而危及整个能源市场的稳定性和安全性。因此能源市场既要发挥市场这只"看不见的手"的主导作用，又要发挥政府这只"看得见的手"的适度介入和干预。目前我国各类监管机构都是随着相关能源市场的不断发展壮大而行程的。出于维护公平公正，确保安全高效的目的，一个基本成熟且具备一定规模的市场，都要求具有完善可靠的市场监管。与此同时，监管机构也必须遵循市场发展规律而不断发育和完善，其作用应该是有力促进市场的科学发展。市场监管应该依据国家颁布的各项法律法规，实行的统一的监督、检查、信息发布、应急管制等监管措施，而不应是用政府行政指令、计划代替市场。

## 二、能源市场的特殊性

能源无论是作为生产要素还是作为消费产品进入市场，都具有商品的一般属性，一般商品市场机制的功能与作用方式同样适用于能源市场，因此一般商品市场体系理论同样是建设能源市场体系的理论基础。但在能源市场体系建设的实践中，我们并不能简单地将一般商品市场体系理论直接套用在能源市场体系建设中，这是因为无论能源产品还是能源市场都具有与一般商品以及一般商品市场不同的特殊属性。

### （一）能源产品的特殊性

能源产品根据其物理属性以及经济学属性，与一般商品既具有共性，又具有与其他商品不同的独特性。正因为能源产品以及其对应的能源工业的特殊性，我们在考虑如何建设能源市场体系时，必须尊重这些特点。能源产品主要有以下几种特殊性：

#### 1. 能源产品价格形成的特殊性

能源与其他商品一样具有使用价值和价值两个基本属性，能源的价格形成以及价格变化主要由价值规律以及供求关系来决定，但同时能源价格又受政府管制、环境排放限制、金融投机等诸多其他因素的影响，有时候市场上能源价格有时会完全背离价值规律以及供求基本面，比如我国的石油天然气价格、电力价格的形成与运动规律就无法用一般意义上的市场价格理论来解释。

#### 2. 能源的同质性

我们知道一次能源存在石油、煤炭、天然气、煤炭、水能、风能、生物质能等不同外在形式的区别，经过能源工业的开采与加工，所有不同能源品种殊途同归，都归结为终端消费市场上获取热值（光是热的一种转化形式）和获取动力（实质也是属于热动转换）两种能源消费方式。而且不同能源生产企业生产与加工出的能源产品会出现同质化现象，比如不同的炼油企业最终生产出相同的符合各种国家标准的汽油、柴油进入市场，对于消费者而言就完全不会考虑也无法区分这种汽油是 A 企业还是 B 企业生产的。另外燃煤发电厂、水力发电厂、核能发电厂或者生物质发电厂尽管采用了不能的一次能源，但所生产出的电能一旦接入输电网络，对于终端消费者而言，同样无法区分所消费的电力是哪个发电厂用何种方式生产的。

### 3. 能源的基础性

能源产品是人类社会获取热量和动力的基础产品，可以说没有能源整个人类社会将无法生存，因此能源产品是关系国计民生的重要战略基础物质，能源市场体系运行状态对整个国民经济的运行产生巨大的影响。

### 4. 能源的可耗竭性与不可替代性

目前人类社会所使用的能源品种主要是化石性能源及其转化产品，这些化石能源必须经过漫长的地质年代转化才能形成，相对其漫长的地质形成时长，短暂的人类开发利用能源的历史时间几乎可以忽略不计，因此相对于人类生存历史而言这些化石能源是不可再生的稀缺耗竭性资源，且能源作为一个整体概念相对其他产品没有可替代性。

### 5. 能源的外部性

在能源生产以及能源消费过程中，都会不同程度的造成资源减少并对外界环境产生各种排放，并对社会和经济产生各种影响。现在的能源成本核算以及能源交易价格并没有充分考虑能源的各种外部性问题。

### 6. 能源的金融属性

随着世界经济全球化趋势的加强，导致能源市场加速国际化，国际能源交易规模也不断扩大，传统的依靠能源国际贸易长期合同或现货贸易为基础的国际能源定价方式也出现改变。为了规避国际化能源交易风险，金融市场各种工具比如期货、期权及其他场外衍生交易方式不断与传统的能源市场相结合，形成场内与场外能源金融产品交易市场。目前全球能源市场价格就以美国纽约商品期货交易所 (NYMEX)、伦敦国际原油交易所 (IPE) 为中心形成的国际石油期货市场能源期货合约价格作为全球能源市场价格变动的风向标，世界能源金融形成"石油美元"为核心的石油货币体系，这个"石油美元"体系不仅支配着整个国际石油市场，而且极大影响着全球能源产业的利益分配，因此能源产品已经具有极强的金融属性。

### 7. 能源的政治性

能源在现代经济社会中既是财富的象征，也是权力的体现，直接关系到一个国家的经济命脉和国防安全，并且与政治关联紧密，因此能源问题往往成为国与国之间与外交、安全、经济及其他问题关联在一起的外交谈判重要筹码及国际政治敏感问题。"谁能控制能源特别是石油，谁就能够在政治较量中掌握主动权"，在国际势力划分以及利益博弈中，能源已经超出一般商品的经济学范畴成为国际政治斗争中经常采用的重要武器。

## （二）能源工业的特殊性

能源工业包括能源开发、加工、储备、输送、销售等各个环节，除了前面所述能源产品所具有的一般商品属性和特殊性，能源工业也具有与其他产业不同的特殊性，这些特殊性主要体现在以下几个方面：

### 1.能源工业是国民经济的基础产业

能源工业不仅为国民经济其他产业提供电力、汽柴油、煤炭等基础热量和动力来源，还为几乎所有工农业提供农药、化肥等农业投入品以及塑料、化工材料等工业生产原材料，可以说能源工业已经渗透到国民经济的每个角落，因此能源工业是国民经济的基础产业，为整个国民经济得以正常运行和发展提供物质基础。

### 2.能源工业的垄断性

能源产业是资金密集型、技术密集型产业，由于自然原因、政策原因以及市场自发原因，能源产业大多都具有一定程度的垄断。比如任何国家的电力行业，无论从技术性还是经济性角度都只可能建设一个输电网络，与此相对应的在输电环节的一定范围内一般只存在一个运营商。即使在发电环节，由于电厂选址的自然约束、网络接入等制约因素，对于区域电力市场来说发电市场也是垄断竞争市场。

### 3.能源工业的网络经济属性

能源产业具有网络经济典型的快捷性、高渗透性、自我膨胀性、边际效益递增性、外部经济性、可持续性和直接性等特征。

### 4.能源工业的公益性

由于能源工业直接影响人们的日常生活，同时能源产业是建立在对一个国家的国土资源开发利用基础上的，无论是石油天然气还是煤炭电力，都需要在国有土地的基础上进行开采、加工，对于社会主义中国而言，这些化石能源本应属于全体国民所有，市场上能源产业出售的能源产品又是有价值的资源产品，因此在考虑能源工业的布局、供给、价格时，既要遵守价值规律和供求关系以及考虑能源产品的外部性，还要考虑能源工业的公益性，保证国民的基本生活需求得到满足。

## （三）能源市场的特殊性

能源生产与供应由于需要大量资金与技术的集合，并且市场监管机构为了保证能源市场的可靠与稳定，会设置一定的准入门槛并制定一定的进入与退出机制，从而形成与一般商品主要趋向于完全竞争不同的市场结构，使能源市场容易形成区域垄断或者寡头垄断的市场结构。

### 1. 能源市场对时空连续性的要求

一般商品的流通过程都具有一定的间断性，从工厂到终端消费者中会存在时间和空间上的停顿或者转换，这些商品的流通过程对时间的连续性和过程的连贯性并没有特别严格的要求。与此相反能源产品的流通具有网络经济的典型特性，能源产品的流通对时间的连续性和空间的连贯性要求极强，甚至中间某个环节的停顿会直接导致整个能源市场的停顿和紊乱：比如电力市场、天然气中如果没有完备的输配电网、天然气管网络，电力、天然气就无法建立供求双方的实际交易联系，这个市场就无法存在，而且这个流通的物理环节有一个停顿，比如输电网的瓦解，就可以使整个电力市场崩溃；没有充足、方便的铁路、公路以及储运设备，煤炭、石油就无法成规模的利用，直接制约着整个市场的正常运转和市场发展。由此可见能源市场基础设施对能源市场体系的可行性影响非常巨大，因此在建设能源市场体系中必须考虑其物质基础的可行性，而不能简单套用一般商品市场构成理论来建设能源市场。

### 2. 能源市场需要有高度有效的制度保障

市场本质是一个包含可测、秩序、稳定要素的有序系统，这个有序系统的组成要素并不能自发形成有序组合，这些要素都是按照一定的规则与制度来有序排定的。而且能源市场对时间、空间的连续性和连贯性以及能源产业的高集中度、强关联性都要求能源市场有别于一般商品市场对科学有效的制度提出更高要求，以保证其内在各要素的形成和有序发挥作用。

### 3. 政府管制对能源市场的必要性

由于能源是战略性基础产业，是国民经济不可或缺的稀缺性资源，既关系国家经济、社会安全与稳定，也关系国民的基本生存条件，又具有产业规模庞大、资源分布地域性特征强等特点，其生产与消费具有环境外部性、网络性、规模经济性特征，仅依靠市场机制本身的自发作用是无法保证能源市场的安全、稳定和可靠的，因此能源市场运行中既要发挥市场机制配置资源的主导作用，又需要政府监管系统有效介入和干预，克服市场失灵和市场机制滞后效应对能源市场的冲击。

# 第二节　我国现有能源市场运行状态

## 一、我国现有能源市场物质技术状态

我国能源产业从新中国成立以后历经 60 多年的建设和发展，能源勘探、开采、生产、调度、运输、配送、监控、服务各个环节已经完成了巨大的物质与技术储备，要建立综合能源市场，有必要分析我国现有能源市场的物质技术支撑体系，了解我国建立综合能源市场的物质技术条件及存在的不足。

### （一）我国现有能源生产领域物质、技术储备状况

我国现有能源生产主要指一次能源勘探、开采及其加工，我国现有能源生产能力无论是生产规模还是技术装备水平，都已经居世界领先水平。我国国土范围内的能源资源无论是煤炭、石油、天然气、水电、风电都呈现以下特点：资源全国范围内均有分布，但资源富集区主要集中于东北、西北、西南区域，我国能源消费中心主要分布在东、东南部沿海以及中部地区，我国主要能源生产区一般远离能源消费中心。因此我国能源市场中供需双方之间需要一个庞大的能源输送通道和众多的基础设施来保证能源市场的稳定、可靠。

我国能源生产领域的物质储备包括两个方面：

#### 1. 资源储备

我国最重要的能源品种——煤炭尽管品种齐全、分布广泛、资源丰富，全国除上海外其他省、市区均有煤炭资源，但我国煤炭资源的富集区域总体特征是北多南少、西多东少，仅山西和西北地区经济欠发达地区的资源占有量就超过全国总储量的 80%；由于石油不仅是现代交通、农业、化工、医药等必须动力与原材料来源，也是国防必需动力，因此石油在现代经济中占据非常重要的地位。但我国的已探明的石油资源非常有限，2009 年我国石油保有储量大约只有 29.5 亿吨，尽管石油资源随着地质勘探工作的深入会不断增加，但我国石油资源增量远低于消费增量，2010 年我国石油消费量达到 3.8 亿吨，而同期产量仅为 2.03 亿吨，大量原油需要进口，使石油既是我国能源市场中的稀缺品种，也是关系到我国能源安全的主要品种；我国天然气资源总体丰富，按照国土资源部 2011 年 11 月 25 日发布《全国油气资源动态评价 2010》全国天然气地质资源量约 52 万亿立方米、可采资源量 32 万亿立方米，但我国天然气资源中低渗、深层、深水、含硫化氢的资源占有比重较大，且资源分布不均，有些气区丰度不足，只有塔里木盆地等个别高产气田；我国陆

地 10 米高度的风能资源储量为 32.26 亿千瓦,按 1/10 的可开发比例,大概我国可开发风能资源 3.23 亿千瓦,按 0.785 的差别率测算大概我国经济可开发储量为 2.53 亿千瓦,随着离地高度增加,风能资源储量也会增加,我国近海范围 10 米高风能经济可开发量约 7.5 亿千瓦;太阳能是最主要的可再生能源,中国陆地每年接受太阳辐照能量(亿吨标煤)为 17000,数量极为庞大,但其缺点是辐照功率与能量密度低且不连续,我国年辐射能呈 150 千卡 / 平方厘米、0.2 吨标煤 / 平方米的地区主要分布在华北、西北地区,我国北方与西部的荒漠地区将是未来的开发重点。从我国能源资源储备上来看,我国能源资源总量丰富,资源结构不均衡。

### 2. 能源生产加工能力

我国煤炭生产现状具有以下几个特点:

(1)产量巨大,我国煤炭产销量均居世界第一位,换算汽油当量,我国 2011 年煤炭产量的油当量比居世界第二位的美国煤炭产量油当量 3 倍还多。全国 2011 年原煤产量达到 35.2 亿吨,占我国一次能源生产总量的 78.6%,我国 2011 年煤炭消费总量 35.7 亿吨,约占一次能源消费总量 72.8%。我国 2011 年中国新增煤炭产能 9500 万吨,14 个大型煤炭产生基地产量达到 32 亿吨。

(2)我国煤炭生产集中度低,全国煤炭企业数量超过 20000 个,其中小煤矿的数量和产量规模依然占很大的比重。这种低集成度的生产现状造成环境破坏和过度竞争,给煤炭市场带来许多不确定因素,制约了煤炭行业生产力水平的提高。

(3)我国煤炭资源适合开采效率高、成本低、生产安全、经济效益好的露天开采资源储量很少,而且适合露天开采的煤炭矿区主要是低热值、高水分的褐煤,有些矿区地处偏远、煤层结构复杂、交通运输等基础设施无法满足外运的需要。我国的煤炭生产主要以高成本、高风险的井下开采为主,同时我国煤炭生产整体技术落后、生产效率低,国有煤炭企业的生产技术装备水平与先进国外采煤国家相比差距依然很大。

(4)我国煤炭开采回采率低,资源浪费大,中国煤矿平均资源回采率为 30%,还不到国际先进水平的一半。

现在我国国土范围内有以下几个主要油田:大庆油田从 1963 年形成 600 万吨产能,到 1970 年形成 5000 万吨产能后,至今仍然保持 4000 万吨的产能;胜利油田是我国第二大油田,主要作业范围包括山东北部渤海之滨的黄河三角洲地带约 4.4 万平方公里;辽河油田是我国第三大油田,主要作业区包括辽河中下游平原以及内蒙古东部和辽东湾滩海地区近 10 万平方公里;克拉玛依油田是我国第四大油田,地处新疆克拉玛依市,主要包括准噶尔盆地和塔里木盆地;另外还有四川、华北、大港、中原、长庆、江汉、青海、塔里木等油田以及中国海洋石油总公司下属的四个地区油公司。目前中国有四大天然气产区:一是西气东输的主要气源塔里木盆地;二是主要供给四川、重庆、武汉、两湖一带四川(川渝)气区;三是通过陕京线主要供应北京一带用气陕北气区;四是主要供应兰州一带柴达木盆地气区。2011年全国天然气产量首次突破千亿立方米，达到1011.15亿立方米。未来20年我国天然气产量将快速攀升，预计2030年产量可接近3000亿立方米。天然气将来是我国能源结构调整与能源替代战略的主要品种之一，也将是我国未来一次能源发展的重点。

我国电力行业历经百年发展到2011年底全国发电装机容量达到10.56亿千瓦，火电装机占72.5%，其他水、核、风等非火电类型发电装机容量占27.5%。2011年全国全口径发电量达到47217亿千瓦时，其中火电机组的发电量38975亿千瓦时，占到全国总发电量的82.54%。我国现在电力生产领域无论装机规模还是装备水平都已经位居世界领先水平。火力发电行业中的超临界、超超临界机组逐步占据主流，水电单机规模位居世界第一，2011年建成投产我国自主设计制造的目前世界上规模最大的集风电、光发电与储能、智能输电于一体的国家风光储输示范工程，江苏如东的海上风电示范工程也已经建成，未来将继续开发利用海上丰富的风电资源。我国电力生产领域目前依然是燃煤火电占据绝对主导地位，这也是与我国的一次能源资源状况相匹配的，未来我国电力生产发展方向将以高效、洁净燃煤机组为主，逐步淘汰落后火电机组，加大风电、水电、核电、生物质能发电、太阳能发电以及分布式能源等新型清洁能源在电力生产领域的比重，逐步降低火电尤其是燃煤发电的比重。

## （二）能源输配系统物质、技术储备状况

能源输配系统是能源市场中供需双方完成交易的物质基础和纽带，也是现代能源市场得以存在和发展的必备条件。尤其是对于我国这种国土幅员辽阔，能源资源分布不均匀，能源资源储藏、生产地与能源消费中心存在较大地理距离的国家，建立完善、可靠的能源输配系统，是我国未来探索建立综合能源市场的基本前提。我国现有能源输配系统主要包括三大系统：

一是煤炭、石油运输系统。这部分系统一般指与国民交通系统相一致的铁路、公路、河道水上运输、海上运输。其中我国铁路营运里程达到9.3万公里，路网密度达到97.1公里/万平方公里，全国铁路货运（含行包）总发送量达到933263万吨，全国货运总周转量达到29465.79亿吨公里，全国铁路完成的煤炭运输量是227026万吨，占全国货运总量24.33%，石油运量完成13552万吨，占货运总量的1.45%。2011年我国公路里程达到410.64万公里，全国公路密度为42.77公里/百平方公里；全国内河航道通航里程12.46万公里，全国港口拥有生产用码头泊位总共31968个，其中煤炭万吨级专用泊位178个，原油泊位68个，成品油泊位111个。我国庞大的铁路、公路、水路运输基础设施是我国能源市场正常运转的基本保障。

二是电力输配电系统。电力输配网络是有别于其他能源输配系统的独立系统，且与电力生产、终端客户紧密相连，形成物理与经济的直接连接。我国现在已经建成国家电网范

围内的东北、华北、西北、华中、华东五大区域电网以及南方电网，我国的电网架构基本以 500KV 为骨干网架，220KV，110KV 电压等级为基础的输电网络，遍布我国城乡的配电网络，加上近年开工建设的土 800 千伏特高压直流示范工程、1000KV 交流特高压输电示范工程，形成我国庞大的交直流一体化的大电网结构。随着我国输电系统电压等级的不断提高，电网架构的连接性更加紧密，电网输配电调度高度自动化、信息化，我国电力输配电网系统一方面为我国未来能源市场化改革提供了能源通道的物质技术保障，另一方面现在通过技术手段来加强电网垄断的趋势也越来越明显。

三是油气管道系统。管道运输是现代能源输送系统的主要手段之一，管道在水、电、煤、气、油以及通信、交通、运输和排水等几乎所有工业与生活环节的各方面得到了广泛的应用，是现代工业与生活的大动脉，在现代工业生产与人类生活中占有极为重要的位置，因而被称为生命线工程。我国油气管网建设增速非常快，2004 年时全国油气管道仅有不到 3 万公里，到 2012 年上半年我国的油气管道总长度就达到 9.3 万公里，目前已经基本形成由西气东输一线和二线、陕京线、川气东送为骨架的全国性供气骨干网络。"十二五"期间我国将进一步加快四大油气进口战略通道以及国内的西气东输三线、四线，西气东输、陕京线以及川气东送等骨干天然气管道与联络线的建设。随着我国天然气骨干网络、连接线以及城市管网系统覆盖范围的扩大，为保障天然气供应的平稳和安全，还将在天然气消费市场附近和管道沿线配套兴建大型地下储气库、LNG 接收站等调峰设施，与管道连接形成点线互联的天然气供配气管网，实现资源多元化、供应网络化、调配自动化的多气源、全覆盖的供应格局。天然气市场与电力市场一样是典型的网络型能源市场，电网与油气管网将成为我国未来最主要的两大能源输配系统，随着我国天然气未来产量的增加以及管网系统的完善，我国天然气应用范围及市场规模将不断扩大。

## （三）我国现有能源终端销售物质、技术储备状况

能源销售既有传统一般商品销售所需要的基本特征，也必须依靠市场价格机制、竞争机制等作用来完成交易。能源产品一般是散装、液态、气态甚至是无形无色的电力，且都是易燃易爆、危险性较高的物品，因此对于能源产品的生产、运输、储存、销售各个环节都需要大量特殊辅助性设施及遍布所有消费区域的专用终端销售设施来保障整个能源市场安全、可靠与便捷。

我国的成品油基本通过加油站、船面向终端用户销售。我国国内面向终端的成品油销售基本由中石油和中石化垄断。中石化是我国最大的成品油销售商，截至 2011 年拥有遍布全国二十多个省、区、市的 30121 座加油站，加油站数量位居世界第二；中石油通过收购、控股、参股、联营等方式大量收购社会加油站和油库，2000 年中石油通过参股、特许等方式增加 1500 个加油站，此后一直加快收购扩张步伐，2011 年全年中石油新开发加油站1300 余座，目前中石油加油站总数达到 19362 座。中石化和中石油两家公司控制的加油

站数量就超过全国加油站总数的54%。其余加油站基本为中海油、中化以及其他国有企业、民营企业拥有。我国数量庞大的加油站、油库是我国未来能源销售网络的主力终端。

天然气主要有压缩天然气 (CNG)、液化天然气 (LNG) 和管道天然气三种销售模式。目前国内天然气市场中的管道天然气产业上游长输主干管网基本被中石化、中石油、中海油三家垄断，下游面对终端销售的市政管网输配则由地方政府管理，国有、民营相结合面向企业、居民进行终端销售。我国的天然气管网与电网上下游一体化的垄断不同，天然气下游终端同样垄断经营但与上游之间分为不同主体所有。LNG 主要是在我国天然气管网没有到达，气化率低的中小城市的天然气销售方式，通过将天然气降温至 -162℃，将气态天然气转化为液态，然后通过铁路、公路、水路运输至各地的销售终端；CNG 主要是将天然气加压 20MPa 压缩 200 倍，由于 CNG 压缩功耗大，高压容器自重大，单车的运载量小，不适合长途运输，目前主要用在各地的车载天然气销售上。

我国的电力用户数量非常庞大，由于电力产品的特殊性，基本每一个插座和插孔都可能是一个电力消费用户，因此电力销售终端是我国所有能源销售中分布范围最广、数量最大、方式最灵活、便捷性最强的，电力销售主要保证向用户提供稳定、安全、可靠且符合电能质量国家标准的电力。

## 二、我国现有能源市场运行

一个成熟的市场应该是根据自愿、平等、互利的基本原则构建的统一、开放、竞争、有序的市场，而我国现有能源市场是一个具有多种形态的复杂市场，但主要是一个实行政府高度管制、市场供给高度垄断的市场模式。我国能源市场主要是根据传统一次能源为特征的电力、煤炭、石油天然气单一能源市场，单一能源市场之间甚至单一能源市场内部上下游产业之间通过产业政策、行政许可、市场准入等措施形成条块分割、互为壁垒、限制彼此互相进入的状态，各市场主体通过历史形成的市场地位、资源优势以及现有政策保护形成各自垄断地位并在现有政策范围内加强和保持这种优势。

我国能源市场从新中国成立以后都基本保持一定的稳定性，每一时期都基本一直实行由一定级别的专业政府管理部门对煤炭、石油天然气、电力单一市场建设管理工作。即使从政府监管层面上尝试统一监管，并对产业进行了政企分开的改革，尝试引入市场竞争，但实际现实情况都是按照单一能源产业进行分类并分别由专业职能部门单独实行管理。

能源资源作为能源产业的物质基础，从我国现有能源市场的内部资源环境来看其基本特征是资源总量比较丰富，人均拥有量较低；资源结构不平衡，优质资源不足，低质资源较多；能源资源地理分布不均衡且集中度高，能源资源的开发难度较大。从我国现有能源市场的外部环境来看，我国现有国内能源市场对外依存度过高，能源市场供求关系日趋紧张。这种内外客观因素的叠加，再加上现有能源市场管理体制的不利因素加强，其逻辑结果就是局部能源短缺和供应中断的风险因素增多，能源市场不断出现紧缺与过剩的剧烈波动，既形成我国能源安全隐患，又掣肘了我国经济社会的快速发展，能源市场主体之间的利益冲突也不断变化。对能源市场运行状态进行分析，是希望通过分析能源市场监管状态、运行状态了解我国能源市场的可靠性、稳定性、安全性和经济性基本情况，衡量其市场结构、市场运行规则、监管体制是否合理，发现其市场体系中存在的问题，并寻找治理和解决这些问题的途径与方法。

## （一）我国现有能源管理与市场监管状态

我国现有能源管理与市场监管状态交错复杂，并没有一个统一的机构对我国能源管理及市场的准入、市场运行等功能进行监管，我国能源市场中涉及能源项目投资建设的审批、核准、能源企业进入商业运行的行政许可、能源企业市场运行的执法监督、能源生产数量的计划审批、能源企业的资产管理、人事管理等职能分散在多个部门：国家发改委负责能源价格、投资、成品油市场建设；国资委管理能源行业的国有资产；国土资源部管理能源勘探开采；商务部管理能源市场流通与能源进出口；国税局管能源税务；其他部委如水利部、交通部、科技部、环保部、国家安监总局和煤监局等在其管辖范围内对能源相关环节进行管理。由于我国缺乏一个国家级专业能源管理部门对能源进行超前的能源战略规划并制定完善的能源政策，这种缺乏统一管理的能源市场往往出现由于结构不合理导致的能源供应紧张、能源安全性降低以及能源产业不可持续的问题。

### 1. 我国能源管理体制现状

我国能源管理体制从新中国成立之初就开始不断探索，总共经历了16次变动（11次在改革开放前，5次在改革开放后）。我国现有的国家级能源管理机构为2008年成立的国家发改委下属的国家能源局以及2010年成立的最高能源决策与协调机构——国家能源委员会。把能源工业等同于其他加工工业或制造业的低级别分散管理模式已经与中国能源发展状况不适应：中国目前已经是世界第一大能源生产与消费国。能源产业的发展状况与世界其他国家能源状况都各不相同，与同样作为能源大国的美国既相似也有差别，我国缺乏统一的国家能源管理部门和完善的能源管理体制来负责制定国家能源战略、目标、政策法规，也就无法建立统一的现代能源监管体系。我国应该实行高级别、集中管理的能源管理体制。

### 2. 我国能源市场监管现状

我国没有设立全国性统一的能源市场监管机构。目前实行既有分工又有交叉的行业监管，某一种单一能源市场由多个部门共同管理。比如电力市场分别由能源局负责管理电力产业规划、新建电力项目的审批与核准；电监会负责制定电力市场运行规则、监管电力市场运行、监管输电、供电和非竞争性发电业务并对电力市场行使行政执法职能；各地方电力市场内部的发电厂的年度发电量又由各地方经贸主管部门确定。因此电力市场形成能源局管电力项目建设许可（在多个部委分别所管领域审批通过的前提下）、电监会管电力企业进入商业运行许可、经贸部门管电力生产数量多少的现状。

我国油气市场的监管主要由国家能源局、商业主管部门对产业链的不同部分进行分割监管。其中能源生产、输送的许可由国家能源局负责，油气销售终端的规划、设立、运行监管由商业主管部门负责，油气市场中的进出口由国家商务部负责管理。

煤炭市场同样由能源局负责煤炭新建项目的许可，地方政府进行市场监管。

### 3. 我国现有能源管理与监管体制存在的问题

一是政府部门之间、上下之间对能源管理与能源市场监管目标与步伐、国家与地方利益、长远利益与当前利益之间存在的不协调问题，缺乏统一的综合性协调。

二是当前对能源管理存在侧重前置审批，而弱化事中、事后的监管的"重审批、轻监督"现象。这种计划式静态管理已经与当今我国经济社会发展水平不适应。

三是对能源管理主要侧重管理投资、生产规模、价格等经济性管理，对能源的外部性、公益性等社会管理相对比较弱，造成重供应侧管理，而忽视了需求侧管理。我国作为一个人口、经济大国，能源又大多数属于不可再生资源，不可能无限满足人们的能源需求，加强能源需求侧管理才是我国未来能源管理的重点。

四是能源市场各种主体目标与利益关系协调方面没有考虑到能源是关系国家和地区经济增长、财政收入、就业等各个方面的综合性问题，导致各利益主体之间目标与利益的冲突。

五是能源管理与市场监管的缺位与越位，我国能源市场监管由于监管职能的分散存在许多监管真空，已经成立的监管机构缺乏有效的监管手段与监管工具，造成监管失效。另一方面由于能源行业是资金密集型产业，各部门又侧重于能源开采、建设、投资等供应侧管理，造成各个职能部门对于能源市场主体的生产经营行为延续计划经济时代的行政管理手段进行干预，影响我国能源企业按照现代企业制度进行独立自主经营发展，造成管理与监管的越位，甚至容易造成寻租与腐败问题。

## （二）我国能源市场现有运行状态

市场主体是指在市场上从事经济活动，享有权利和承担义务的个人和组织体。能源市场由于能源资源的稀缺性和能源需求的无限性的矛盾相对其他商品市场更加尖锐，因此世界各国能源市场上占据主导地位的几乎都是能源市场上的供应方既厂商。

我国现有能源市场是一个垄断特征非常明显的市场。首先我国的能源市场不是一个整体概念，而是几个分割的单一能源市场并存，且我国对能源系统几个子系统尤其是电力、石油市场设置了严格的市场准入甚至实行国家授权专营。这些单一的能源市场彼此互设壁垒，横向之间基本没有除市场交易以外的其他合作。单一市场内部同样设置了许多纵向合作障碍，比如煤电产业冲突、电厂与电网矛盾等。

# 第三节 国外主要国家能源市场

能源是整个世界经济的血液，也是关系国家安全的重要因素。随着经济全球化的发展，作为现代经济社会发展的重要物质基础的能源已经成为世界上最主要的国际化产业之一，全球除了少数国家以外，绝大多数国家都需要通过国际市场来获取本国经济社会发展所需的能源资源。由于能源资源的稀缺性和不可再生性，能源已经超出了纯粹的经济范畴，成为国际多边及双边政治、外交、军事关系的重要主题。能源资源的自然禀赋决定了国际能源市场上能源供应方既可能是发达国家，也可能是发展中国家；能源需求方中同样既有发达国家，也有发展中国家。各个国家的能源市场的发展战略、产业规模、产业技术与经济水平、市场管理方式等都各不相同，了解国外主要国家的能源市场状况，对于建设和发展已经与国际能源市场紧密相连的我国能源市场具有积极的借鉴意义。

## 一、俄罗斯能源市场

俄罗斯是国土面积辽阔、能源与其他矿产资源非常丰富的国家，其中石油、煤炭、天然气储量均居世界前列，因此能源是其支柱性产业。作为世界主要能源出口大国，俄罗斯具有影响国际能源市场举足轻重的地位，是世界上能源资源最具开发潜力的国家之一。

### （一）俄罗斯能源资源状况

按照 2012 年 6 月 14 日英国 BP 公司发布的世界能源统计数据报告，俄罗斯石油已探明储量为 882 亿桶，占世界总量的 5.3%。俄石油矿藏的地理分布比较广泛，西西伯利亚、伏尔加河沿岸等地均有分布。目前俄罗斯最主要的产油区位于西西伯利亚地区和乌拉尔—伏尔加河流域，伏尔加河沿岸地区石油产量占全俄总产量的 1/4，最大的秋明油田产量约占全俄总产量的 2/3。以上采油区经过许多年的开采其石油采出率已非常高，今后俄罗斯石油开采重点区域将逐步向俄欧洲的季曼伯朝拉、东西伯利亚以及里海大陆架油气田转移。

根据目前已经探明数据俄罗斯天然气资源居世界第一位。按照 2012 年 BP 公布的数据，俄罗斯目前已经探明的天然气储量达到 4460 万亿立方米，占全世界储量的 21.4%。俄天然气资源在地理上主要集中分布于西西伯利亚和乌拉尔—伏尔加河流域一带。俄罗斯天然气产区集中在西西伯利亚，仅该地区的天然气产量就占全俄天然气总产量的 87% 左右。俄罗斯东西伯利亚未来都将是很有前景的采气区。

俄煤炭也很丰富，煤炭地质资源总量约为 44500 亿吨，已探明储量约为 2010 亿吨占世界总量的 12%，仅次于美国和中国居世界第三位。俄罗斯煤炭资源分布及目前的煤炭主产区集中在西伯利亚及中部地区，仅西伯利亚的煤炭产量就占全俄煤炭产量的75%～80%，其中仅库兹巴斯和坎斯克－阿钦斯克两大煤田的产量之和超过全俄煤炭产量的一半以上。

从俄罗斯的能源资源与产区分布来看，其资源分布较广，横跨欧亚大陆。但目前其主要能源品种比如石油、天然气、煤炭产区主要集中在西伯利亚一带，远离欧洲消费市场，但靠近中国及亚洲消费市场。因此从地理上来看其能源出口的东西两大方向，面向欧洲市场的转运成本远高于面向亚洲市场的转运成本。

## （二）俄罗斯能源市场特点

由于俄罗斯拥有巨大的能源资源储量的自然享赋，能源工业从苏联时期开始就是其国民经济的主导产业。现在能源产业依然是俄罗斯最主要的支柱性产业之一，通过能源出口既是推动俄罗斯经济增长的主要动力之一，也是俄罗斯联邦预算中最重要的收入来源。

苏联解体后俄罗斯国民经济在从计划经济向市场经济转轨过程中受到很大的冲击。在俄罗斯面临经济转轨危机时，俄罗斯能源产业发挥了巨大的作用，俄罗斯能源产业通过抓住国际能源市场价格上涨的战略机遇率先走出危机，从而带领俄罗斯宏观经济从全面危机走向复苏，再从复苏步入稳定发展阶段。综合分析俄罗斯能源产业，可以发现俄罗斯的能源产业主要有以下几个特点：

### 1. 能源产业规模大

由于具有自然资源丰富的先天条件，加上政府长期对能源工业的重视与扶持，俄罗斯能源产业总的特征是规模大、总产量高。根据俄罗斯燃料能源综合体中央调度局公布的数据，2011年石油开采量为5.11亿吨，产量居世界第一，比前年增长1.23%，出口2.42亿吨，出口额占其总产量的47.36%；天然气开采量为6705.44亿立方米，较前年增加3.1%，主要通过管道以及LNG等方式出口，2011年出口量达到1968.62亿立方米，出口额占其总产量的29.36%。按照俄罗斯能源部的估计，未来5～10年俄罗斯的天然气产量将继续快速增长，产量占全球天然气总产量比重将高达到52%或53%。根据俄罗斯国家统计局公布的数据，2011年俄罗斯煤产量达33475.3万吨，共出口10465.6万吨煤，出口额占其总产量的31.26%。从以上数据可以看出俄罗斯是目前世界能源市场上重要的能源供应国。

俄罗斯电力产业发电领域主要由火电、水电和核电组成，其电力工业中火力发电占据主要地位，火电以天然气发电和煤炭发电为主。由于俄罗斯具有丰富的天然气资源，天然气作为一种清洁能源用来发电这与我国主要依靠污染排放较大的燃煤发电为主具有质的区别。俄罗斯核电、水电资源也很丰富，2011年核电生产达到3920万吨油当量占全球的6.5%，水电3730万吨油当量占全球的4.7%。俄罗斯电力工业在满足本国经济社会需求的同时也同样具备向国外出口的能力，目前除向部分独联体国家出口电力以外，还实现向中国出口电力，预计 2012 年将向中国出口 26 亿千瓦时电量，2012 年达到 30 亿千瓦时。

### 2. 能源产业效率低、结构失衡

俄罗斯经济是一种能源、重化、军工等高耗能工业占绝对主导地位的不平衡经济结构。能源既是满足俄罗斯国内经济社会需求的重要组成部分，又是其出口主导工业。能源对于俄罗斯而言既是其拉动经济快速增长的主要因素，也是俄罗斯依靠在国际能源市场的重要地位开展国际政治、外交活动的主要手段之一。

现在俄罗斯经济的最明显特征就是能源化，无论是国内生产总值中，还是出口额中能源产业占据的份额都超过半数。这种严重失衡的经济结构对俄罗斯来说能源产业既为俄罗斯经济的持续快速发展提供了强有力的内在保证，又面临着国内经济稳定与国际能源市场变化紧密关联的系统性风险。

俄罗斯的能源产业是一种高投入、低产出的粗放式发展模式，这可以从以下几个方面可以看出：

（1）能源工业保持稳定的重要措施

一是加大对新矿区的勘探来增加资源探明储量，提高资源保障能力。二是对现有矿区加大技术与资金投入来提高采收率。俄罗斯能源工业却面临着新矿区勘探投入不足与老矿区采收率不断下降的双重问题，而且俄罗斯的能源工业主要是不可再生的化石能源工业，随着各国对新能源投入的加大，化石能源在世界能源消费中的比重会逐渐降低。因此不加大技术、资金投入，俄罗斯未来能源工业的稳定与发展就会面临很大的挑战。

（2）技术进步无论对于能源出口国还是能源进口国而言，都是推动经济增长的主要动力，更是提高能源生产或者能源使用效率的主要因素。研究表明俄罗斯在继续扩大油气工业规模的同时，其能源工业由于设备老化、技术落后等原因造成自身能耗强度逐渐上升，能源工业本身的效率下降，能源工业的效费比也随之下降，这也说明俄罗斯的能源工业是一种高投入、低产出的粗放增长模式，这种模式下的俄罗斯能源工业只有在国际能源市场价格高企时才能依靠其数量优势取胜。

（3）根据有关研究表明俄罗斯能源工业在实现转轨之后其劳动生产率不断下降，这种生产率的下降使其能源工业的国际竞争力也随之下降。

随着俄罗斯经济转轨的深化对经济增长方式集约化的要求，俄罗斯现有能源工业开采成本、转运成本双高的粗放增长的模式将向集约化发展模式转变。

## （三）俄罗斯能源管理研究

俄罗斯自苏联解体后一直通过制定有效的能源战略，加强能源管理来促进能源工业的发展：一方面改变能源工业原有计划经济模式，引入市场竞争机制，对部分能源工业进行市场化改革来发展能源工业，激活能源市场，从而为其复兴大国地位提供有力的支撑；另一方面强化对能源产业的控制力，增强对国内外能源市场的影响力，并通过对国际能源市场资源与供给的控制来左右国际能源市场，从而为其获取经济利益的同时实现其政治与外交目的，近来国际上对俄罗斯试图建立新的能源帝国表现出担忧。总结俄罗斯主要的能源市场管理举措可归纳为以下几个方面：

### 1. 俄罗斯对能源产业推行市场化改革

俄罗斯主要继承了苏联计划经济时期的原有能源工业。苏联解体后俄罗斯能源市场建设的主要方向就是对原有计划经济体制下的能源产业进行市场化改革：叶利钦时期在经济转轨初期的改革为了满足俄罗斯国内能源需求，通过颁布《新经济条件下俄罗斯能源政策的基本构想》等一系列能源专项文件，试图建立多种所有制并存、竞争有序、结构合理的能源市场，但由于俄罗斯国家经济改革在转轨时期遭受挫折，导致这一时期的能源改革目标没有实现；普京执政以后随着俄罗斯经济状况好转，俄罗斯制定并推行《2020 年前俄罗斯能源战略》，强调"能源是俄罗斯发展经济的基础、推行内外政策的工具"，重新定义了俄罗斯的能源战略，将其上升到国家政治外交战略层面。俄罗斯成立了统一管理能源产业的能源部，颁布一系列法律法规，引进外资投资国内能源工业，力求做大做强俄罗斯能源产业，并对俄罗斯原来的统一电力公司进行了分割重组的市场化改革，使俄罗斯能源产业实现了所有权的多元化，俄罗斯能源产业的市场化程度得到提高。

### 2. 俄罗斯对能源市场对内推行专制

俄罗斯在鼓励能源产业引进外资、实行所有权多元化的同时通过一系列法律法来加强政府对俄罗斯能源开发、生产、运输、销售等各个环节的控制。俄罗斯这种对国内能源产业的专制，是根据其国家政治外交战略目标来确定的。俄罗斯的能源工业产能已经远远超出本国国内能源需求，成为其在国际产业分工和国际市场上具有重要影响力的产业。如其战略所阐述的能源必须成为其实现内外政策的工具，能源产业自然成为其政治、外交目标实现的重要载体，这种政策对其他能源进口国而言没有比较与参考的价值，但又必须考虑这种政策导向对本国能源安全的影响。

### 3. 俄罗斯推行能源市场对外扩张战略

由于对于俄罗斯而言，能源已经超出传统纯粹的经济范畴，成为其政治与外交的主要工具，因此俄罗斯在参与国际能源市场竞争时其国家控制下的能源管理体制体现出其受沙俄大国沙文主义与苏联霸权主义影响的国家意识，表现出极强的扩张性。其能源政策可以概括为对外广泛扩展市场空间，实现其能源出口的多元化格局，扩大其能源输出势力范围，将能源输出与实现其政治诉求的目的统一起来；俄罗斯是世界上最积极推动区域与国际能源市场一体化的国家之一，国际能源市场一体化将使世界许多国家形成稳定的能源供应依赖，俄罗斯可以通过其巨大的资源和产能优势努力争取话语权，从而通过一体化的国际能源市场来获取自己更多的政治利益；俄罗斯在稳定和扩大本国内能源生产的同时推行投机主义的能源外交，加大对国外能源资源的争夺，试图增强其在国际能源产业中的市场势力，进一步增强其对国际能源市场的控制力。

俄罗斯作为国际能源市场的主要力量，对于打破以往以欧佩克和美国为主导的国际能源市场垄断具有重要作用，对于我国建立能源进口多元化格局，保障能源安全具有积极意义。但也要警惕俄罗斯能源政策中的扩张主义和机会主义对我国能源安全的不利影响。由于俄罗斯与我国能源资源禀赋的巨大差异导致战略与政策的差别，两者之间有一定的参考价值，但更重要的是我国必须根据自己的国情结合国际能源市场变化趋势来研究本国能源市场存在问题及应对措施。

## 二、美国能源市场

美国作为世界上能源生产与消费大国在国际能源市场具有举足轻重的地位，它与俄罗斯基于本国优势资源构建国家控制下的出口型能源帝国发展意志不同，无论是能源战略、市场监管、市场建设、发展模式，对于我国能源市场的建设与发展都具有更多的借鉴与参考意义。

### （一）美国能源资源状况

美国能源资源中石油、天然气、煤炭等常规能源储量比较丰富。截至 2011 年年底根据 BP 公布的世界能源统计数据，美国石油已探明储量 37 亿吨，产量 3.5 亿吨，位居世界第三位，产量仅次于俄罗斯和沙特；天然气已探明储量 8.5 万亿立方，2011 年产 6513 亿立方，居世界第一位；煤炭已探明储量 2372.95 亿吨，2011 年产量为 10.89 亿吨，仅次于中国，居世界第二位；2011 年美国全口径发电量 43080 亿千瓦时，仅次于中国位居世界第二。从以上数据可以看出，美国无论是资源量还是产量都是世界上主要的能源资源大国和能源生产大国。

依据不同机构的不同统计口径，国际能源机构 (IEA) 和英国 BP 公司认为中国超过美国成为世界上第一大能源消费国，但按照中国能源研究会发布的《2012 中国能源发展报告》分析认为美国仍然是世界第一大能源消费国。尽管统计口径不同，但美国是世界上最主要的能源消费大国之一的事实却是毋庸置疑的。与俄罗斯是单纯能源出口国不同，美国是能源进口国，但美国能源的对外依存度却逐年不断下降，到 2011 年美国已经可以满足自身能源需求的 81%，预计往后美国的能源自给率将不断上升，到 2035 年甚至会超过 90%，美国某些能源品种将实现出口，而且美国的能源结构也比俄罗斯更加多样化。这种变化对全球经济格局将产生根本性改变，因此有必要研究和了解美国产生这种变化的原因。

## （二）美国能源管理体制

美国能源市场实行监、管相分离的管理体制：在联邦层面主要由美国能源部 (DOE) 和联邦能源监管委员会 (FERC) 为主组成。能源部作为联邦政府能源主管部门负责国家能源战略与能源政策的制定与实施，并负责能源新技术和新产品开发、石油战略储备以及油气进出口，内政部下属的矿产管理局、劳工部、运输部、环保署等也有部分能源管理职责；联邦能源监管委员会 (FERC) 内设于能源部，但对能源市场进行独立监管。FERC 负责制定联邦政府职权范围之内的能源监管政策并实施监管，是美国《联邦水电法》《天然气法》《联邦电力法》《天然气政策法》等能源立法及能源政策的执行机构，目的是利用管制和市场两种手段，保证消费者以合理成本获得可靠、安全、经济的能源。FERC 的所有决定都可交由联邦法院审议，而不是由总统和国会审议。

联邦政府与各州政府之间对能源实行分工监管。FERC 负责涉及国际和跨州能源市场活动比如国际、跨州电力、水力、石油、天然气交易、管网建设与输配经营、价格监管、能源建设项目许可等，州内能源市场监管由各州能源委员会、公用事业监管委员会以及环保局负责。

美国能源管理以立法为先导，以法律法规来规范政府管制，其机构设置分工明确，层次清晰，监管有效。相对美国能源立法，我国虽然也颁布了由《煤炭法》《电力法》《节约能源法》和《可再生能源法》等组成的我国能源法律法规体系雏形，但我国的立法主要指向单一能源领域，而没有全局性、战略性、导向性的规范整个能源市场关系与经济活动的能源基本法律。美国实行的监与管分离的分层能源管理体制，两者分工明确，互相独立，尤其是市场管制机构与其他政府部门之间保持独立性与中立性，保证其超脱于市场利益之外，使管制机构在市场监管中实施公正、有效的制约与监督。

## （三）美国能源市场的成功经验

美国能源市场除了前面所述的管理体制方面的优势外，其能源市场的稳定、可靠、经济主要可以归纳为科学战略制定与实施、技术进步推动与结构优化等经验。

### 1. 推行正确的能源战略

美国依靠近期开禁近海石油开采，中长期发展清洁能源，实行能源多元化战略来满足国内能源需求：一是实施能源生产的内部化发展。一方面开采近海石油增加国内能源产量提高国内能源供应的保障能力，另一方面进一步提高本国能源使用效率，通过一增一减增强其以国内资源满足国内需求的能力；二是清洁化发展，通过加大核能、太阳能、风能等清洁能源生产完善本国能源结构，实行节能减排政策，减少对石油的依赖。美国目前各种一次能源均得到充分发展，尤其是天然气等清洁能源比重逐渐加大，火力发电中清洁的天然气发电逐渐替代污染较重的煤炭，从而实现本国能源的清洁化替代。

### 2. 依靠技术进步，提高能源生产能力与能源利用效率

由于美国坚持长期连续的能源政策鼓励与支持，经历了长达 20 年的探索与积累后取得了页岩油气开采核心技术——水力压裂法的突破，从而使页岩油气这一开发难度很大的非常规油气资源在美国得到突飞猛进的发展，2010 年美国页岩油气开采量分别从 2000 年的 20 万桶 / 日和 122 亿立方米提高至 100 万桶 / 日；页岩气产量则从 2000 年的 122 亿立方米增至 1378 亿立方米。按照美国石油协会的预测如果将页岩油气资源计算进去，美国油气资源居世界第一，远远超出沙特。美国现在页岩油的生产成本为 60 美元 / 桶，低于现在国际油价，由此可以看出由于技术进步为美国带来了充足、可靠、经济的能源。从美国能源革命取得的成果证明技术进步是推动产业结构调整与升级的主要推动力，技术与需求的变化会促进产业结构中主导产业与衰退产业的相互转变。由于长期坚持推行依靠技术进步的产业发展战略，使美国能源生产技术突破以后能够有充足的新增资源数量与有效的产量实现手段来迅速改变其能源生产与消费结构，使其能源市场的稳定性、可靠性与经济性得到充分保障。

从以上的分析可以看出，同样作为世界主要经济大国，也同样作为能源生产与消费大国，中美能源市场体系各方面都有可比较和借鉴之处，正确的能源战略、完善的能源法律法规体系、合理有效的市场监管体制、公平竞争的市场环境以及这些政策鼓励和支持下的技术进步，是建设符合中国国情，有中国特色能源市场体系过程中值得深入研究并吸收的成功经验。

## 三、印度能源市场

印度与中国同样是人口众多的发展中大国，作为南亚次大陆最大的国家，298 万平方公里的国土面积却有超过 12 亿的人口。印度在 1991 年和 1999 年进行两个阶段的经济改革以后，其国民经济实现迅速增长，现已成为世界上发展速度最快的国家之一，其主要优势产业比如金融、信息技术等在世界上具有重要地位，且印度具有庞大的人才资源，未来经济发展潜力非常大。印度飞速发展的经济社会导致其能源需求也日益增加，由于本国自有资源严重不足，印度能源对外依存度不断升高，对其国家能源安全的挑战日益严峻。中印作为两个世界上最大，国土相邻且存在大片领土纠纷的发展中国家，寻求国外能源资源对本国能源安全保障的相似战略目标在某些场合使彼此成为必然的竞争对手。研究印度能源市场，是构建我国能源市场体系过程不可忽视的重要因素。

## （一）印度能源资源状况

印度是一种现代化工业城市与原始落后乡村并存的不平衡经济社会结构，体现在其能源结构上也有与其他大国地位不同的特点。印度经济生活中主要使用两种能源资源：一种是现代商业化能源，既经过能源市场交易获取的能源资源，比如石油、天然气、煤炭、电力等；另一种是广大乡村地区广泛使用的处于自然状态的生物能源，比如薪柴、秸秆、牛粪等。尽管第二种能源目前仍是印度人民获取能源的主要形式之一，由于没有经过市场行为进行交易，因此我们研究印度能源问题，主要是指其商业化能源。

印度是一个缺油少气富煤的国家，根据 BP 公布的 2011 年世界能源统计数据计算，印度石油储量预计仅 8 亿吨，2011 年石油产量 3829.7 万吨，储采比为 18.2，而其国内 2011 年消费石油 1.62 亿吨，其石油对外依存度高达 76.36%；天然气探明储量 1.2 万亿立方米，2011 年产天然气 461 亿立方米，储采比为 26.9，2011 年印度国内消费天然气为 611 亿立方，其天然气对外依存度为 24.55%；印度煤炭储量为 606 亿吨，但产量有限，2011 年其煤炭产量为 3.18 亿吨，消费量为 4.22 亿吨，其煤炭对外依存度为 24.6%。从上面数据的计算结果可以看出，印度现阶段煤炭、石油、天然气三大主要基本初级能源均无法自给，每年都需要进口大量，尤其是石油对外依存度高达 76.36%，对印度能源安全构成极大的威胁。印度的电力主要由火电和水电提高，2011 年装机大约 1.8 亿千瓦，其中火电占比达 69%，其装机规模、装备水平与管理水平均远远低于中国。其发电环节由中央电厂、联邦电厂和私人电厂组成，全国电网分成北部、东北部、东部、南部和西部地区 5 个区域电网，每个区域电网包括多个邦级电网。印度电网结构分为国家电网（跨区域电网）、区域内跨邦电网及邦电网三级，实行分级管理，中央政府管理跨区电网、区域内跨邦电网，邦政府管理邦级电网。由于印度电力工业装机不足、设备老化、管理不善，导致其电力供应经常拉闸限电、非计划停电，2012 年 7 月造成涉及全国 22 个邦 6 亿人口的人类历史上最大规模停电事故。

## （二）印度能源市场发展趋势及其战略与对策

印度地处南亚次大陆，气候炎热，大多数地区不存在冬季取暖问题，很多地区发展非常落后，人民生活水平不高，电器的使用率和更换率也非常低，目前其能源消耗的主要用途是电力生产和交通运输。前面分析可以看到印度主要面临两大能源供应缺口：一是现在电力缺口大约在 8%，印度人口联合国预计到 2030 年将达到 14 亿，按照这种人口增长速度与现有电力需求发展速度，到 2030 年印度电力将需要达到 4 亿千瓦，年增长大概在 5%，电力供需缺口会继续扩大；另一方面印度能源消费增长最快的交通运输部门几乎消费掉其全部进口的石油，这一快速增长的能源需求是印度未来能源安全和经济发展的最大隐患与瓶颈。

为了应对能源约束对其经济发展的挑战，印度通过开源和节流两种途径建立分阶段实施的能源战略来保证其国家能源安全：

①通过在全世界范围内加大石油、天然气资源勘探、开采合作，获取更多的油气资源，提高国内外控制范围内的油气产量满足国内需求，争取在2020年实现能源安全。

印度实现能源安全的具体措施：一是构建以印度为能源中心的南亚能源输送管网系统并加强与周边国家的能源合作，推行能源来源多元化，计划建设包括以印度为主体的伊朗—巴基斯坦—印度、土库曼斯坦、哈萨克斯坦—阿富汗—巴基斯坦—印度、缅甸—孟加拉国—印度、斯里兰卡—印度、俄罗斯—中国—印度等组成的油气管网以及不丹、尼泊尔—印度的电力输送网；二是加强与没有地缘政治关系的海外能源生产国的合作，扩大在能源勘探、开采、股权购买等方面的合作，增强其在海外获取资源的能力，从而扩大其能源的稳定供给与能源储备；三是加大对能源加工产业尤其是石油炼化工业的投资与扶持力度，增加其能源加工工业的生产规模，提高技术水平，通过增强其在国际能源市场的加工转口贸易地位来获得比较优势，降低本国能源消费成本。这些措施的制定与实施，是从开源的角度来实现其能源安全。

②通过技术进步和政策扶持，提高太阳能、生物质能、海洋能等可再生能源比例，最大限度地增加水电、核电生产能力，争取在2030年实现能源的独立。

印度能源独立是指在完全摆脱石油、天然气或者煤炭进口的状态下印度经济仍然可以保持良性运转。印度国内能源资源中最有开发潜力的是水电资源，印度恒河、马哈纳迪河、哥达瓦利河等水系良好的河流蕴藏着丰富的水能资源，初步统计印度国内水电资源有84000MW，目前仅开发了1/4，这是印度最终实现能源独立的主要替代能源之一。印度现有能源利用效率很低，其单位GDP能耗甚至高于马来西亚，这种粗放式能源利用导致能源浪费非常严重。印度在全国通过《能源节约法》强制推行能源节约，提高能源利用效率。资源供应能力的增加与资源效率的提高，既是印度也是世界其他能源进口国必须遵循的能源安全保障基本路径。

印度在能源市场建设方面为了吸引投资，增加资源储量和能源产量，印度对其能源市场引入竞争机制，实行市场准入开放政策，以吸引更多的投资者进入能源产业。印度改变过去高度分散的能源管理体制，重视对能源的统一领导，计划设立由石油天然气部、电力部、煤炭部等组成的最高能源委员会，协调各方目标以使国家能源政策有效贯彻。政府对于能源市场的职能主要是监管和服务，减少政府直接干预，强调金融、法律、市场等宏观调控手段促进能源市场的发展。尽管印度进行了一系列市场化能源管理改革，但实际操作中仍然存在对能源市场管得过宽过严导致效率低下，经济自由度不足导致吸引投资不足，能源管理改革的实际效果并不明显。

印度与中国既有相似之处，又有差别：两国都是发展中大国，都对能源有巨大需求，本国自有能源资源现在都无法满足国内需求，两者在争夺国际能源资源上存在着一定竞争关系；中国本土能源资源生产潜力远大于印度，而且现有能源产业规模已经相当庞大，相较于印度既需要开源又需要节流的复杂能源瓶颈约束，中国以后的能源战略更多需要解决的是如何打破垄断、引入竞争机制、吸引更多要素投入新能源开发与节能，通过加大技术投入、结构调整和产业升级来保证本国能源安全。因此与印度相比我国能源市场存在的瓶颈更多是体制性约束而非资源性约束。

# 第四节　中国综合能源市场体系建设

从整体与个体的关系来看，能源市场是我国社会主义市场体系的一部分；从能源市场本身来看它又包括了能源生产、供应、消费所需要的要素市场、劳动力市场、资本市场等。在建设我国能源市场时，既要按照建设现代市场体系所具备的统一、开放、竞争、有序的原则，遵循现代市场体系建设的基本规律，又要突破传统单一能源市场比如电力市场、石油市场、天然气市场、煤炭市场等的局限，根据能源的本质特征，科学、系统的进行我国能源市场以及保障其稳定、有序、高效运转的配套体系建设。对于明确建设一个什么样的能源市场、如何建设以及建设的内容，首先就要明确我国能源市场体系建设的战略选择。战略依次顾名思义，"战"即战争，"略"既谋略，原本指军事领域指挥军事作战的谋略，引用到经济领域则指统领性、全局性、关乎胜败的谋略、对策及方案。正确选择我国能源战略首先必须明确我们所持的发展观，发展观决定了我国未来能源产业发展指导方向，只有坚持以科学发展观为指导来制定我国能源战略，才能保证我国能源市场建设有序可靠、经济高效，建设目标得以实现，因此应把我国能源市场战略选择作为未来能源市场体系建设研究的逻辑起点。

## 一、我国能源市场体系建设战略指导思想选择

能源市场建设的最终目的是为国家经济社会发展提供安全、稳定、经济的能源物质保障，以满足人们不断增长的物质文化生活需要。对于我国能源市场体系建设，同样需要在国家统一指导思想指引下服从国家经济社会发展总体战略与规划，进行科学建设，如果偏离脱离国情现实与时代发展需要建设的能源市场体系不但无法有效履行其作为国家经济社会发展物质基础的保障职能，还会对国家经济社会发展造成负面影响。能源市场建设指导思想的选择实质是在确定产业发展方向以及目标实现方法时应采取和坚持在什么样的发展观为指导。

世界观是建立在对自然、人生、社会和精神的科学的、系统的、丰富的认识基础上形成的对世界总的根本看法，它包括自然观、价值观、人生观、社会观、历史观，世界观不仅事关我们对世界的认识问题，还关系世界观导向下的方法论即我们的信念与行动，因此世界观和方法论是统一的，有什么样的世界观，就有与之对应的方法论。假如我们

将一个国家人格化，那么这个国家和社会的发展目标及发展路线同样取决于这个国家和社会所倡导的世界观以及与之对应的价值观，也决定了这个国家和社会所希望达到的奋斗目标以及为实现这个目标制定发展路线时依据的方法论。一个国家和社会所倡导的世界观是有时代特征和阶级属性的。在中国古典里诸侯封地为国，皇帝统治之天下为国家，认为"普天之下，莫非王土，率土之滨，莫非王臣"，这体现了封建社会国家是封建皇权体制下的私有产权的一种实现形式。当代西方政治思想家对于国家的概念进行了许多研究、探索、归纳与定义，一般有几个共性观点：一是联合体或共同体，古罗马的西塞罗夫在《论共和国》中认为"国家是由许多共同体基于权力和利益互享的观念而结合成的组织体"。德国的康德在《法的形而上学原理》中指出"国家是许多人依照法律组织起来的联合体"；二是社会管理的组织，柏拉图在《理想国》中认为国家是一种管理组织，法国的狄骥认为国家是一个有统治者与被统治者之分的人群组织。现代西方政治学里面定义国家为"由领土、人民、主权所构成的社会共同体"，即国家是在一定领土内由一定人民组织成一个有主权的社会共同体。马克思主义国家理论在承认国家的三要素（领土、人民、主权）的基础上，认为国家由某个政府领导的社会管理组织，国家是具有阶级性的。因此无论是封建社会，资本主义社会，还是社会主义社会，国家的存在及国家的本质是为统治阶级服务的，国家的职能是国家本质的内在要求及表现形式。现代社会无论是资本主义国家还是社会主义国家，执政的统治阶级都通过政府对国家的管理来实现自己的阶级利益，因此一个国家的阶级性质决定了统治者的世界观，也决定了统治者的执政价值观与方法论。中国与其他国家有不同的历史，不同的国情，在长期的历史发展过程中，中国选择了中国共产党作为执政党带领全国人民建设中国特色社会主义国家，而中国共产党既是中国工人阶级的先锋队也是中国人民和中华民族的先锋队，它的指导思想是马列主义、毛泽东思想、邓小平理论、"三个代表"重要思想和科学发展观，中国共产党的宗旨是全心全意为人民服务，它的这种宗旨必然会通过其执政来体现。由于这种历史的客观选择使我国逐步形成并发展了符合我国国情，已经被历史证明而且未来我们必须长期坚持的中国特色社会主义理论指导下的发展观。

发展观是人们对事物是否发展或者如何发展的基本看法，是人类对于发展问题的基本观点与根本看法，发展观主要回答关于"发展是什么""为什么要发展""如何发展""怎样评价发展"四个发展的本质、目的、内涵和要求等根本性问题。人类社会是随着生产力发展水平的提高不断进步的，人们在随着技术、经济、文化、思想、社会结构等不断进步的历史过程中不断总结、演绎、归纳形成符合不同时期生产力发展水平的发展观，因此发展观是动态而不是静止。纵观历史来看人类经历了从以经济增长为目的的发展观到科学发展观的进步；横向比较中外，由于中国与国外其他国家或地区具有不同的社会性质，因而也具有不同的发展观。发展观决定了不同国家和地区经济社会发展战略的区别，而发展观指导下的发展战略是一个事关国家或者地区经济社会发展的全局性指向，只有指向的正确才能保证这个国家或者地区战略目标的实现，因此必须比较各种发展观的异同，明确为什么以及如何以科学发展观来指导能源市场体系建设的战略选择。

## （一）国际上主要几种发展观的比较

发展观起源于发展中国家在现代化进程中的具体实践。恩格斯曾指出："每一时代的理论思维，从而我们时代的理论思维都是一种历史的产物，在不同的时代具有非常不同的形式，并因而具有非常不同的内容。因此，关于思维的科学，和其他任何科学一样，是一种历史的科学，关于人的思维的历史发展的科学"。随着发展中国家在其经济社会发展过程中对发展问题的不断探索以及对实践的总结，使人们对于发展问题的认识也不断深化，发展观也随着时代的实际情况不断变化，国际上关于发展观的认识主要有以下几个历史阶段的不同认识。

### 1. 关于经济增长的发展观

二次世界大战之后，世界上许多发展中国家取得民族与主权的独立，这些摆脱殖民主义、帝国主义统治的发展中国家大多经济、社会发展都十分落后，独立后最主要的任务是振兴本国经济、消除贫困。战后发达国家由于面临物质短缺，同样希望加速发展经济，因此这个时期无论是发达国家还是发展中国家，都有加快发展经济，实现经济增长的共同愿望，这也是这一时期经济学家形成以经济增长为中心的发展观的历史客观条件。这一时期人们并不区分经济增长与经济发展，两者混为一谈，认为发展的本义既增长。认为只要实现经济增长就可以实现财富的增加，而财富增加了就可以提高人们的物质生活水平，使原本存在的消除贫困、政治民主与文化的发展、社会平等的扩大、社会进步等一系列问题就可以迎刃而解。然而，大多数发展中国家在这种只注重数量增长的发展观理论思想指导下所进行的实践并没有实现其预期目标，由于在发展过程中只注重数量扩张，而忽视对其社会成员全体成员基本需求的满足，忽视增长成果的公平分配，忽视政治变革、社会变革与社会进步等多种需要，导致两极分化、自然资源环境浪费与破坏严重、政治与社会动荡。

### 2. 以现代化实现社会全面变革的发展观

在以经济增长为中心的发展观指导下的发展所存在弊端以及导致实践失败，20世纪60年代后人们开始反思并将经济增长与经济发展的概念进行区分，认识到经济发展是以经济增长基础的多维社会变革。美国发展经济学家托达罗指出"发展不纯粹是一个经济现象。从最终意义上说，发展不仅仅包括人民生活的物质和经济方面，还包括其他更广泛的方面。因此，应该把发展看为包括整个经济和社会体制的重组和重整在内的多维过程"。社会变革发展观认为要实现发展，必须以现代化为手段促使传统落后的社会向先进社会转变。这种发展观是人们对于发展观认识的新发展，这种发展观认识到发展问题中社会系统内部各要素之间的相互影响，但却没有重视社会系统与自然系统之间的关联。人类与自然之间不是两个孤立系统，人类行为既可以从自然系统中得到正向收益，也可能由于人类行为对自然系统造成破坏，反过来受到破坏的自然系统也将破坏人类社会系统，因此割裂地看待社会系统与自然系统就忽视了人类社会与自然界的和谐与平衡。

### 3. 综合协调全面发展的发展观

由于纯粹追求增长的发展观使很多发展中国家出现"有增加无发展"甚至出现"恶的增长"的现象，这种发展观指导下所采取的近功急利的措施给发展中国家带来很多灾难性后果。法国学者佩鲁认为发展是指一个国家的人民的观念和社会习惯的变革，这一变革使得该国人民有能力持续地、累积地增加该国的实际总产值，认为经济只是社会发展中的一个手段，文化价值在社会发展过程中起着决定性的作用，现代社会发展的根本就在于文化价值的进步。这种发展观以文化价值为参考系，阐明了物质文明背后精神文明的重要作用，这是其相较于以前发展观的先进性，但其又过于夸大文化价值的重要性，有其抽象文化决定论的局限性。

### 4. 可持续有节制增长的发展观

由于物本位的经济增长导致能源危机、资源耗竭、环境污染、生态失衡等严重问题，这种发展模式会使人类走向自我灭亡的道路，因此全球开始研究并关注可持续发展问题。1987 年世界环境与发展委员会公布的题为《我们共同未来》的报告标志着可持续发展战略的正式提出。1992 年通过和签署的《里约热内卢环境与发展宣言》和《21 世纪议程》等重要文件标志着可持续发展理论与观念开始被人类付诸实践与行动。这种发展观的核心思想是："健康的经济发展，应建立在可持续生存能力、社会公正和人民积极参与自身发展决策的基础之上；可持续发展所追求的目标是，即使人类的各种需求得到满足，个人得到充分发展，又要保护资源和生态环境，不对后代人的生存和发展构成威胁。衡量可持续发展主要有经济、环境和社会三方面的指标，缺一不可"。可持续发展观既强调发展的合理性，也强调发展的持续性，这种经济、社会、生态三者的可持续的统一，时间上实现现在与未来的统一，空间上要求全部与局部的统一，既追求一种理性下的价值，这是新世界观指导下对发展观的一种全新理解。

## （二）科学发展观是我国能源市场体系建设指导思想的客观要求

我国自新中国成立以后对于经济发展的认识在不同历史时期有不同的认识与决策，并在不同的历史时期根据当时不同的生产力水平提出了相应的发展战略，主要有毛泽东的平衡发展与赶超战略，邓小平的非均衡发展和台阶式发展战略，江泽民的跨越式发展和协调发展战略。

在建国到改革开放前，基于我国极低的工农业发展水平与贫穷落后的社会现实，我国对于经济发展方式与实现途径进行过既有成功也有失败的探索，毛泽东时期先后提出平衡发展与赶超战略：一是针对经济结构与区域发展不平衡问题，实施优先发展重工业前提下的工业与农业、沿海与内地均衡发展战略。这是毛泽东时期对于我国发展战略探索的一个重要成果，这一发展思想对于新中国建国初期迅速建立门类齐全的工业体系，实现产业结构均衡，改变地区工业布局不平衡起到了重要作用；20 世纪 50 年代以后，受国际共产主义盛行的赶超战略与国内发展观的改变，中国提出并实施脱离生产力发展客观规律的赶超英美的战略，对中国经济发展造成重大损失，由此也可以证明发展观对于一个国家经济社会发展正确方向的基础指导作用。

改革开放以后邓小平首先提出中国要建设中国特色社会主义，针对这一发展目标，邓小平对于发展观进行了新的探索和实践，并提出了我国经济的非均衡发展战略与台阶式发展战略。邓小平在强调共同富裕是社会主义的本质属性与根本要求的前提下提出允许一部分人和一部分地区先发展起来、先富裕起来的非均衡发展战略。这一战略希望通过部分地区和部分人的快速发展来带动全国其他地区和其他人的共同发展，并对我国实现现代化的发展过程提出分"三步走"的目标。这一时期我国最主要的任务实现从计划经济体制向社会主义市场经济体制的转变，实现过去以计划为主的资源配置方式向以市场为主配置资源方式的转变。这些符合当时生产力发展水平与时代现实的发展战略进一步解放和发展了我国生产力，实现了我国经济的迅速增长。

进入 20 世纪 90 年代世界科技迅速发展，经济全球化趋势加强，我国所面临的国际国内环境发生变化。江泽民针对我国经济经过十几年快速增长，区域不平衡加剧，国际科技与生产力快速发展的情况，结合我国资源、环境、生态状况，提出了吸收利用人类最新成果，实现后发赶超的跨越式发展战略与要求区域平衡、经济与社会全面发展、人与自然和谐相处的可持续发展战略。

我国从新中国成立以后一直突出和坚持的主线是如何加快和保持经济快速增长，但对于经济增长与经济发展之间的统一与区别没有科学的区分。经济增长主要侧重数量增长，而经济发展既注重经济总量增加，更注重经济质量和经济结构的改善，二者是数量与质量、总量与结构的统一。我国改革开放以后，对我国转变经济增长方式做了巨大努力，但粗放式数量增长式的模式尚未根本性改变，这种增长方式同样作用于能源产业。我国现在及未来需要调整发展战略有以下两个客观需求：

### 1. 产业结构调整与升级的需要

我国产业结构主要存在产业结构内部横向比例不协调：农业产业内部传统农业比重大，现代农业比重小，农业产业水平与农民收入不高；工业产业内部传统重化工业、资源与能源消耗型产业比重大，高科技、低消耗型产业比重低，三产业相对其他发达国家还很落后。在产业纵向地位不占优：主要是我国在国际产业分工中缺乏核心技术支撑，大多数产业都处于产业链的低端、末端。现在工业的发展，科学技术的因素占据主导地位，产业收入分配也越来越向拥有核心技术、核心竞争力的产业链高端倾斜，处于产业链末端的国家消耗大量资源、能源，破坏本国生态环境为代价，却只能占据产业收入分配中很少份额，而拥有核心技术的国家却以极少的资源、能源、环境消耗获取大部分产业收入份额。我国这种产业横向与纵向不合理是原有发展观念及与之配套发展方法不能适应新的生产力发展水平，不适应新的国际国内发展历史条件的具体表现，因此调整产业结构，转变发展方式就成了我国新时期首先必须解决的问题：传统产业作为满足人类生存和发展的必要物质来源在相当长时间内都会存在，必须尊重生产力发展的客观现实，利用科学技术和先进管理方法对现有产业进行升级，提高我国现有产业在国际产业分工中的地位，获取国际产业收入中更大分配份额；另一方面依靠科学技术进步培育和发展新兴低碳主导产业，逐步以新兴主导产业来取代传统产业在国民经济中的主导地位，实现可持续发展目标。能源产业与国民经济结构必须科学配合的典型例子是我国作为石油不能自给自足的进口国，石油日益成为威胁我国能源安全的主要问题，而我国大力发展传统汽车产业，这种产业政策一方面增加我国对外石油依存度，威胁我国能源安全，另一方面使我国环境压力也日益增大：如果我们要按照传统汽车消费发展模式达到美国等西方发达国家水平，我国资源、环境根本无法承受；如果我们通过加大投入，通过掌握新能源汽车核心技术，使其实用化，仅此就将带来我国汽车产业革命性变革，并形成一系列新兴市场，并极大促进我国产业结构调整与升级。因此对我国产业进行结构优化和产业高度化是解决我国产业结构包括能源产业发展矛盾的主要途径。

### 2. 单纯强调经济增长带来的相关问题

在生产力发展水平不高、社会普遍贫穷落后的时期实行经济增长为主要目的战略在当时历史条件下是有其现实意义的，因为一个国家首先要求解决其人民的基本生存问题，实施非均衡发展战略是为了集中有限的物力与人力快速形成生产力，通过发展生产实现当时经济社会必需品的数量增长来满足人民的基本生存物质需求。经过强调经济增长，我国实现了国民经济总量的飞跃式发展，现在已经在经济总量上跃居世界第二，通过经济总量的增长也使人们日益增长的物质与精神需求得到了满足。因此，在分析我国不同历史时期的发展观及其实施的不同发展战略，应该结合当时生产力水平和特定历史条件客观的分析与评价，这是唯物主义历史观在经济活动分析中的具体表现。

进入新世纪，我国在经济总量已经满足人民基本物质文化需求的前提下，我们也必须看到在当今历史条件下单纯依靠经济增长的发展方式带来一系列社会问题：一是由于产业结构不合理带来的我国就业结构扭曲。我国农业是就业人口最多的产业，但由于产业结构扭曲，导致大量农村剩余劳动力滞留在农业产业中，农业产业的低水平与就业人口数量之间的矛盾导致我国农村人口收入与城镇居民收入之间的差距不断拉大，第二产业中由于我国在国际产业分工的不利地位，导致其产业收入分配水平低，使其吸纳新就业人口的规模有限，现有产业就业人员收入不高，第三产业又长期滞后发展，限制了就业范围的扩大，这三个因素结合，使我国就业结构的严重扭曲，影响社会和谐与稳定；二是由于单纯强调经济增长忽视收入分配中的公平问题带来的社会不稳定性增加，在改革开放初期，由于急需快速形成新的生产力，我国提出允许部分地区部分人先富裕起来，但这种收入分配政策长期没有随着生产力的发展水平进行改变，导致贫富差距越来越大，超出社会的承受能力，成为社会不稳定的主要根源。进入 21 世纪以后以胡锦涛为总书记的中国共产党，总结吸收了人类历史上在制定并实施经济社会发展战略实践过程中的历史经验和思想智慧，并以世界经济社会发展理论的成果与教训为鉴，结合新世纪我国具体国情，提出了以人为本，全面、协调、可持续发展，促进经济社会和人的全面发展的科学发展观。

科学发展的提出以我国经济社会发展的四个基本关键转变为背景：一是从总体小康向建设全面小康的转变；二是从工业化初期向工业化中期阶段的转变；三是由经济大国向经济强国的转变；四是由建立社会主义市场经济向完善社会主义市场经济体制转变。其中全面就是要以经济建设为中心，全面经济、政治、文化建设，实现经济发展和社会全面进步；协调，就是要坚持"五个统筹"。推进生产力和生产关系、经济基础和上层建筑相协调，推进经济、政治、文化建设的各个环节、各个方面相协调方面；可持续，就是要促进人与自然的和谐，实现经济发展和人口、资源、环境相协调，坚持走生产发展、生活富裕、生态良好的文明发展道路，保证一代接一代永续发展。科学发展观第一要务是发展，核心是以人为本，基本要求是全面协调可持续发展，根本方法是统筹兼顾，它对中国要实现什么样的发展，怎么实现发展做了科学的阐述和回答。作为马列主义、毛泽东思想、邓小平理论以及"三个代表"重要思想的继承与发展，科学发展观是马克思主义当代中国实际和时代特征相结合的产物，是马克思主义世界观和方法论的集中体现，是中国特色社会主义理论的重要组成部分。科学发展观是中国共产党对执政规律、社会主义建设和人类发展规律的深刻认识，也是对人类发展理论的重要创新。

通过对国际上几种不同发展的比较以及我国不同历史时期经济社会发展的经验可以看出长期单纯追求经济数量增长的发展模式带来的资源、生态、环境、社会问题，在我国当今以及未来经济社会发展中必须尊重现在生产力客观发展水平前提下，结合当今国际国内条件以符合时代需要的科学发展观来指导我们在新的历史时期的经济发展。能源产业作为国民经济的重要组成部分同样在各个历史发展时期在取得巨大成就的同时也有不足，我国能源市场未来的发展关键在于能否真正以正确的指导思想为指引，选择和坚持符合时代发展需要的科学发展观为指导，是保证我国未来能源改革与市场体系建设正确方向的客观必然要求。

## 二、中国综合能源市场体系建设的战略选择

我国与其他国家相比有不同的国家性质，有不同的历史与现实国情，世界上没有适用于所有国家通用的经济社会发展战略与路径，由此各国都制定适合本国不同的发展目的、发展目标以及发展路径。针对能源这一产业而言，中国同样需要根据本国具体情况，制定

符合中国国情的能源战略。

### （一）中国能源战略选择的公益性原则

马克思认为"劳动过程是一种有目的的产生使用价值的活动，它使自然物适于满足人类欲望，是人与自然间物质代谢的一般条件，是人类生活的永久的自然条件"。而"劳动过程的基本要素，是人类的目的活动（即劳动），劳动对象和劳动手段"。从出现人类开始劳动也就随之出现，从最开始的为了生存而与自然界之间发生的各种活动就是人类劳动的起端。随着人类自身的进化和人类社会的形成，人类生产活动随着生产条件的变化以及对生产要素结合方式的不同，人类社会区分为不同的经济结构和发展阶段，但无论生产的社会形式如何，人类生产活动的两大主要基本要素却永远不会改变：一是人的要素；二是物的要素。当两者处于分离状态时，这两个要素只是潜在的生产要素，随着人类劳动过程的发生，人的要素与物的要素发生了结合，作为人的要素的劳动者运用作为物的要素的劳动资料对劳动对象进行预期的加工，从而在生产过程结束时通过劳动和劳动对象的结合，形成物化的劳动，生产出适合人们需要的产品。

从生产的角度看，随着社会经济的发展，生产要素的内涵不断丰富，要素结构也不断发生变化，各要素在生产过程中发挥作用的比例也不断变化，我们以前一般强调劳动、资本、土地、企业家四种生产要素，而且认为只有劳动才创造价值。因此在财富分配中，认为按劳分配是唯一合理的方式，对于其他要素在生产过程中的作用尽管认可，但却忽视其在收入分配中的应有份额，这种理论指导下的分配观念导致我国很多土地（包括各种矿产及能源资源）及自然资源被免费或者低价使用。我们国家是社会主义国家，属于全体人民所有的一些生产要素被无偿甚至低价使用，就等于原本产权属于全体国民的生产要素没有得到合理的收入分配份额，实际是一种少数人侵犯了多数人要素回报的权力。

我们知道发现和学会使用火对人类进化具有极其重要的作用，正因为学会了使用火，人类才开始脱离茹毛饮血的野蛮时代，人类文明开始出现和发展。千百万年来，对能源的使用都是人类生产的必要条件，尤其进入现代社会，人类生活无所不在的消耗着各种能源。没有能源这种要素，维持人类生存和繁衍的各种产品就无法生产，人类生活就无法正常进行。任何人都有权享有生存和发展的权利，能源作为人类社会存在和发展的必须物质基础，它首先具有普遍服务的公共性，这是能源对于一个国家范畴来说第一个也是最重要的属性。另一方面中国是有别于西方国家的社会主义国家，作为执政党的中国共产党的宗旨是全心全意为人民服务，在中国共产党的第十七次全国代表大会报告中指出党在社会主义初级阶段的基本路线是"领导和团结全国各族人民，以经济建设为中心，坚持四项基本原则，坚持改革开放，自力更生，艰苦创业，为把我国建成为富强文明民主和谐的社会主义国家而奋斗"。这是社会主义中国与西方资本主义国家的重要区别，应该成为制定我国能源战略及政策必须坚持的政治原则。因此中国在制定我国能源战略时首先应该坚持我国社会主义国家性质下能源的公益性导向原则。

## （二）中国能源战略选择的市场导向原则

公益性及公共服务的普遍性是能源这种特殊物质的内在属性与其社会属性的共同要求。它的公益性是针对其满足人类基本生存的物质属性而言的，公共服务的普遍性是针对其社会属性而言。能源的另一个属性是其也是一种商品，因此它的生产、供应、消费也具有与其他一般商品相同的一般特性，能源市场同样需要尊重竞争机制、价格机制等市场经济所具有的作用机制。在制定能源战略时，为了实现能源资源的有效配置，就要尊重人们对能源消费的无限增长与能源资源的稀缺之间的矛盾，并给予市场足够的激励，让能源市场参与者能够对这些激励产生积极反应，从而为市场提供充足、可靠、安全、洁净、可持续发展的能源。能源市场中应该由市场去决定"生产什么，生产多少""如何生产""为谁生产"以及"谁做出经济决策"，政府职能应仅限于如何解决能源产品由于"市场失灵"无法解决的公共性问题，以及能源生产、消费的外部性问题。由于能源生产与供应投资大、技术物质要求水平高、规模大、涉及面广，尽管其具有公益性与公共服务的普遍性的约束前提，但这两个特点同时又是能源市场的目标，要达到这个目标完全依靠政府来解决是不现实的，因此必须依靠以政府监管为保障的市场作为资源配置作为主要手段来实现。

## （三）中国能源战略的选择

根据本章前面所分析的基础，我国发展能源产业的目的是在可靠、稳定、充足、安全、可持续地为人们提供清洁、经济、高效的能源的基础上推进科技创新与进步，实现产业升级，促进国民经济发展。要达到这个目标，我们必须以市场为主要手段，结合公益性原则，满足长远性和全局性要求，对我国能源战略的制定进行研究比选。

### 1. 我国能源战略的约束条件

我国能源战略的选择与制定，必须考虑我国能源市场的软硬环境约束条件。由于战略具有全局性和长远性特点，在研究本国能源战略的约束条件时，应该对本国能源市场环境的近、中、远期约束条件进行分层区分。我国能源的近期约束条件主要有：

（1）能源资源不足。这是我国能源近、中、远期均存在的客观条件，既有某些自然资源的绝对不足（石油、天然气），也有能源资源地理分布原因形成的相对不足（煤炭产地集中于经济欠发达地区），因此能源资源变量是对我国能源问题进行研究时首先必须考虑的。

（2）能源结构不合理与环境排放压力。从这里前面分析可知我国能源消费结构是以化石燃料为主，其中煤炭的燃烧是我国能源最主要的直接和间接利用方式。这种能源结构一方面由于我国一次能源集中地远离经济发达地区造成大量一次能源的空间移动需要，在移动的过程中就会产生大量能源自耗（无价值的能源消耗）；另一方面尽管我国实施不断强化的环境排放制约政策，但由于化石燃料燃烧过程中的物质守恒必然规律，无法完全有效消除氮、碳、硫等排放。

（3）我国能源技术与装备水平不高。科学技术是推动生产力发展的主要因素，我国能源产业大而不强的主要原因在物质层面，主要是由于我国技术与装备水平不高。我国能源工业领域现阶段还有大量低技术与落后装备水平产能，比如我国火力发电领域技术先进、煤耗低、经济效益好、污染排放小的超超临界、超超临界机组所占比例还太低，全国还有大量落后的燃煤机组在役。美国通过近20年的持续技术攻关和积累，突破关键技术以后，在页岩油气领域实现产能快速提升从而实现本国能源供给能力的增强，就是依靠技术进步实现能源产业发展的例证，而我国现在能源产业依然是以数量扩张为特征的低水平增长，大量能源产业的核心技术没有得到突破。技术与装备的落后不仅是我国能源近期约束，也关系到中远期约束条件的成立或者解除。

我国能源的中期约束主要是资源不足与环境排放的压力两个方面。我国可以通过一定时期的产业结构调整与居民消费引导来实现我国能源消费强度下降，改变能源结构不合理状况并进行优化。但我国能源资源品种中主要一次能源资源不足的资源约束条件依然无法解除，除了风电、水电等清洁能源以外，任何化石能源都必须对环境存在排放，我们虽然可以通过实行严格的环境排放标准，推行先进的能源利用技术与装备，减缓环境排放相对压力，但其排放绝对数量依然非常大。

我国能源的远期约束条件主要是资源约束。在人类能源技术没有实现突破性革命的前提下，我国能源的资源约束将长期存在。我国的一次能源开发规模已经接近上限，其中水电、风电可实现经济开发的资源也已经不多，因此我国在能源消费总量不下降的情况下要解除我国能源的资源约束：一是要继续增加能源供给结构中的清洁能源比例，降低化石能源比重，尤其是逐渐对我国自有资源严重不足、对外依存度高的能源品种实施替代战略；二是加大技术攻关与技术积累，通过资金、政策扶持与引导，对非常规能源（页岩油气等）进行开发，增加我国能源资源储备量。人类只要生存，能源就是一个永恒的需求，因此破解资源约束是实现能源远期战略最重要的目标。

### 2. 我国能源战略的基本内容

结合我国能源市场的政治原则、市场原则以及其约束条件，我国的能源战略主要应包括以下几个方面：

（1）能源多元化战略。我国能源品种齐全，但品种结构不平衡。我国目前还处于建设小康社会的社会主义初级阶段，即使我国全面建成小康社会，作为世界人口最多的国家还要继续建设富裕社会，对于能源需求还将保持一定的幅度上升，因此实现能源多元化有双重含义：

一是能源供给多元化。能源多元化战略包含国内国际两个市场：国内通过对传统能源工业进行技术改造和升级，提升能源资源产出效率与转化效率，减少自身能耗。同时加大对非传统能源资源的开发利用，尤其是对国外有成功开发利用经验，我国资源状况良好，有开发潜力的能源资源尽快制定相关产业政策，鼓励和引导各种资本加大对这些能源资源进行开发，加快技术攻关与积累，以尽快形成新的能源供给来源；国际市场上必须加大寻找能源资源合作机会，鼓励和引导有实力的企业参与国际能源资源竞争与合作，国家提供外交、政治、军事上的支持，通过企业参与国际能源市场竞争合作从资源上加强中国的能源资源控制力度与国际能源资源开发话语权。引导和鼓励国内企业参与国际能源市场的贸易、金融等竞争合作，能源是世界范围的贸易商品，同时能源又与国际金融活动紧密相关，由于能源资源的稀缺性，国际货币资金与石油紧密关联，我国企业参与国际能源贸易与能源金融活动，既可以增强我国企业对国际能源流通渠道与流向的控制，同时也可以从相关商业与金融活动中获取利润。另一方面充分利用我国规模庞大的能源加工能力，争取国际能源加工产业机会，在获取能源加工利润的同时引导世界能源流向。比如印度、新加坡等国通过发展石油炼化产业获取能源加工利润，以此弥补国内国际两个市场之间的价格差异。

二是能源消费多元化。能源消费结构与国家产业政策、产业结构、地理环境、居民消费习惯等均有强相关性。我国对于能源的巨大需求与我国能源资源约束之间的矛盾日益突出，这就要求调整能源消费结构，实现能源消费多元化。我国能源消费多元化同样具有双重含义：一是能源商品交易对象的多元化，由于我国基本是单一能源市场格局，各种能源都有自己相对独立的销售终端，消费者只能对某一种能源分别与不同的能源商进行交易，从而减少了市场竞争，增加了市场交易成本。能源消费本质只是对于光、热、动力来源的不同选择而已，不同能源品种之间并没有相互转化或替代的任何技术与经济障碍，消费者应该能够根据自己的能源需求与市场价格自主决策对能源品种与能源提供商的选择；二是增加市场可供能源品种数量与选择范围。比如交通工具的动力选择上，如果不设置政策限制，允许市场上电动汽车、新能源汽车与传统燃料汽车并存，消费者就可以根据其自身对于动力来源、动力质量、动力价格的不同需求以及所获得的效用自主决策投资与消费，这时能源价格完全可以指导市场供求双方进行能源品种的选择。

（2）节能优先的能源利用战略。节约能源是经济社会可持续发展的必然要求，实施能源节约战略包括两个方面：

一是提高能源利用效率，降低能源强度。能源节约是贯穿于全社会各个环节的综合性战略，由于能源与国民经济与社会生活各个环节均有关联，因此实施能源节约战略必须从能源生产开始到能源消费的全过程进行能源节约技术、法律法规、经济等方面的周密部署和要求。从能源节约的内涵来看，我国能源消费总量已经位居世界前列，我国能源强度同样远超世界主要发达国家，实施能源节约战略更重要的是提高我国能源利用效率，提高单位能源消耗的产出水平，这就要求我国加快产业升级，调整产业结构，实现经济发展方式的转变。

二是控制能源消费总量。能源资源的有限性与人类对于能源需求的无限性之间的矛盾总是能源的稀缺占优，因此要实现能源供给的可持续必须要控制能源消费总量的不合理增长。从能源节约的外延来说，就是要淘汰高耗能、技术落后、不符合市场需求的各种能源生产、消费方式与设备，从总量上控制能源消费的不合理增长。我国的能源资源状况决定了我国没有必要也无法保持现有产业结构不变，尤其对于以出口为导向的高耗能工业应该坚决关停或者进行产业替代，对于可以进口替代的生产过程高污染高耗能原材料鼓励通过进口来满足国内需求，实施严格的能源节约法律法规，通过产业政策、税收等经济手段对我国能源消费进行有计划的总量控制。

（3）环境保护的能源发展战略。能源生产、消费都或多或少存在对外界的排放，因此在世界各国经济社会发展过程中，环境约束对于能源战略和能源供求技术路线的影响都非常显著，甚至今后环境约束比资源约束的影响更具决定性。我国现有经济社会发展水平下能源过度生产消费已经是环境恶化的主要原因，在制定我国能源战略时必须将环境容量与未来小康社会对于环境的要求作为主要决策变量之一：我国在制定能源战略时应根据我国中长期环境保护规划对于环境容量、排放总量以及小康社会对于环境标准的要求估算出我国各个时期允许的能源消费总量，再对我国能源结构进行分解，通过加大绿色、清洁、可再生能源份额，减少煤炭等能源消耗，使我国能源生产消费与环境保护的要求相适应。

综上所述，我国能源战略的制定与实施，就是基于资源与环境两个约束条件，寻求经济社会发展对于能源需求与能源供应的长期动态平衡。

# 第五章　能源与贸易

## 第一节　中国与俄罗斯和中亚国家能源合作

### 一、中国与俄罗斯及中亚国家能源合作的重要意义

**（一）从中国未来能源需求出发，中国与俄罗斯及中亚国家展开能源合作，为国内日益增长的能源需求开拓更为稳定的来源地**

与我国接壤的俄罗斯及中亚国家的能源矿产资源非常丰富，特别是油气资源。俄罗斯是油气资源大国，石油探明储量 65 亿吨，占世界探明储量的 12%～13%，天然气蕴藏量 48 万亿立方米，占世界探明储量的 1/3，居世界之首。根据美国《油气杂志》提供的数据，俄罗斯探明石油剩余可采储量为 82.2 亿吨，占世界探明石油剩余可采储量的 4.6%；天然气探明剩余可采储量为 47.6 万亿立方米，占世界的 27.2%。除此之外，据美国 USGS52000 数据，俄罗斯未探明石油资源量为 106 亿吨、未探明天然气资源量为 33.1 万亿立方米。中亚国家油气资源潜力巨大，据不完全估计，哈萨克斯坦的天然气储量约 3.2 万亿立方米，石油储量约 230 亿吨，单里海地区远景储量就达 130 亿吨；土库曼斯坦石油储量约 120 亿吨，已探明储量约 11 亿吨，天然气储量约 22 万亿立方米；乌兹别克斯坦的石油储量约 53 亿吨、天然气 5 万多亿立方米。中亚地区因此被誉为"第二个波斯湾"。要实现中国未来的能源安全，除了应继续从中东地区进口石油外，还必须尽可能实现能源来源多元化。俄罗斯和中亚国家在能源资源方面具有很强的提供能力，又与中国接壤，无论是从扩大中国的海外油气进口来源来说，还有从中国进口能源的多元化战略来说，这些国家都是中国未来能源需求最重要而又最现实的供应方。

（二）从中国石油进口安全角度出发，与俄罗斯及中亚国家能源合作，是中国突破能源运输瓶颈的最佳选择之一

近几年，中国原油进口地主要来自中东、非洲、欧洲和亚太地区。虽然中国原油进口来源趋于多元化，但是中国原油进口量的70%以上还是依赖于中东地区和非洲地区。2006年，中国进口的石油44%来自中东，36%自来非洲。而整个石油运输体系中，90%的石油依赖于海上运输，中国船队虽然总吨位居全球第四位，但是船型结构不合理，油轮普遍存在吨位小、船龄长的严重问题，不适合规模运输的进口原油运输，海洋运输能力受限，目前我国85%左右的进口原油是依靠国外船队运输进来的。另一方面，来自中东和非洲的石油必须经过马六甲海峡，美国在新加坡设有樟宜基地，在印度洋上建有迪戈加西亚基地，其航母战斗群可以威慑几乎整个印度洋和马六甲海区，中国目前海军实力有限，无法有效控制马六甲海峡，中国的石油安全随时面临来自竞争对手的威胁。相比较途经马六甲海峡进口的非洲、西亚油气，俄罗斯及中亚油气更具备油源的稳定性和运输的安全性优势。以中哈石油管线为例，从里海沿岸城市阿特劳到新疆的独山子，整个输油管道都在中哈两国国境之内，安全系数高，大大降低了运输过程中外部势力的威胁。

## 二、中国与俄罗斯及中亚合作的现状

### （一）与俄罗斯能源合作

由于俄方原因，前两年中俄石油领域的合作出现了一些曲折。2002年12月，俄罗斯以中国的石油企业属国有企业为由，排挤中国参与竞购俄斯拉夫石油公司，使中俄首次失去了开展大型石油资源合作的机会。2003年，原计划开工建设的从俄安加尔斯克到中国大庆的输油管道，也因俄方原因取消。但是，这并没有改变中俄发展石油能源合作的前进方向。最近两年俄罗斯对中国的石油出口不断增加。2005年俄罗斯对中国出口石油1000万吨，2006年达到1500万吨，俄罗斯计划到2010年达到3000万吨。目前，中俄两国已签署了建设和使用俄罗斯东西伯利亚—太平洋石油管道中国支线的协定，即专门修建一条从俄罗斯东西伯利亚通往中国的管道。这项合作不仅带动了两国石油贸易，也带动了石油加工上下游合作。中俄发展天然气领域的合作潜力巨大，两国赞同发展天然气能源领域的合作并提出了一些合作项目意向。俄罗斯已经制定了开拓包括中国在内的东北亚天然气市场的规划。目前，中俄提出的天然气能源领域的合作项目，除从俄科维克塔修建通往中国和韩国的天然气管道之外，还提出了从俄修建通过蒙古和从俄修建通过哈萨克斯坦到中国的天然气管道的设想，以及萨哈林大陆架进入亚太市场的油气管道方案等。

## （二）与中亚国家能源合作

近年来，中国与中亚在能源方面的合作取得了长足的进展。西起哈萨克斯坦阿塔苏镇、东至中国新疆阿拉山口的中哈原油管道工程二期工程已于2005年底建成，2007年已向中国独山子供油接近500万吨。2008年6月27日，中国—土库曼斯坦天然气管道正式开工建设。3天后中国—乌兹别克斯坦的天然气管道也动工。7月9日，中国至哈萨克斯坦天然气管道开始修建。这三条管道最终将连接起来。随着这三条天然气管道项目的破土动工，一条西起土库曼斯坦与乌兹别克斯坦边境、穿越乌兹别克斯坦中部和哈萨克斯坦南部地区，在中国新疆的霍尔果斯入境，通向中国华中、华东和华南地区的中国—中亚天然气管道工程雏形已现。中亚天然气管道预计2009年底实现单线通气，2010年实现双线通气。土库曼斯坦作为中亚天然气储量最丰富的国家，2008年8月再次与中国签署框架协议。按照该协议，土库曼斯坦每年将向中国出售400亿立方米的天然气，多于此前约定的300亿立方米，几乎是西气东输目前年输气量的两倍。通过这一系列的合作，中国在未来30年内的天然气供应将进一步获得保障。

目前，由俄罗斯倡导地在上海合作组织框架下建立能源俱乐部的提议已经进入实质性阶段，上海合作组织的多数成员国和观察员国普遍对建立能源俱乐部表现出积极的态度，希望以不同的参与身份在地区能源供需关系的整合中获利。中国独有的地理优势有助于进一步参与与俄罗斯及中亚国家的能源合作。

# 三、中国与俄罗斯及中亚能源合作面临的主要障碍

中国在与俄罗斯及中亚的能源合作中取得了一定的进展，然而，正如历史经验表明的，能源作为特殊商品，生产与销售从来不是单纯的经济关系，它始终会受到各种国际关系以及国内因素的影响，其中尤以大国关系的影响最为重要。目前，影响国际能源合作的因素很多，但就中俄及中亚能源合作来讲，当前面临的最主要障碍是来自美国、日本及其他大国的竞争。在俄罗斯及中亚地区，几个主要大国的博弈在很大程度上会影响俄罗斯及中亚各国的对外政策，从而会影响中国与俄罗斯及中亚国家的能源合作。

## （一）美国

美国作为世界上最大的能源生产、消费及进口国，其消费的原油主要来自中东地区。为了减轻对欧佩克国家的石油依赖，另外面对俄罗斯及中亚国家石油产量的增长势头，使美国选择了加强与俄罗斯及中亚国家能源合作的策略，并希望俄罗斯及中亚国家的石油能够成为中东石油的战略性替代品。在俄罗斯转轨期间所实行积极引资的条件下，美国的公

司不断挺进俄参加大型能源项目的角逐。2004 年 9 月，美国康菲石油公司购买了俄卢克石油公司的一部分股权，进而实现俄美两国在能源方面的战略联盟。目前，俄石油业在积极吸引美国公司参加大型能源项目的同时，也开始向美国能源行业投资。同时，在对中亚里海地区石油资源的争夺上，美国许多大公司凭借资金、技术和人才优势抢占了中亚许多油气田的开采权，如在参与里海油气资源开发的跨国石油巨头中，以美国加州联合石油公司、美国埃克森美孚、美国雪佛龙—德士古等老牌石油跨国集团最为活跃。目前美国各大公司掌控了中亚地区 75% 的新开发和待开发的油气区块，美国已成为该地区能源领域最大投资者，共投资 30 亿美元。其中在哈萨克斯坦、阿塞拜疆等国的外资中占 30% ~ 40%。因此，中国在与俄罗斯及中亚能源合作中，面临着美国这样一个强有力的竞争对手，这无疑成为中俄及中亚能源合作的一大障碍。

## （二）欧盟

欧盟作为一个大的石油消费地区，对石油的依赖程度较高，约有一半的能源需要进口（欧盟石油进口中的 45% 来自欧佩克国家）。近年来，欧盟的政治和商业部门一直担心北海石油和天然储备会逐渐枯竭，欧盟的能源政策也明显向俄罗斯及中亚地区倾斜，欧盟与俄罗斯及中亚在能源领域商定了一系列大型项目。2002 年下半年，德、法、意和俄共投资 20 亿美元，修建经白俄罗斯、波兰和斯洛伐克直达欧洲的天然气管道。同年 9 月，壳牌及其合作伙伴批准了俄萨哈林—2 号项目的预算，计划在 2014 年前投资 85 亿美元，以增加俄远东地区的油气产量。据欧盟估计，到 2010 年，里海地区石油产量有望达到每天 400 万桶，天然气产量有望达到每年 1700 亿立方米，是欧盟实现能源进口多元化战略的关键，未来欧盟天然气进口增量中的相当大一部分寄希望于中亚和里海地区，这就促使欧盟加强与环里海地区的能源合作。2004 年 11 月 13 日，欧盟邀请环黑海、里海及周边国家的能源部长在阿塞拜疆首都巴库召开会议，决定发起能源对话，称"巴库倡议"。商讨加强欧盟与有关各国的能源合作，促进黑海及里海地区能源市场与欧盟统一能源大市场的逐步融合，加强有关各方在能源贸易、过境运输以及环保标准等方面的相互协调。2006 年欧盟与哈萨克斯坦签署了深化能源合作的谅解备忘录。2007 年欧盟还出台了新中亚战略。欧盟还与阿塞拜疆在伙伴关系与合作协议的框架下开展了能源对话，并提供了有关能源领域的技术援助。欧盟鼓励欧洲能源企业对里海地区进行投资，以便在能源争夺战中抢占先机。欧洲还着手修建从里海经土耳其、伊朗等地通往欧洲的油气管线，以便将当地的油气资源运往欧洲市场。欧盟投资 170 万欧元，用于进行跨里海能源管线可行性研究，加快纳布科管道的建设。这都表明了欧盟与俄罗斯及中亚的能源合作领域正在积极扩展，也意味着中俄及中亚能源合作面临着欧盟的强烈竞争。

## （三）日本

日本是一个工业发达而油气资源极端匮乏的经济大国，所需原油几乎全部依赖进口，进口依存度达到 99.7%。目前日本的石油供应 90% 集中在中东地区，易受中东局势的影响。为使进口来源多元化，日本于 2006 年 3 月出台了《新国家能源战略》大纲，指出要积极开展能源外交。它通过投资能源项目、开展经济合作、提供政府援助等手段，努力加强与中东、俄罗斯、中亚、非洲及拉美等地能源供给国的关系。从 2003 年开始，日本大力介入俄罗斯远东的输油管道的建设项目，以争夺俄罗斯远东油气资源，而俄罗斯的资金缺乏也使日本找到了与俄合作的主攻方向。2004 年，日本政府不顾美国的压力，投资 20 亿美元购得对伊朗阿扎德甘特大油田的开采权。同年日本启动"中亚—日本"外长会谈机制，以此"先促进中亚地区区域合作及民主化进程"，然后构建稳定的能源通道获取能源，最终排挤中国在该地区的影响力。因此，日本与中国围绕俄罗斯及中亚能源合作也面临着诸多的竞争。

## （四）印度

近年来印度经济发展迅速，能源需求急剧扩大。由于印度是一个贫油国，为了确保能源安全，缓解巨大的能源需求，印度已经在国内采取保护性开采措施并制定了一个全面拓展海外能源来源的计划。印度除了与中东寻求合作外，也在积极寻求与俄罗斯及中亚国家的能源合作。2005 年底竣工的萨哈林 -1 号方案就是由美国、日本及印度公司共同开发的。目前印度正与俄罗斯、伊朗合作计划建"南北走廊"，把印度的孟买、伊朗的阿巴斯港、俄罗斯的里海港口联系起来，再把"南北走廊"与伊朗—阿富汗—塔吉克斯坦公路连为一体，建成最长的陆上能源走廊。同时，印度、伊朗正在将伊朗的昌巴哈尔港建成中亚能源输出港。中印两个能源进口大国有着共同的能源需求，因而在与俄罗斯及中亚国家积极开展能源合作的过程中必将产生竞争与冲突。

综上我们可以看出，大国在俄罗斯及中亚国家油气资源的竞争中，各种力量汇集，矛盾交织，目的只有一个——获得这里的能源。这场竞争既是有关国家经济利益之争，也是控制与反控制之争。毋庸置疑，这场世界性的竞争不仅对俄罗斯及中亚国家产生深远的影响，而且还将影响该地区国家与周边国家的国际性力量关系，同时对欧亚大陆的地缘政治和世界经济的发展产生不小的冲击，尤其是对中国开展与俄罗斯及中亚国家能源合作带来更复杂的局面。中国必须学会在竞争中合作，在合作中竞争，以保证我国能源的安全。

## 四、中国与俄罗斯及中亚国家能源合作的对策

（1）加强中俄及中亚政府间的沟通与协商，制定切实可行的长期合作战略。我国应充分利用与俄罗斯及中亚国家首脑和总理的会晤机制、各委员会会议机制，协调解决与俄罗斯及中亚能源开发合作中的各种难点问题，寻找进行资源开发合作的项目。建议在俄罗斯及中亚国家设立政府常驻商务办事处，作为国内企业的立足点和联络点。随着中国与俄罗斯及中亚能源合作的扩大，必然要求形成双边双赢的局面，这就要求中国与俄罗斯及中亚国家政府相互协商，共同制定中国与俄罗斯及中亚国家能源合作的长期战略，从而使中国与俄罗斯及中亚国家能源合作在这种战略的指导下，有条不紊地向前推进。另外，这也要求我国加强对俄罗斯及中亚国家投资的宏观环境与微观环境的跟踪监测，包括对俄罗斯及中亚国家整体战略调整、具体经济政策法规以及国际因素对俄罗斯及中亚国家能源战略走向的影响等情况都应全面详尽地了解，从而为制定长期的合作战略提供依据。

（2）以上海合作组织为基础，推动成员之间的经济合作特别是能源合作。哈萨克斯坦、中国、吉尔吉斯斯坦、俄罗斯、塔吉克斯坦、乌兹别克斯坦都是上海合作组织成员国，中国可以以上海合作组织为依托，进一步加强成员国之间的能源合作，为中国能源安全取得可靠的保障。同时，在上合组织既有框架内，积极支持筹建组织框架内的能源俱乐部，打造新的"亚洲能源战略"，平衡各国能源利益，落实元首会议确定的"多方参与、共同受益"的目标。加强我国与其他国家之间的油气资源开发的合作，共同维护地区能源安全，保证可靠的能源供应，充分利用哈萨克斯坦国内的能源管网与我国新疆已经完善的电力、炼油与西气东输工程，贯穿起我国东部高能耗产业密集带和中亚油气基地，使得我国东部与西部、我国与中亚诸国贯通起来互惠互利、共同发展。以经济能源合作为契机，使上合组织在俄罗斯及中亚经济社会事务中起到主导作用，最终实现维护我国在俄罗斯及中亚地区的能源和经济利益目标。

（3）积极参与俄罗斯及中亚能源开发合作，实现合作形式的多样化。政府要积极推动大型相关企业参与俄罗斯及中亚能源开发合作，采取优惠政策，鼓励推动我国各大型企业积极参与与俄罗斯及中亚国家的油气合作、油气田的开发、石油管道的铺设的合作等。一是要积极参与中俄及中亚的油气合作。应该说，单纯的油气供求关系，或者贸易上的高度互补性，都不足以保证俄罗斯及中亚的产油国在任何情况下都会把油气卖给中国。只有在油气勘探、生产、提炼以及相关的油气化等领域的全面合作，才能使中俄及中亚油气供应的安全维持在较高的水平上。二是要积极参与中俄及中亚油田的勘探开发，这不仅可以在俄罗斯及中亚建立起一批海外油气供应基地，以"份额油"的方式运回国内，增强抵御风险的能力，平衡国际收支，还可以对国内油气资源起到储备和保护作用。三是将在俄罗斯及中亚各国能源深加工领域的投资作为合作的一项重要内容，这既有利于俄罗斯及中亚

各国的经济发展，也有利于中国能源企业发挥优势，树立与俄罗斯及中亚各国真诚合作互助的形象，有利于与俄罗斯及中亚各国在能源领域开展更加深入的合作。同时，我国在与俄罗斯及中亚能源合作中，除积极获取权益资源外，还可以采取互换能源股份、允许资源国以资源入股中国企业等方式，以规避潜在的国有化风险，提高中国能源的安全。

（4）与东亚能源短缺国家建立新的合作关系。东亚地区是仅次于北美、西欧的第三大能源市场，各国间因能源引发的矛盾也时有发生。中国作为一个发展中的大国与俄罗斯及中亚各国是邻居，要充分利用我国的地缘优势和经济发展优势，联合东亚各国共同开拓俄罗斯及中亚能源市场。东亚地区可借鉴北美和欧洲能源合作经验，建立东亚能源合作的"能源共同体"，组建石油购买联盟，在能源运输上互相提供便利，降低运送费用。在中亚、里海油气资源开发上通力合作，以中国"西气东输"管线为载体，有效利用大陆管线油气输送优势，为东亚提供安全稳定的中亚油气运输。

# 第二节　中国与中东国家能源合作

## 一、中国的石油供应安全与中东石油

多元发展、加强国际互利合作是中国能源发展战略的重要方针之一。在中国的能源发展中，石油产业有其特殊性，不同于其他能源的发展及利用。在中国的能源消费结构中，煤炭所占的比例长期居高不下，2005年占68.7%，油气占24%，水电和核电等占7.3%。石油与煤炭之比接近1∶3，但两者对于中国经济发展的贡献率是不言而喻的。以煤炭为主的消费结构，表明我们直到现在仍处在低效率和低效益的煤炭时代，游离于世界能源的发展潮流之外，这对我国的经济运行和能效利用以及改善生态环境和提高人民生活质量等都不利。需要指出的是，中国的能源短缺不是总量短缺，而是结构性短缺。从能源储藏结构看，中国是一个"富煤缺油少气"的国家，近年来，为了填补不断扩大的石油供应缺口，以满足中国经济快速增长的需要，中国的石油进口也随之水涨船高，对外依存度问题因此引起了专家学者们的广泛关注。

以上的原油进口不包括成品油进口，否则依存度还要高。英国BP石油公司发布的数据显示，2006年全球的能源消费增长了2.4%，而中国的能源消费增长了8.4%，其中石油消费增长了6.7%，接近过去10年的平均增长率。这一年，中国从10月起正式实施国家石油战略储备，为国家石油储备基地注油。2007年中国的原油进口再创历史新高，仅上半年就达9959万吨（包括成品油），进口金额达426.63亿美元。据预测，2007年中国的石油消费量将达3.6亿吨，同比增长约5.78%。相对石油消费的增长，国内石油生产的增速却相对缓慢，近年来的产量增幅大致维持在1.5～2%。

　　促使中国石油对外依存度不断增长的原因，除中国经济快速增长因素外，石油生产的资源条件本身就是一个重要的制约因素。据中国科学院院士严陆光院士估计，中国的石油消费到2050年将超过8亿吨，而国内产量由于资源和生产能力的限制，将稳定在年产2亿吨左右，进口依赖程度将达75%。中国目前的原油年产量已接近2亿吨，增产空间已微乎其微。这意味着在未来的岁月里，要切实解决好日益扩大的石油供应缺口问题，继续加大与海外石油生产国家的能源合作几乎是中国不二的选择。从海外搞石油的首选之道是合作开发，其次才是搞进口贸易。对于开发利用中东的油气资源问题，我国国内一直存在歧见。由于中东地区局势错综复杂，反复多变，长期动荡不安，因此，国内不少业内专家都主张尽快实现石油来源多元化，不要过分依赖中东油气。他们还主张，中国的石油对外依存度应控制在1/3的范围内，然后分别从俄罗斯、中亚、中东予以解决。这一方案实际上有点理想化，从当前情况看，俄罗斯和中亚要实现专家们的近期目标都存在距离，更不用说随着国内石油需求上升而不断提高的远期目标。当前，中东产油国在世界油气储、产领域的主力军地位坚如磐石，无论从油价油质，还是从地域、运输考虑，中东石油都应是我国的主要石油来源地。尽管近些年中亚、非洲的石油产量都在增加，但中东原油仍在世界石油市场上占主导地位，特别是中亚地区的资源条件和产量，无论如何都满足不了中国的1/3对外石油需求。由此可见，在当前条件下，把开展石油合作的基点放在中东产油国或将中东石油列为我国的主要石油来源具有一定的必然性，而实际上目前我国的主要油源恰恰就是来自中东产油国。

　　从原油进口地区看，2006年我国原油进口仍主要来自中东地区，其进口量达6073万吨（这一统计未把北非的阿拉伯产油包括在内），比上年增长1.5%；占全国原油进口总量的41.8%。其次是非洲地区，其原油进口量为4351万吨，比上年增长13.5%；占全国原油进口总量的30.0%，与上年基本持平。来自苏联地区的原油进口，增长较快，其进口量为1865万吨，比上年增长32.6%；占全国原油进口量的12.8%，比上年提高1.7个百分点。

　　从原油进口国来看，2006年我国主要从沙特、安哥拉、俄罗斯、伊朗和阿曼五国进口原油，各国的原油进口量，均超过1000万吨，合计9324万吨，比上年增加20.3%，占当年原油进口总量的64.2%，比上年增加3.1个百分点。其中，沙特2387万吨，增长7.6%；安哥拉2345万吨，增长34.3%；伊朗1677万吨，增长17.5%；俄罗斯1597万吨，增长24.9%；阿曼1318万吨，增长21.7%。从中可以看出，我国的原油进口国仍相对集中，主要从中东进口原油的格局基本未变。

　　2006年中东产油国的探明剩余石油储量为1098.71亿吨，占世界总储量的60.88%，其中西亚产油国的探明剩余石油储量为1012.64亿吨，北非产油国为86.08亿吨；石油总产量为13.38亿吨，占世界总产量的36.92%，同比增长0.7%，其中西亚部分产量为11.34亿吨，北非产油国的产量为2.04亿吨。中国目前正在积极推行能源来源多元化政策，从能源供应现实看，中东石油已是中国的海外主要来源，其他地区资源只是战略性的多元化补充资源。

与中东产油国加强能源合作不仅具有必然，而且具有安全性。中东产油国以阿拉伯国家为主，以往的阿拉伯民族向心力和伊斯兰穆斯林特有的凝聚力，一直是过分集中能源来源的软肋，但如今中东的地缘政治早已物是人非，阿拉伯国家原有的民族凝聚力和传统文化在西方强权政治与强势文化的冲击和影响下，已涣散殆尽，再加之原本就与另一个中东产油大国伊朗的关系长期不睦，所以当今与中东产油国搞合作，不应把中东看成是一个严密的整体，而是一个个坚持不同利益的独立国家。现在的中东产油国已不再是铁板一块，像20世纪70年代那样采取联合行动对付西方世界的时代已属历史。在这样条件下开展与中东产油国的能源合作，完全不必为不断增大的对外依存度多虑，而是应该进一步加大对中东地区的能源外交力度，做好开发利用中东石油的大文章。从中东获取石油，本身就应该被视为石油来源多元化的一个有效举措。无论从何种角度考虑，从中东获取油源，都应是安全的。

## 二、中国与中东能源合作的新进展

2004年7月以来，中国一直在同阿拉伯海湾合作委员会就建立自由贸易区展开谈判。2005年12月底，科威特石油大臣率领欧佩克代表团访华；2006年1月，沙特阿拉伯国王阿卜杜拉接踵而至。4月，胡锦涛主席率团先后回访了沙特以及欧佩克另一重要成员国尼日利亚。通过双方高层领导的频繁接触不难看出，在能源合作领域，中国需要源源不断地获得中东的石油供给，而中东产油国则想牢牢抓住中国这一巨大的能源消费市场，增加能源输出的安全度。

中国高层领导的能源外交活动获得了立竿见影的效果。中石化在对沙特某沙漠地带开发天然气的项目招标中，一举击败美国公司，成为该区域有权开采的4家公司之一。另外，中国石油企业在中（国）缅（甸）石油管线久议不决的情况下，决定另辟蹊径，经巴基斯坦的瓜达尔港，将沙特、伊朗石油输入中国新疆，以此缓解马六甲海峡海运安全困境。在中国福建，一项由中石化、埃克森-美孚和沙特石油公司共同投资35亿美元的炼油厂已动工修建，此外，沙特还准备对海南、青岛、大连的一些石油储备和炼油项目进行投资，这些项目构成了中沙能源合作的基本框架。2005年前，沙特石油在美国的总进口额中约占20%，在中国约占17%，是美中两国最大的石油供应国。据海关总署2005年的统计数据，中国的原油进口在石油总进口量和净进口量由于种种原因双双下跌的情况下，仍保持了上升势头，只是成品油因高油价导致进口大幅下挫罢了。

2005年年底，科威特和中国方面签署了一份《谅解备忘录》，拟在广州附近兴建一座日加工30万桶原油、投资额高达50亿美元的合资炼油厂，用来加工来自科威特的原油。这一炼油项目一旦达成协议，将超过总投资为43亿美元的中海壳牌南海石化项目，成为中国最大的中外合资项目。2006年3月29日，科威特石油公司在北京设立了办事处，真正实现零距离接触中国石油企业。这是个双赢结果，中国的"走出去"战略不仅可以到产油国搞开发合作，也可以同时引进产油国的资金和技术，从事中国的石化项目，由此形成与石油输出国的"共生"依存关系。

科威特无视美国脸色，投资中国，大搞能源合作，在中东产油国中产生了一定的示范效应和榜样力量，导致中东地区的石油输出国纷纷紧跟，涉足东方，促使中国与中东的能源合作不断升温。2007年5月22日，中国燃气集团与其战略性股东阿曼国家石油公司签署合资公司协议，从中东进口能源产品，帮助中国燃气集团稳定获取能源供应。合资公司的法定资本4000万美元，双方各持合资公司的50%权益。5月23日，世界级的乙烯供应商——卡塔尔石油化工有限公司在继北京、上海、台湾和香港之后，在广州设立了它在中国地区的第5个办事处，其主打产品乙烯目前在华南市场正供不应求。6月20日，伊拉克总统贾拉勒·塔巴拉尼访华，期间随团前来的石油部长就中国在伊拉克石油领域里的投资进行了磋商。这次协商虽未导致产生具体的协议，但伊拉克驻华大使明确表示，即将诞生的伊拉克《石油法》将向国际公司开放伊拉克油田，中国将成为受惠国之一，伊中之间一份被冻结的、签署于1997年的石油合同将很快被激活。凡此等等，不一一列举。事实说明，中国与中东产油国之间的能源合作已进入了一个历史新时期。

## 三、中国开展中东能源合作面临的挑战和存在的问题

中东局势历来变化无常，地区矛盾异常复杂，世界大国在中东地区的争夺，世界各大石油公司的能源角逐在全球化背景下不断深化，日趋激烈，因此，中国在推进与中东国家的能源合作中，遇到了各种各样、越来越复杂的制约因素。

①大国竞相介入中东，对我国开展中东能源合作形成掣肘。时下，伊拉克局势动荡不安，巴以和谈启动无望，黎巴嫩政坛风云激荡，使中东地区的形势发展充满变数。在此背景下，受政治、经济、安全等诸多利益的驱使，大国竞相介入中东，加大争夺力度，把中东当作它们全球战略的重要组成部分。美国着眼于建立由其主导的世界新秩序，其总体目标是依托美洲、称雄亚洲、控制中东，它通过"一张路线图""两个战场""三个外交支点"，对中东步步紧逼；欧盟以经济为主导，以能源合作为切入点，积极介入中东事务，将中东视为其谋求世界一极地位的重要依托，一年多来，欧盟在中东的外交异常活跃，在伊核问题、巴以冲突等中东事务中与美适度拉开距离，突出独立性，力图打破美的独霸局面，拓展自己在中东的势力范围；俄罗斯视中东为其总体战略的纵深，是缓解和平衡美在中亚地区挤压其战略空间的重要场所，打好中东牌，有望有效改善自己的地缘战略处境，牵制北约和欧盟，俄以伊核、巴以问题等为切入点，展开中东务实外交，在一些问题上明显站在与美以对立的立场上，抵制西方的渗透、控制和压力。中东石油是大国发展经济、提升其综合国力必不可缺的战略物资，因此美国、欧盟、俄罗斯和日本等均从自身的战略

利益出发，围绕中东能源不遗余力地进行明争暗斗，争夺趋势愈演愈烈。它们在中东政治、经济、军事等方面的影响已根深蒂固，对中国与该地区国家开展能源合作心存戒备，对于自己的势力范围竭力呵护，绝不容外来者染指，其中尤以美国表现最为突出。美国一贯视我国与中东产油国的能源合作，是对美能源战略，尤其是对其全球战略的威胁。因此对中国参与中东地区的能源合作始终采取遏制和排斥态度。另外，包括日本在内的西方国家石油公司，也纷纷按自己国家制定的全球性能源战略，为谋取本国和本公司的利益最大化，从中作梗，阻挠中国参与中东能源合作。伊战后，美国对中东地区能源控制能力大大增强，这一格局对中国更为不利，它为美国增加了在能源上直接遏制中国的砝码，使中国利用与该地区国家良好的政治关系开展正常的能源合作更加困难。

②复杂多变的地区局势增大了中国与中东国家开展能源合作的风险。中东既是全球的"能源库"，也是世界的"火药桶"，是连绵半个多世纪冲突的旋涡，更是民族、宗教、政治等纷争的是非地。这都给中东的安全和稳定构成强烈冲击，使地区格局孕育着深刻复杂的嬗变，不确定因素增多，安全隐患凸显，中国对此应有充足的思想准备和对应措施。

③境外民族分裂势力的威胁。个别中东国家对"东突"等分裂祖国的势力睁一只眼，闭一只眼，甚至只要不危及本国政权，放任"东突"分子在其境内自由活动。这种态度助长了民族分裂势力的能量和气焰，对我国国内的稳定产生了潜在的影响。此外，中东地区的局部战乱和动荡，对中国在这一地区的投资以及劳务和商品的出口等也起破坏作用。

④中东产油大国沙特、科威特等虽都有与我国进行能源合作的愿望，但要使其能源出口潜力变成现实还须解决诸多问题。中国进入中东国家开展油气合作已进行多年，近年来，每年往返于这些国家去谈油气项目的各级各类代表团不可谓不多，但结果不理想，进展缓慢，不能令人满意。由于多方面原因，除个别问题国家如苏丹、伊朗以外，实际进展十分艰难，缺乏实质性的大型开发合作项目，有的则尚处于技术经济论证阶段。即使是伊朗，据了解，在处理与中国的关系时，也存在利用能源牌的倾向，缺乏实质性的合同或订单。

⑤中国石油企业与外交驻外机构须进一步加强协调和沟通，密切合作。新世纪初，前外长唐家璇曾说，今后一个时期我国的外交将是石油外交。自此，随着中国高层领导的适时出访，中国的石油外交便有声有色、如火如荼地开展了起来，并取得了可喜的成就。2006年中国的能源外交更是达到了高潮，四大外交开局皆为石油，随后的一系列外交部署也与之密切相关。中国的石油外交战略追求和谐世界下的良性竞争，一方面要与欧佩克、俄罗斯和美国等能源领域的强势者"连横"，分享现行国际规则的好处，另一方面，也要同伊朗、苏丹、安哥拉以及印度这样的弱势者"合纵"，促进新规则的建立。但是，与此形成鲜明对比的是，涉外石油企业与驻外机构的合作缺乏默契与沟通，彼此互有抱怨，这是中国开展石油外交和中东能源合作中不应出现的一个不和谐因素。

⑥中国政府面向全球的长期能源发展战略至今尚未出台，对中国公司参与国际能源合作项目的地位和影响力估计不足，外交政策指导不力。因此，中国公司在国际市场竞争激烈和行情变化迅速的条件下，常显现出经验不多，互相拆台，或反应迟缓等低级失误，导

致合作项目很难迅速见效；其次，一些中国公司缺乏对资源供应国认真的调查研究和充分的物质与心理准备，从国外获取真实信息的办法和途径不多，因而常轻信西方代理商提供的信息，结果导致上当受骗或者被"涮"；其三，中方部分参与谈判人员素质不高，缺乏随机应变的能力和外事经验，只说好的，不谈问题或故意绕开问题，有时甚至不能针对对方不合理的要求，针锋相对地予以反击，从而使谈判效果大打折扣。

## 四、中国开展中东能源合作的历史性机遇

"9·11"事件以后，美国和沙特等中东国家的关系出现裂隙，伊拉克战争更使中东产油国与美国关系蒙上了一层阴影，从而给了中国石油企业同中东产油国加强能源开发合作的最佳机会。一方面，伊战严重激化了中东的民族和宗教情绪，美国的大中东民主改革计划，使中东各国在日夜担心西方式民主改革会动摇他们的君主制政权基础的同时，还担心受美国操纵的后萨政权不仅有可能恢复伊拉克在海湾战争前日产原油约 500 万桶 / 日的能力，而且还有可能使伊超过沙特成为全球第一的产油大国，从而在欧佩克内主宰石油定价和份额分配，危及他们的重要收入来源。在这一点上，美国与沙特等中东产油大国的利益并不一致，因此，这些产油大国亟欲另寻合作伙伴是理所当然的。另一方面，中东需要拥有一个稳定的市场，中国作为一个经济正在快速增长的发展中国家，能源消耗巨大，市场潜力诱人，而且还与中东国家一直保持着长期友好的合作关系和友谊。目前，沙特、科威特、伊朗等中东产油大国，都在逐步打破国家对能源部门的垄断，对本国的能源项目进行国际招标。因此，国内的能源专家普遍认为，中国与中东产油国逐步加强能源合作的时机到了。除上述条件外，中国开展中东能源合作还受以下两个条件支持。

①中国奉行不偏不倚的中东政策，受到该地区国家的普遍好评。中国作为安理会常任理事国和最大的发展中国家，在国际舞台上和中东事务中发挥着越来越重要的作用，赢得了多数阿拉伯国家的赞赏与支持。迄今，中国已同中东地区的所有国家都建立了正式的外交关系，与各国都保持着长期友好合作的关系。所有这些，为中国开展与中东国家的能源合作奠定了坚实的政治基础，并为我国成功地从中东进口石油营造了良好的大气候和整体环境。

②中国经济的腾飞和综合国力不断增强的事实，令中东地区国家感到羡慕，他们对与中国合作充满信心，因此乐意看到石油流向中国市场。中东产油国普遍看好中国巨大的石油需求市场，尤其"9·11"事件以后，阿拉伯一些产油国出于对以美国为代表的西方国家的强烈不满，力图改变长期以来过分依赖西方大国、在经济上受制于人的被动局面，遂提出"能源东向"的经济能源发展合作战略。其主要考虑是确保能源输出安全，通过扩大同中国为代表的亚洲国家在石油等领域的合作，努力实现石油勘探、开发、生产、销售体系和市场流向等方面的多元化，以此借助包括中国在内的其他各方力量牵制美国的霸权行径，缓解来自美国的压力，实现政治目的。

## 五、中国开展中东能源合作的对策建议

①积极贯彻构建和谐世界的中国外交理念，为中国与中东国家的能源合作创造良好条件，为加强双方石油企业间的能源合作铺平道路。在复杂多变的国际政治和经济形势之下，中方应密切注意中东形势，抓住有利时机，认真分析研究这些国家能源战略和政策的动态与变化，及时调整相应的战略、策略，同时深化改革，建立责权利一致，反应快捷、敏锐的相应管理机制。此外，还应认真研究美国长期的总体战略和地区战略，及时了解其策略的变化和实质，建立自己的综合应对机制，以在政治、安全、外交和经济方面及时采取相应的战略和策略，利用矛盾，运用智慧，做好自我防范，尽量避免陷入被美国等西方国家围困、堵截、排斥和遏制的窘境。

②改变思路，确立新的利益观和安全观，要在考虑本国利益的同时，兼顾合作方利益乃至国际社会的整体利益；要在考虑本国安全的同时，兼顾合作方安全乃至国际社会的整体安全；双赢佳果才是确保双边能源合作得以可持续发展的可靠保证。

③在中东产油国中，石油资源量和产量参差不齐，有多有少。在当前条件下，中国搞能源合作不能以量小而不为。某些中东产油大国出于政治目的，希望中国能够在中东问题仗义执言，而在能源问题对中国表示出愿意加强合作的倾向，对此，中国方面应保持清醒的认识，采取灵活、务实的对策。在当前条件下，要想马上进入沙特、科威特、阿联酋、伊拉克等中东产油大国拿大项目，搞合作开发存在难度，因此应首先坚守阵地，保持已有的基础，然后再求发展。像苏丹就是一例，2006年新增石油探明储量788.10%，这对中国石油企业而言，无疑是一利好消息。

④中国石油企业参与中东能源的合作开发，中国政府应给予外交上的支持，并加强宏观指导。在这方面，中国首先需要尽快制定从中央到地方协调一致的、面向世界市场的长期能源发展战略，尽快建立相对独立的能源管理部门。对于中国石油企业在工作、运营中暴露出来的问题，政府应给予经常性的监督检查和指导，同时要创造尽可能多的条件，确保中国企业把参与项目的风险降至最低，以减少国家利益的损失。

⑤涉外石油企业与外交机构应加强协调和合作，特别应该引入适当、灵活、必要的激励机制，充分发挥外交机构的中介、桥梁作用。在此激励机制下，中国的外交部门和驻外机构应紧跟高层领导的步伐，积极开展能源外交，大力促进中国的中东能源合作。

⑥要坚持"走出去"和"引进来"两条脚走路的方针，在中国石油企业"走出去"开展能源合作的同时，也要积极引进中东产油国的石油资金，用于国内石油项目的投资，其结果就是能够大大减少世界石油市场的变动给中国带来的风险。

# 第三节　中国与非洲国家能源合作

如今，中国对非洲投资稳步增长，中国连续九年成为非洲第一大贸易伙伴国，中国企业已基本覆盖非洲 53 个国家和 6 个地区，非洲成为中国对外承包工程的第二大市场，能源电力和交通运输占据市场的主要比例。中国能源企业持续加强与非洲国家的互利合作，足迹遍布非洲各个角落，合作领域覆盖油气、电源、电网、基础设施等多个领域，成为中国参加非洲建设的主力企业。

## 一、中非能源合作基础广泛

### （一）非洲能源资源丰富、开发潜力巨大

非洲因能源资源丰富、开发潜力巨大而备受国际社会青睐。近年来，非洲在全球油气格局中的地位快速提升，探明储量增长很快，产量前景广阔。据统计，2005 年非洲石油储量 26.5 亿桶，2010 年非洲石油储量 29.76 亿桶，2015 年非洲石油储量 30.73 亿桶。相较于中东等地区，油气储量丰富却又尚未大规模开发的非洲是我国油气企业"走出去"的重要投资目标地区。

新能源方面，非洲也具备得天独厚的优势，新能源资源品种齐全，蕴藏量巨大，绝大多数资源都可以进行大规模开发，并且新能源资源开发程度普遍较低。以水力资源为例，非洲水力资源储量丰富，地区可开发水电资源约为全球的 12.2%，但目前水资源发电率仅为 8%，远低于目前世界 60% 的平均水电利用率。同时，非洲又是全球新能源利用市场需求最为广阔的地区。

另外，非洲地区正在加速工业化和城镇化进程，而非洲国家普遍电网建设落后，输电基础设施投入严重不足，输电能力显著落后于发电能力，是目前制约非洲电力行业发展的结构性问题，电力开发需求迫切，电力市场发展潜力巨大。

### （二）中非能源合作具有较强互补性

中非能源合作具有明显的互补性。从能源资源和市场角度来看，非洲地区的石油储量与日产量丰富与我国的石油匮乏形成鲜明的互补，我国快速且持续增长的能源消费为非洲的能源产出提供了一个广阔的市场，非洲与中国进行能源合作，尤其是油气合作，既解决其国内消费不足的问题，也使中国的能源安全形势得到进一步好转。从能源开发资本和技

术角度来看，大部分非洲国家对于外国公司采取较为宽松的开发政策，欢迎与国际公司合作，积极采取措施吸引外国资本和技术参与本国能源资源的勘探开发。因此，与非洲国家的能源合作，成为中非双方新形势下平等互利地推进务实合作、谋求共同发展的重要一环。

## 二、中非能源合作历程回顾

### （一）石油领域

早在 20 世纪 90 年代，中国与非洲国家就在石油领域开展合作。1992 年，中国开始从安哥拉、利比亚进口石油。当时的进口量仅为 50 万吨，占进口总量的 4.4%。第二年猛增至 213 万吨，占进口总量的 14%。到 2005 年，中国从非洲进口的石油总量达 3847 万吨，所占比例突破 30%，非洲成为中国石油进口的第二大来源地。2017 年，中国从安哥拉进口原油 5042 万吨，安哥拉是继俄罗斯和沙特之后，中国第三大进口原油来源国，其作为中国最主要石油贸易合作伙伴的地位进一步确立。

随着中非石油合作的迅速发展，合作内容从单一的石油买卖扩展到上游勘探开发和下游炼厂投资等，合作方式从贸易合作到投资开发、再到金融支持的"贷款换石油"，经过 20 多年的发展，非洲已成为中国重要的石油进口来源地和海外份额油来源地。

在中石油诸多海外投资中，苏丹石油项目被认为是中石油"走出去"的一个成功样本，也是中石油在海外第一个投资项目。20 多年来，中石油致力于与非洲资源国建立长期稳定的合作关系，通过投资和项目合作，先后帮助苏丹、乍得、尼日尔等国建立了上游油田、中游输送管道、下游炼油化工的完整石油工业体系，同时收获的还有海外油气产量大增。

中石化从 1993 年开始为非洲提供油田钻井工程服务。随后，中石化在非洲多国开展运营，业务涵盖了油气勘探开发、石油工程服务、地热开发、炼化投资和石油贸易等方面。目前，中石化在非洲资产总额超过 200 亿美元。2018 年 3 月 8 日，南非竞争法庭发布公告，批准了中石化高达 9 亿美元的收购案。这是中石化在非洲的首个大型炼油项目、在非洲的最大单笔投资，资产纵跨价值链中的炼油、油品和非油销售及润滑油业务。此次收购为中石化在非洲扎下了坚实的市场基础，更意味着其未来在非洲油气上游领域的发展。

中海油于 2006 年开始进入非洲油气市场。当年，中海油斥资 22.68 亿美元收购尼日利亚海上 10 亿吨级巨型油田权益，成为当时中海油最大的海外投资。2012 年，中海油以 14.67 亿美元收购英国图洛石油公司在乌干达 1、2 和 3A 勘探区各三分之一的权益。除尼日利亚和乌干达外，中海油还在赤道几内亚、刚果（布）、阿尔及利亚和加蓬等地拥有几个区块的权益。此外，中海油服在突尼斯、利比亚、安哥拉、坦桑尼亚等国开展了海外业务。从西非尼日利亚三角洲起步，如今，中海油在非洲的步伐已扩展到东非、北非和中南非洲地区。

## （二）天然气领域

2006年以来，在东非的坦桑尼亚、莫桑比克等国陆续发现了数个储量巨大的天然气田。2013年3月，以发现东非地区的油气为契机，中石油耗资42.1亿美元购买了意大利埃尼集团全资子公司埃尼东非28.57%的股权，由此间接获得了莫桑比克天然气第4区块20%的权益，迈开了中国能源企业进军非洲天然气上游市场的步伐。2016年5月18日，在中莫两国领导人的共同见证下，中国石油与莫桑比克国家石油公司签署了《中国石油天然气集团公司与莫桑比克国家石油公司合作框架协议》。双方将全面推动在油气勘探开发、生产、天然气加工和销售领域的合作。而此前在2015年10月，中石油旗下中石油工程建设公司已经与莫桑比克国家石油工程公司成立中莫石油工程公司，为深度参与当地一体化工业提前做好准备。

总体而言，目前中国与非洲的油气合作仍多以石油为重点，天然气方面，非洲在中国天然气进口格局中的占比有限，中国对非洲天然气领域的投资尚处于起步阶段，提升潜力巨大。

8月1日，苏丹业主向中国石油工程建设有限公司一建公司苏丹项目部发去感谢信："如果没有你们的参与，2018年大检修就不会成功！"喀土穆炼厂是苏丹境内唯一运行的炼油厂，今年由苏丹首次主导这个厂的大检修，能否按期恢复生产对苏丹国民经济影响巨大。苏丹业主将绝大多数检修任务交给了一建公司。喀土穆炼厂是中非合作的重要项目，也是中非合作互利共赢的一个缩影。

中国石油在非洲开展油气合作，走出了一条与西方石油公司完全不同的道路；采取全面合作、上下游一体化的合作模式，坚持"互利共赢、合作发展"的原则，促进了资源国工业化进程。

中非能源合作起始于中国石油1995年对苏丹6区油气的勘探与开发。20多年来，中非能源合作经历了三个阶段：第一阶段，合作热点集中在北非地区，历时10年左右；第二阶段，合作热点集中在西非地区，历时5年；第三阶段，合作热点集中在东非地区，历时5年。可公开的资料显示，中国石油企业过去20多年在非洲累计权益投资达800亿美元以上，建成年产1.1亿吨原油生产能力。

苏丹1/2/4项目地面设施工程如期竣工后的短短10多年间，中国石油人与苏丹人民携手努力，使苏丹石油产业迅猛发展，迅速从一个原油进口国一跃成为原油出口国。在乍得，2007年1月12日，中国石油正式接管乍得H区块，成为独资作业者。目前，乍得H区块产量已经接近400万吨，产量效益水平不断提升。在尼日尔，撒哈拉沙漠腹地建成了年产百万吨原油的生产基地、462公里输油管道和一座现代化炼油厂；阿贾德姆上下游一体化项目竣工。

非洲是中国石油海外创业的主要合作地区之一。在被国际石油公司宣布没有油气开采价值的地方，以"中国石油科技楷模"苏永地为代表的一批科技人员，创造了海外油田快速高效开发的奇迹。这些年，中国石油成功进入非洲合作区高风险区域，团队国际化管理水平、核心竞争力明显提高。非洲海外业务让东方地球物理公司、长城钻探公司等工程技术队伍积累了丰富经验，逐步走向成熟。近年来，东方物探的国际业务实现了从规模制胜到结构优化、从量的扩张到质的发展的内涵式发展，目前东方物探在国际陆上物探业务已稳居世界同行第一名。

这些年，中国石油在非洲石油项目合作中确立了"互利共赢、合作发展"的理念，以真诚赢得了项目所在国人民的信任。为改善当地医疗卫生、教育、生活条件，方便合作项目周边群众就医，帮助更多孩子受教育，中国石油在苏丹等国相继投资建成了多所医院和学校。工程技术服务企业在施工所在地区向居民赠送药品和教学用品，派医务人员为当地群众免费接种预防疫苗。

据不完全统计，仅在苏丹，中国石油与资源国的合作就使 200 多万人直接受益，中国石油品牌在非洲声誉鹊起。在合作项目建设中，中国石油积极推动人才的本地化工作。一批具有国际项目管理能力与运作经验的本土人才队伍不断成长，极大地提高了资源国可持续发展能力。中国石油人与非洲当地人民成为最亲密的朋友，友谊更加深厚。

2018 年 9 月 3 日至 4 日举行的中非合作论坛北京峰会上，中方将再提出一份"让非洲和中国人民都能感到满意的新的承诺书"。据悉，即将宣布的新举措强调"一带一路"建设与非洲《2063 年议程》、联合国 2030 年可持续发展议程及非洲各国发展战略的四方对接，更加注重培养非洲内生增长能力，从"硬基础设施"转向"软硬兼顾"，既有基础设施建设，也有发展经验分享。

# 第四节　中国与东盟国家能源合作

## 一、中国与东盟能源安全合作的现状

### （一）优势互补，相互依赖

资源禀赋不同是中国与东盟开展能源安全合作的客观基础。目前，东盟是中国能源进口的重要来源地和实施"走出去"战略的重要目的地。自 2005 年以来，中国每年从东盟进口的原油约占原油进口总量的 4% 左右，天然气的比例更高。中国能源企业不仅为东盟提供专业性的能源服务，还通过各种方式在东盟进行广泛的能源投资。此外，由东盟成员国印、马、新共同扼守的马六甲海峡，是中国能源进口的必经之地，中国 80% 的原油进口需由此过境。另外，从缅甸马德岛到中国昆明的油气管道于 2010 年 6 月动工，至 2013 年建成。

## （二）对话与合作机制逐步建立

中国与东盟已就能源安全合作建立了一定的对话与合作机制。其中，专门性的主要有中印（尼）能源论坛、10+3 能源部长级会议、亚太经合组织（APEC）能源工作组以及中菲越南海油气资源联合调查制度等，综合性的主要是中国 - 东盟自由贸易区 (CAFTA) 和大湄公河次区域经济合作 (GMS)。中印（尼）能源论坛是中国与东盟最重要能源出口国的能源对话机制。10+3 能源部长会议、APEC 能源工作组为中国与东盟加强能源对话协作提供了新渠道。中菲越南海油气资源联合调查制度则有利于争议海域能源资源的共同开发。CAFTA 为中国与东盟的能源贸易、投资、争端解决提供制度框架，GMS 为中国与部分东盟国家的电力贸易提供规则约束。

# 二、中国与东盟能源安全合作存在的问题

## （一）能源产品出口受到限制

近年来，部分东盟国家对能源产品的出口施加限制，直接导致了能源产品出口量的减少。有的增加出口关税，有的则实施出口配额和许可证制度。如印尼于 2010 年开始实行每年最高可达 1.5 亿吨的煤炭出口配额限制。目前国际社会对此类行为缺乏有效规制。各种国际组织和国际条约，基本上都没有将能源产品的出口关税纳入关税减让表进行约束，而且各种例外条款的存在，为各缔约方实施出口限制提供便利。上述国家正是以保护环境和自然资源为由实施出口限制的，这种行为如不加以约束，将会愈演愈烈。

## （二）能源运输安全受到威胁

马六甲海峡是中国能源运输的生命线，如今存在着非常严重的安全隐患。首要的是海盗猖獗、易受恐怖袭击。马六甲海峡最窄处仅 8.4 海里且暗礁浅滩密布，不仅使船舶行动迟缓，也降低了犯罪难度，导致近年来海盗事故频发，沿岸国疲于应付。令人担忧的是，如遭受恐怖袭击，海峡航运将陷于瘫痪。因此，防盗反恐成为沿岸国和使用国共同关注的话题。其次，也是最重要的安全隐患是美国的干预，马六甲海峡是美国寻求军事控制的 16 条海上要道之一，美国一直试图以协助反恐、防扩散和打击跨国犯罪为名派驻军队，但遭到印马两国拒绝。不过由于美国在新加坡设有海军基地，并与菲、泰等国订有军事合作协议，对海峡处于实际上的控制状态，只是由于沿岸国的反对，公开行动显得师出无名。

## （三）南海问题向国际化方向发展

南海是中国的核心利益所在，其战略位置非常重要，油气资源十分丰富，号称"第二个波斯湾"。南海本是中国领土，这早已被历史资料所证实并获得国际法的支持，但20世纪60年代末"埃默里报告"的出台以及周边国家对油气资源的渴求，导致相当一部分岛屿和海域被强行侵占，由此引发中国与5个东盟国家在这一区域的所谓"领土纠纷"，至今未能有效解决。而且除中国之外的争端国已在争议区域开采油气资源并获得巨大经济利益，更有甚者，还将争议区域的油气资源交予西方国家的石油公司进行开采，使争议的解决复杂化。

# 三、加强中国与东盟能源安全合作的法律思考

## （一）利用联合国解决马六甲海峡防盗反恐和南海问题

联合国是当今全球最具普遍性和权威性的政府间国际组织，在维持世界和平与安全方面起着重要作用。《联合国宪章》规定了主权平等、和平解决争端、不干涉内政等国际法基本原则。另外，在联合国框架下，还通过了一系列国际条约和安理会决议。其中，与保障中国与东盟能源安全合作有关的主要有：《海洋法公约》《制止向恐怖主义提供资助的国际公约》《制止恐怖主义爆炸的国际公约》《国际海上人命安全公约》、安理会第1267、1368、1373号决议等。其中，《海洋法公约》对缔约国在海域纠纷和打击海盗方面的权利义务做了明确规定，而其他几个公约以及安理会决议则对打击恐怖主义作了要求。

《联合国宪章》和安理会第1267、1368、1373号决议在处理南海问题和马六甲海峡防盗反恐中起着纲领性作用。中国和所有东盟国家均是联合国会员国，并且中国和海峡沿岸三国还是其他几个公约的缔约国，因此，在处理马六甲海峡防盗反恐和南海问题时，各方的一切行为都要符合这些条约和决议的规定。中国1990年提出的"搁置争议，共同开发"主张和2002年与东盟国家签署的《南海各方行为宣言》，均强调要遵守《联合国宪章》，依据《海洋法公约》和平解决南海问题，今后这一观点仍应坚持。在马六甲海峡防盗反恐方面，目前的主要机制是：新马印海上联合巡逻、新马印泰空中联合巡逻、《亚洲地区反海盗及武装劫船合作协定》。根据《联合国宪章》、安理会第1267、1368、1373号决议和上述其他条约的规定，防盗反恐要尊重他国主权，不能干涉他国内政。因此，在沿岸国反对的情况下，一定要杜绝非沿岸国的干预，以充分尊重沿岸国的主权和领土完整。总之，联合国条约体系对保障中国与东盟能源安全合作具有不可替代的重要作用，只有在联合国框架下才能有效地解决马六甲海峡防盗反恐和南海问题。

## （二）借助 WTO 和 CAFTA 加强能源贸易和投资的纪律

WTO 是当今全球最大、最有影响力的国际经济组织，该组织以消除贸易壁垒、促进贸易自由化为己任。WTO 主要强调了最惠国待遇、国民待遇、市场准入、透明度和公平贸易等纪律。CAFTA 则是中国与东盟 10 国以 WTO 的相关规定为依据，于 2010 年 1 月 1 日建立的旨在实现货物贸易、服务贸易和投资自由化的区域经济一体化组织。在贸易方面，CAFTA 承认了 WTO 的优先地位，但在投资方面则将调整范围扩大到投资保护。WTO 和 CAFTA 并未将能源贸易与投资排除在外，因此适用于后两者没有理论上的问题。

WTO 和 CAFTA 对中国和东盟在能源贸易和投资领域的合作具有重要影响。中国与所有东盟国家（老挝除外）均是 WTO 的正式成员，根据 CAFTA 的规定，WTO 的相关义务成为 CAFTA 义务的一部分。尽管当前东盟的能源出口能力不断下降，但来自东盟的原油、天然气和煤炭等能源产品仍为中国快速的经济发展所急需，并可分散中国能源的进口风险。而中国庞大的市场需求和资金、技术投入将使东盟国家获得稳定可观的收入和在能源勘探开发方面的新发现，因此，进一步加强双方能源贸易与投资的合作实有必要，这方面 WTO 和 CAFTA 大有施展空间。GATT1994 和 CAFTA 货物贸易协议能对能源产品的出口限制行为产生很大制约，从而促进能源产品在中国和东盟之间自由流通。GATS 和 CAFTA 服务贸易协议可使中国和东盟的能源服务市场得到逐步开放。CAFTA 投资协议将使中国和东盟在能源领域的投资得到有效保护。此外，USD 和 CAFTA 争端解决协议还能为中国和东盟在能源贸易和投资方面的争端提供有效解决机制。

## （三）参考 ECT 和 NAFTA 建立有效的专门协调机制

在当前中国与东盟的两种能源安全合作机制中，专门性合作机制在解决能源领域的利益冲突方面比综合性机制更富有效率，不过却存在法律层次较低和约束力不足等缺点。因此，建立有效的专门性能源合作协调机制，应当成为中国和东盟共同努力的目标。这方面可考虑借鉴《能源宪章条约》(ECT) 和《北美自由贸易协定》(NAFTA) 的相关规定。

ECT 是世界上第一个也是目前唯一的一个多边能源条约，为能源贸易、投资、运输、效率、环保等问题的解决提供了较为理想的法律框架。其主要特点是：1. 将能源产品的出口关税纳入约束范围进行严格规制；2. 为能源投资提供高标准的保护；3. 引入投资者与东道国之间的争端解决机制；4. 为缔约国规定了非歧视、不妨碍的过境义务。NAFTA 则是世界上第一个由发达国家与发展中国家签订的区域贸易协定。其最值得借鉴的是被称为"能源专章"的第 6 章的规定：除非对国内消费施加相同限制，否则缔约国在能源产品的进出口方面将承担零关税义务。另外，该协定还规定除 4 种情况外，不得以"国家安全"为由，维持或采取能源产品的进口或出口限制措施。

ECT 和 NAFT 对中国与东盟的能源安全合作具有重要的借鉴意义。中国和东盟在能源贸易、投资、过境运输、争端解决方面的合作前景很大，虽然可利用 WTO 和 CAFTA 的相关规则，但它们属于综合性的合作机制，未能考虑到能源领域的特殊性，调整起来显得有点力不从心。出口限制对能源产品贸易的影响最大，但 WTO 和 CAFTA 没有对出口关税进行约束，虽然原则上禁止出口限制，例外条款又大开绿灯，尤其是"国家安全"例外条款，使用起来几乎没有限制。因此在这方面可以借鉴"能源专章"的规定。此外，能源产品的过境运输是中国面临的现实问题，中缅油气管道即属此类，而 ECT 为过境运输制定了详细的规则。中国、印尼、东盟都是 ECT 的观察员，这为共同借鉴 ECT 的规定提供了宝贵机会，中国和东盟可考虑在适当的时机加入 ECT 或者参考 ECT 制定符合自身情况的规则。

# 第五节　推进"一带一路"能源合作面临的困难挑战

中国与"一带一路"沿线多数国家有着友好传统的国家间关系和良好的政治经贸合作基础。在看到中国与"一带一路"沿线国家能源合作取得巨大进展和丰硕成果的同时，也应看到我们在与这些国家进行能源合作的过程中还存在着诸多的困难和问题。

## 一、中国与俄罗斯及中亚国家能源合作面临的困难和问题

### （一）俄罗斯的能源合作焦虑性不断增强

随着大国在苏联地区能源地缘政治博弈的持续加剧，俄罗斯对于自身和这一地区能源合作的焦虑性不断增强，这种焦虑不仅将对俄罗斯与中国能源合作产生极其不利的影响，甚至会对中亚国家与中国的能源合作产生负面的影响。主要表现在两个方面：一个方面是对中国崛起的戒备之心。中国从与俄罗斯的能源合作中获得巨大的油气资源供应，解决了中国国内经济发展的需求，保障了国家能源安全。俄罗斯也依靠与中国的能源合作不断发展本国经济，恢复自身实力。但随着近年来中国在政治、经济、军事等领域的快速发展，综合实力的不断增强，国际地位不断上升，使俄罗斯不断感受来自中国的更大压力。这不免会使俄罗斯感到自己与中国能源合作是否得不偿失，并担心对中国能源出口的依赖程度的进一步上升是否会危及本国安全，这将可能使俄罗斯重新审视和考虑与中国能源合作的态度和策略；另一方面是对大国利用能源合作推动中亚地缘战略的提防。中亚地区是俄罗斯的传统势力范围，也被俄罗斯看作是事关本国地缘安全的"门户"和自己的"后院"。俄罗斯通过自身的能源体系控制着中亚地区能源的出口方向，掌握着中亚国家部分的油田

和油气下游产业，与中亚国家有着大量的油气贸易往来。近年来，欧美日等大国积极利用与中亚地区国家的能源合作拉近与这些国家间的关系，获取能源利益的同时套取中亚地缘利益。为此，俄罗斯出于自身安全利益和能源利益等因素的考虑将可能进一步以区域联盟、经济合作、能源机制等方式阻碍中亚国家与美国、欧盟、日本等国家和地区的合作，甚至也可能干扰中亚国家与中国的能源合作。

## （二）中亚国家国内政治经济弊端日益显现

油气资源是中亚主要能源国家的命脉，是这些国家政治经济发展的支柱性产业，其经济结构严重受制于能源经济。随着全球范围内油气资源国对油气资源控制力的增强，中亚能源国家的政府对油气投资国的态度渐渐趋于强硬，能源合作的推进难度将不断增大。同时，中亚的哈萨克斯坦、土库曼斯坦、乌兹别克斯坦等油气国家普遍是统治权力高度集中的国家。这些国家独立后虽然形式上采用西方国家的政治体制，但国家权力主要集中在以总统为核心的国家元首身上，总统任职时间较长，政府和议会作用发挥不到位，使其政治稳定性相对比较脆弱。哈萨克斯坦总统纳扎尔巴耶夫，乌兹别克斯坦总统卡里莫夫都是自20世纪90年代初，两国独立以来就一直担任国家元首，而土库曼斯坦总统别尔德穆哈梅多夫担任国家元首也超过十年之久。这种权力高度集中的政治体制在中亚国家独立初期一定程度上促进了其国内经济发展和国内社会的稳定，但随着这些国家经济的发展和社会的进步，其政治制度普遍存在的不透明性、法律不确定性和领导人决策的随意性，加强了国家威权主义的趋势。这种弊端在国家管理方面难免会进一步促使寻租和腐败行为的延续，油气收入分配不均，任人唯亲，各种裙带关系和腐败滋生。加之，受着当前国际油价持续下跌，世界能源供需结构变化等因素的影响，这些国家的油气开发项目和能源对外贸易都受到不同程度的波及，国家经济发展有所迟滞。这些问题都将对中亚国家的政治经济发展和社会稳定造成一定程度的影响，也将直接或间接的影响其对外能源合作的稳定性和长期性。

## （三）油气管道过境运输的风险不容忽视

中亚油气管道的A/B/C, D线（在建）四条天然气管道和中哈原油管道与中俄原油管道、中俄天然气管道"东线"（在建）以及计划中的中俄天然气管道"西线"等八条油气管道将是我国未来能源陆路进口最为重要的保障。但由于油气管道跨境国家多、线路长、运行保障难度大等情况，所以面临着较大的过境运输风险。一是油气持续供给的保障风险。中亚A/B/C/D四条天气管道（设计输气量达850亿立方米）和中俄天然气管道"东线"（设计输气量380亿立方米）、"西线"（设计输气量300亿立方米）天然气管道完全建成投入运行后，设计输送能力将共计达1530亿立方米；中哈原油管道（设计输油量2000万吨）和中俄原油管道（设计输油量1500万吨）设计输送能力共计达3500万吨。然而，由于俄罗斯和中亚国家油气出口的主要方向是欧洲，因此输往中国方向的油气管道面临着与该地区输往欧洲以及未来输往南亚国家（TAPI 管道等）油气管道争夺油气资源的问题，所以这么巨大的油气输送量对于俄罗斯和中亚国家，尤其是中亚国家是否能够在未来的运行中得以实现足额供应将面临较大的考验。二是过境国内部稳定程度的政治风险。中亚油气管线的 A/B/C 线分别途经土库曼斯坦、乌兹别克斯坦和哈萨克斯坦三国，D 线则需途经乌兹别克斯坦、塔吉克斯坦、吉尔吉斯斯坦三个国家。虽然这些国家目前总体保持稳定，但政权的稳定性面临较大的政治风险。吉尔吉斯斯坦等国家多次因"颜色革命"而造成政权更迭并引发国内大规模的暴骚乱事件，这将对中国的能源投资和管道运行安全带来不可预知的风险。三是恐怖袭击的安全风险。中亚及其邻近的地区由于特殊的地缘区位和复杂的民族宗教情况，长期以来一直是暴力恐怖势力、民族分裂势力、宗教极端势力这三股势力实施暴恐活动最为猖獗的地区。由于油气管道线路较长、普遍公开暴露，看护难度大，而且袭击油气管道能以较低的代价获得较大的社会影响和政治效果，因此油气管道将可能成为暴恐和极端分子未来袭击的重要目标。

## 二、中国与中东国家能源合作面临的困难和问题

### （一）资源民族主义影响能源合作的深入开展

进入 21 世纪以来，随着国际能源形势的变化，"资源民族主义"在世界主要的油气资源国再次兴起。资源国政府通过限制甚至禁止外国资本对本国上游油气产业的投资，或者通过强制性的"修改条款"，调整与外国政府和能源公司的关系，获得对本国油气资源收益最大化的现象和行为，在世界各国有扩大之势，致使业已十分脆弱的国际能源安全增添了变数。尤其是在中东国家，由于资源民族主义不断盛行，近年来已成为制约中国与中东国家能源合作持续深入的重要问题。由于受资源民族主义的影响，中东部分油气生产国不愿意向中国开放其上游的油气勘探开发和生产领域，中国能源企业在中东地区的能源合作主要集中在能源贸易和对中东国家油气项目基础设施建设、技术支持等下游油气市场的建设投资领域，所获得的份额油气数量也十分有限。而上游油气勘探、开发和生产的投资机会则很少能够获得，这种能源合作的模式严重制约了中国与中东国家能源合作的深度和广度。

### （二）能源投资环境不容乐观

由于特殊的宗教和社会发展状况，中东国家的能源投资环境普遍都比较复杂严峻，主要表现在三个方面：一是宗教影响力巨大。中东油气生产国普遍信奉伊斯兰教，是政治体

制上实行政教合一的国家。这些国家的法律甚至制度规定都深受伊斯兰教文化因素的影响，部分国家的油气合同的条文规定只接受伊斯兰教法律中的概念，与域外国家的世俗法律条款和概念存在一些冲突和抵触；二是市场机制不够健全。中东国家工业基础薄弱，经济严重依赖油气生产和出口，配套产业不够完善，市场机制不够健全，服务行业不够发达。因此，外国投资者在中东地区的油气投资并没有相应配套的社会服务和市场环境，这将严重影响外国投资者的投资热情，加大投资难度；三是社会矛盾比较突出。中东主要产油国多为政教合一的威权国家，民主体制不够健全，财富多集中在皇室或少数人手中，社会贫富差距扩大，这些问题并不能简单地通过出口油气获得解决，尤其是在当前国际油价持续下跌的情况下，油气生产国的经济遭受沉重打击，所以中东主要产油国都面临着较为严峻的社会矛盾甚至有着统治的稳定性危机。由于外来投资并不能直接惠及普通大众，加之该地区主要是伊斯兰教文化，与外来投资者也存在着文明上的冲突。

## （三）油气合作中不良舆论带来巨大负面效应

当前，中国与中东国家的能源贸易和能源投资合作不断深入，中国能源企业积极加大对中东国家油气技术服务保障、基础设施建设投资等领域的合作，在中东已经形成了较大的业务规模，对促进中东国家能源工业和能源经济的长足发展起到了积极的作用。但在中国与中东国家积极推进能源战略合作的同时，出于与中国在中东能源利益的竞争，美国、欧洲、日本、印度等国家不断对中国在中东的能源合作加以指责（这类污蔑和指责在中国与中亚、非洲等地区近年来的能源合作也有所出现，西方国家甚至将中国在非洲等地的能源合作诋毁为中国在非洲进行"新殖民主义"）。受这些国家鼓吹的所谓"中国能源威胁论"等论调的影响和蛊惑，中东地区能源国家也不同程度出现了一些有关中国对中东国家进行"资源掠夺"的杂音。他们认为中国政府在中东地区的能源合作过于强调自身的能源利益，担心本国会过度依赖中国的能源进口，会成为中国的能源附庸。同时，西方国家还指责中国的能源企业在对中东国家的能源投资中过度注重对自身能源利益和经济利益的追逐，对中东国家社会效益、社会责任考虑的不够周全，存在着侵犯人权、知识产权以及环保等问题。这些虽然不是中东国家社会的主流观点，但或多或少会给其政府、能源公司和普通民众带来对中国能源合作的排斥和对中方人员不友好的影响，在一定程度上降低与中国能源合作的意愿。

## 三、中国与非洲国家能派合作面临的困难和问题

### （一）非洲能源国家国内能源政策法规复杂多变

非洲能源国家普遍政府治理能力较弱，制度化水平较低，油气资源政策法规十分复杂而且变动非常频繁。首先，非洲部分能源国家政府为了获取更多的能源利益，往往随着国际能源市场的形势变化和本国政治经济需要，不断地调整油气行业的外资政策，加强对油气资源领域投资的控制和干预，使税收政策变得更加苛刻，油气合同类型和内容条款更有利于本国国家利益。其次，非洲部分国家的权势利益集团和政府高官，官僚主义严重，利用自己掌握的油气项目的开发权和承包权，在能源合作中贪污腐败，中饱私囊。有时为了一己私利，擅自改变油气政策法规和合同条款，导致一些关键性的政策决定和合同项目的稳定性极度缺乏。政策法规的频繁多变、朝令夕改，不仅压缩了投资者的利润空间，限制了双方油气合作的深度、广度，有时甚至因政策法规条款相互抵触和前后冲突，使投资优惠大打折扣，对投资国在非洲开展的有关油气投资项目的油气利益产生较大影响，造成油气项目合作进程的诸多变数，存在较大的投资运行风险。

### （二）非洲本土国家油气公司主导权不断加大

非洲国家在资源国有化过程中，建立了一批由国家控股，并对本国能源资源进行直接管理和运营的国家油气公司。这些公司服从服务于本国政治经济和社会发展的需要，在经营活动中不仅追求自身资源收益的经济利益最大化，还要实现国家发展政策的目标。作为相配套的措施，非洲国家通过增加持股比例加大对国家油气公司的控制，并在能源法规政策的制定上给予倾斜，使本国油气公司在能源领域合作中的主导权、选择权和竞争力不断增强。外国油气公司要在其境内开展能源合作项目，没有该国国家油气公司的同意或参与，就无法获得当地油气资源的开发权。这将使中国在与非洲国家的能源合作过程中将面临付出更多的成本，有时甚至还需借助"能源拍客"从中协调。正是由于缺乏非洲国家油气公司的支持，中国石油公司在试图收购油田位于利比亚的加拿大 Verenex 公司以及中海油和中石化合作从美国马拉松 (Marathon) 石油公司手中收购安哥拉沿海一块油田 20% 的权益时，都因为这两个国家的国有能源公司行使优先收购权而失败。

### （三）西方大型油气公司具备较大竞争力

在非洲的油气合作领域，西方大型国际油气公司较中国等亚洲和其他新兴经济体国家具备更强的竞争力。首先，西方油气公司较早就已进入非洲开展能源投资开发，以埃克森

美孚、雪佛龙、壳牌、英国石油公司、道达尔、德士古等为代表的西方大型国际石油公司早已控制和参与了大部分非洲油气资源的上游勘探开发业务，并在管理运营经验和技术、资金方面具备雄厚的实力，已占据了先入为主的优势。其次，西方国家与非洲能源国家有着传统的能源贸易往来，建立了密切的能源合作联系。欧洲是非洲最主要的油气出口目的地，而欧洲又是非洲进口成品油的主要来源地，双方政府和能源公司在能源贸易合作中交往频繁，建立了密切的联系。加之，西方国家曾经对非洲进行过殖民统治，双方对彼此的政治、文化更为了解，这为双方深入开展能源合作提供了诸多的便利和优势。上述这些因素使中国能源企业在非洲能源合作项目的激烈竞争中处于相对的劣势，必将受西方石油公司的排挤和阻碍。因此，来自西方油气公司的竞争和摩擦也将是中国与非洲国家进行能源合作必须应对的挑战和风险。

# 第六节 "一带一路"战略能源合作与中国能源安全

"一带一路"战略构想是党和国家主动应对全球形势深刻变化、统筹国内国际两个大局做出的重大战略决策，是新时期我国大周边外交的重要战略布局，对于推进我国与沿线国家全面合作和共同发展意义重大。这其中推进中国与"一带一路"沿线国家的能源合作是"一带一路"战略合作推进进程最为重要的一个方面。因此，在深入分析研究"一带一路"沿线地区能源地缘政治形势和"一带一路"沿线国家能源发展现状前景的基础上，思考并提出构建能源合作的大丝路和丝路能源合作机制等有针对性的对策建议，对于我国加大与"一带一路"沿线国家的能源合作力度，保障我国未来的能源安全具有一定的参考作用和决策的辅助价值。

## 一、区分合作重点 有的放矢加强"一带一路"沿线国家能源合作

"一带一路"沿线国家由于地缘区位、资源禀赋、油气生产和消费状况各异，能源市场开放程度、油气供需前景各不相同。因此，在加强与这些国家的能源合作时应根据不同国家的地缘区位、能源状况和油气市场等特点，区分合作的领域和重点，做到有的放矢，才能增强合作的深度和广度，实现能源合作的最大效益。

### （一）针对上游领域开放程度，视情加大能源投资合作程度

油气资源国家能源市场的上游领域开放程度，决定了中国与之能源合作的参与程度和合作前景。"一带一路"沿线国家油气上游领域开放程度各异，我们应针对不同国家油气市场合作环境及其未来发展趋势，视情加大对重点国家能源勘探开发领域的投资合作力度，

争取获得更多的油气权益。

### 1. 增大上游领域开放程度较高油气国家的勘探开发投资力度

加强与能源上游领域开放程度较高国家能源合作，加大对其勘探开发项目的参与和投资力度，是获取更多权益份额，保障能源进口持续供给最为便捷和重要的途径。"一带一路"沿线的油气国家有很多上游领域开放程度较高，有的与中国已有上游领域的合作，而有的国家则是具有较大的上游投资合作潜力。从当前情况看，在"一带一路"沿线的油气资源国家中，上游领域开放程度相对较高，并应在今后一段时间增大投资力度的重点国家主要应包括哈萨克斯坦、伊拉克、莫桑比克和缅甸等国。其中，哈萨克斯坦石油储量巨大，油气生产有着持续向好的发展前景预期，我国能源企业过去在其上游领域参与程度较高，具有特殊的地缘优势和良好的合作基础；伊拉克是世界油气生产大国，伊拉克战争结束后，该国进行了多轮招标吸引外资，中国能源企业在历次招标中都积极参与，并获得了该国油田一定数量的油气权益。从伊拉克的油气生产预期看，未来还将有大幅的提升空间；莫桑比克是东非油气资源发展最有前景的国家，天然气产量预期增长率居世界第一位，未来在其海上油气资源的勘探开发领域拥有较大的投资潜力；缅甸油气资源储量虽然相对不高，但油气生产预期呈增长趋势，加之特殊的地缘区位和已投入运营的中缅油气管道，对于保障中国能源安全具有十分特殊的意义。缅甸上游领域相对开发，但过去中国能源企业参与程度相对不高，在其境内投资的主要是东盟的泰国、马来西亚等国家的油气公司。

### 2. 抓住上游领域开放程度较不确定油气国家的勘探开发投资机会

上游领域开放程度不确定是指：有的国家上游领域极少开放或者在特殊的时机、针对不同的合作对象、不同的合作内容适度开放。对于这些国家，我们应发挥自身优势，抓住合作时机，促成具体项目投资，增大合作力度。在"一带一路"沿线的油气资源国家中，上游领域开放程度较不确定，并应在今后一段时间抓住投资机会的重点国家主要应包括俄罗斯、土库曼斯坦、尼日利亚等国家。其中，俄罗斯具有巨大的油气资源储量，油气生产和出口能力极强，但俄罗斯政府长期对油气行业进行垄断经营，很少对外开放能源上游领域。2014年，因乌克兰危机，俄罗斯遭受西方国家实施的经济制裁，经济发展受到巨大影响，致使俄能源政策有所松动，逐步放开其上游市场。2014年11月，中石油获得俄罗斯万科尔油田10%股权，正式进入俄罗斯石油上游领域。由于俄罗斯上游领域的开放是特殊时期的权宜之计，未来的开放程度具有较大的不确定性，因此中国应抓住当前有利时机，加大在俄能源勘探开发领域的参与程度。土库曼斯坦油具有巨大的天然气储量，天然气生产和出口预期可观，由于其对天然气上游领域的控制非常严格，因此能源上游领域的合作项目相对较少。但是土库曼斯坦在天然气工程技术服务等领域的能力相对较弱，而中国则具有相对的技术优势，我们应抓住这一机会，加大与土库曼斯坦在上游工程技术服务领域的合作力度。尼日利亚是非洲油气资源储量最大、生产出口能力最强的国家之一，油气生产出口前景较好，但由于其开放的上游合作项目主要集中在深海的勘探开发，生产技术要求高。过去由于我国在深海勘探领域并未具备相对的技术优势，而当前随着深海油气勘探开发技术取得不断进步，我国已具备 4000 米以上的深海勘探能力。因此，应在"一带一路"能源合作中加大对类似尼日利亚开放深海油气勘探开发项目国家的投资参与力度。

### 3. 突破上游领域开放程度受限油气国家的勘探开发投资壁垒

上游领域开放程度受限主要是指：油气国家为确保对油气勘探开发领域的控制，基本不对外开放其上游领域，较大程度的限制本国以外其他油气投资国或外国油气公司进入其油气勘探开发领域，参与上游项目的开发投资。在"一带一路"沿线的油气资源国家中，对上游领域开放程度进行限制，并应在今后一段时间争取有所突破的重点国家主要应包括沙特阿拉伯、科威特、卡塔尔、伊朗、阿联酋等中东国家。这些国家几乎都是全球油气资源储量最为丰富，油气生产和出口能力最强，供需发展前景预期较好的国家。但这些国家多数资源国有化程度比较高，加之受宗教、宪法的制约，勘探开发领域的合作意愿比较弱，不仅中国能源公司较难进入其上游领域，国外油气公司也都比较难进入这些国家的油气勘探开发领域进行直接投资。伊朗等国则采用"回购合同模式"。在这种合同模式下，外国能源公司虽然可以参与其上游的投资，作为合同作业者为其勘探开发提供资金、设备、技术和服务，待油气田项目建成投产移交后，作为回报，投资的外国能源公司才能定期从产品销售收入中回收投资成本，或者按照市场价格回购相应的油气产品。而油气资源同样不属于外国公司，也无法直接参与油田的生产作业。因此，在推进"一带一路"国家的能源合作过程中，我们应抓住中东国家"向东看"、国际油价持续下跌、伊核问题的成功解决和制裁解除等绝佳时机，争取突破中东国家上游勘探开发领域的投资壁垒，实现中国在中东国家权益油气量的大幅增长。

## （二）针对供需发展前景，努力提升能源贸易合作水平

提升中国与"一带一路"沿线资源国家的油气进口贸易水平，是保障中国未来能源供给安全的重要内容。由于"一带一路"沿线资源国家的油气供给稳定性有高有低，能源发展潜力有大有小，相对于中国的地缘优势有强有弱。因此，应根据不同国家的油气供需发展前景和贸易出口潜力，各有侧重地搞好贸易合作，提升中国的油气进口贸易量。

### 1. 依托能源贸易的地缘国

这里分析的能源贸易地缘国是指：对于保障中国能源安全具有较强的地缘优势的能源供给国家。这些国家从地缘上与中国毗邻或邻近，国家相对稳定，油气资源较为丰富、出口状况良好，油气发展前景总体乐观，与中国之间具有良好的合作基础和国家间关系，建有油气管道或海陆运输距离相对较近。综合分析认为，中国在"一带一路"沿线的能源合作中，石油贸易方面的地缘优势国家应主要包括俄罗斯和哈萨克斯坦等国；天然气贸易方

面的地缘优势国家应主要包括俄罗斯、土库曼斯坦、印度尼西亚和缅甸等国。这些国家既是能源贸易的地缘优势国，也是能源贸易的稳定国，是中国能源供给安全最为根本的保障。因此，在"一带一路"的能源贸易合作中，应重点予以依托。

### 2. 巩固能源贸易的稳定国

这里分析的能源贸易稳定国是指：对于保障中国能源安全，具有提供稳定能源供给能力的油气资源国家。这些国家政局比较稳定，油气资源禀赋较好，能源生产、出口能力相对平稳，供需前景总体稳定，并且与中国具有良好的传统关系，有的还具有较好的油气贸易合作基础，有的则油气贸易份额较小，还具有进一步加大贸易合作发展的潜力。综合分析认为，中国在"一带一路"沿线的能源合作中，石油贸易方面具有稳定优势的国家应主要包括沙特、科威特、卡塔尔、阿联酋、阿曼、安哥拉、尼日利亚等国；天然气贸易方面的稳定优势国家应主要包括卡塔尔、阿尔及利亚、尼日利亚等国。这些国家持续稳定的油气供给，是未来中国油气进口最主要的来源，是中国能源供给安全最为重要的保障。因此，在"一带一路"的能源贸易合作中，应重点予以发展和巩固。

### 3. 拓展能源贸易的潜力国

这里分析的能源贸易潜力国是指：对于保障中国能源未来需求快速增长，具有较大能源贸易提升潜力优势的油气资源国家。这些国家具有丰富的油气资源储量，油气生产和出口能力呈高速增长趋势，油气出口能力未来具有较大的提升潜力和空间，并且与中国具有良好的传统关系和一定的合作基础。综合分析认为，中国在"一带一路"沿线的能源合作中，石油贸易方面具有潜力优势的国家应主要包括伊朗、伊拉克和科威特等国；天然气贸易方面的潜力优势国家应主要包括伊朗、莫桑比克、坦桑尼亚等国。这些国家油气出口贸易数量的大幅提升，是未来中国油气进口贸易最主要增长来源。因此，在"一带一路"的能源贸易合作中，应重点予以拓展。

### 4. 关注能源贸易的衰减国

这里分析的能源贸易衰减国是指：当前与中国具有一定的能源贸易合作基础，并且有一定数量的油气出口中国的油气国家，由于受其国内政治经济发展变化或油气资源禀赋、生产出口能力衰竭等因素的影响，这些国家未来油气出口量面临大幅下降甚至可能丧失油气出口能力。综合分析认为，中国在"一带一路"沿线的能源合作中，石油贸易方面具有衰减趋势的国家主要有阿尔及利亚、苏丹、马来西亚、印度尼西亚、越南、泰国、文莱等国；在天然气贸易方面具有衰减趋势的国家主要有乌兹别克斯坦、阿曼、马来西亚等国。对于这些国家，中国应加大关注力度，在尽力稳定油气贸易水平的同时，未雨绸缪，提前谋划部署补充替代来源，确保这些国家供应减少甚至中断对中国能源安全大局不造成较大影响。

## （三）针对沿线进行优化布局，不断加强能源下游领域合作力度

加强与沿线国家等能源下游领域的合作是"一带一路"能源合作的一个重要方面，对于保障中国能源供给和运输安全具有重要的意义。在合作中，我们应区分"一带一路"沿线资源国家、通道国家和海洋国家的特点，优化布局，有所侧重，不断加强在炼化、存储和运输安全保障等领域的合作力度。

### 1. 努力与资源国家构建上下游一体化产业链

"一带一路"沿线多数的油气资源国家，虽然油气资源储量非常丰富，油气生产能力也较强，但油气的液化和炼化能力比较僵乏，天然气液化生产出口能力较弱，成品油严重依赖进口。根据英国石油公司2015年《世界能源统计年鉴》，全球石油的炼化产能主要集中在亚太、欧洲和北美三个地区，而中东和非洲的炼厂产能仅占全球的8.5%和1.3%，与其石油储量和产量所占比重形成了严重的倒挂，结构比例严重失衡。因此，在推进"一带一路"能源合作中，我国应考虑采用上下游一体化的合作模式，在加强上游领域油气田勘探开发投资的基础上，加大与沿线国家下游领域的合作，与资源国共同合资建设炼油厂、天然气液化厂、油气管道、存储设备和化工厂等配套项目、设施，在资源国形成比较完整的能源工业上下游一体化产业链，推进油气资源就地就近加工转化合作。这既能帮助资源国实现成品油的本土供应，减少石化产品的对外依赖，又能使资源国通过扩大能源产业链，改变经济单一结构，提高其资源的经济附加值，拉动资源国经济发展，改善当地民生。而对于中国而言，通过与资源国共同构建上下游一体化产业链，为资源国提供了较大的合作利益，通过上下游领域利益的交织和捆绑，这将对于增进双方联系和友谊，加强相互信任和依赖，稳定油气资源进口以及激励资源国增大对我国的油气出口份额等方面起到积极的促进作用，有助于实现双方能源合作的互利共赢。

### 2. 积极与通道国家合资建设炼化存储设施

在"一带一路"能源合作中，我国油气进口海陆实施转运、陆路油气管道接入以及海洋运输所必须途经的重要通道国家是我国油气进口得以安全、顺利实施的重要保证，对于保障我国能源安全具有十分重要的意义。其中，陆路通道国家主要包括缅甸、巴基斯坦、哈萨克斯坦和俄罗斯等国；海路通道国家主要包括新加坡、马来西亚、印度尼西亚、斯里兰卡、阿联酋、埃及等国。这些国家有的是油气资源国家，有的则油气资源相对匮乏。对于资源国家，中国应按照前面所述，采取上下游一体化的合作模式予以合作。而对于资源相对匮乏的重要通道国家，应摒弃过去重视不够、投入不足、合作不深入等观念和做法，有针对性地加大与这些国家在炼储运方面的合作力度，发挥这些国家在下游领域合作和保障中国能源供给安全上具有的地缘和功能作用。应考虑在新加坡、马来西亚、印度尼西亚、缅甸、巴基斯坦、斯里兰卡、阿联酋、埃及等国合资建立集炼油化工、技术研发、装备制

造和油气存储物流为一体的产业园区和海外油气存储中心。通过这些项目的推进实施，不仅能使通道国家获得较为稳定的油气资源供应，推动当地石化工业及相关产业的发展，而且还能通过能源经济的发展带动通道国家经济的整体发展，提升这些国家政治、经济、文化发展水平，惠及当地政府和民众，从而更好地体现中国合作共赢的理念。这将更有利于通道国家的安全稳定和与中国的友好合作交往。而对于中国而言，通道国家的经济发展和安全稳定对于保障我国的能源进口通道的安全通畅意义重大；同时，通过这些项目合作实现中国油气存储的海外布局，对于保障特殊形势下中国能源持续的供给也将具有十分重要的战略意义。

### 3. 主动与沿线海洋国家开展海事合作

"一带一路"沿线的马来西亚、印度尼西亚、新加坡、菲律宾、泰国、缅甸、越南、斯里兰卡、印度、孟加拉国、巴基斯坦等沿线国家对于保障中国能源海上运输的航道安全具有十分重要的作用。因此，在"一带一路"能源合作中应加大与这些国家在海事领域的合作，保障航道的运输安全。应考虑与这些国家依托"一带一路"平台，共同建立"一带一路"海事安全合作机制，在航运安全保障、海上搜救、海事调查、海事教育与训练和打击海上跨国犯罪等领域探索并形成具体合作制度。应重点加大与东盟国家的海洋合作，重点加强海上互联互通、渔业、海洋经济、海洋科技、海洋环保、海洋文化和海上非传统安全等领域合作，联合规划保护海域生态环境策略、联合推行养护海洋资源政策，并在中国南海海域与周边国家尝试联合进行能源的探勘与开发。

## 二、拓宽合作视野 构建保障中国能源安全的能源大丝路

"一带一路"战略从范围和方向的划定上包含了中东、中亚、俄罗斯、非洲和东盟等中国能源合作的重点区域，而未将油气资源丰富、发展潜力巨大的美洲和北冰洋沿岸地区列为"一带一路"战略的方向。从保障中国能源供给安全的角度出发，中国应进一步拓宽"一带一路"能源合作的视野，将东线的太平洋航线和北线的北极航线方向一并列入"一带一路"能源合作的范围，积极构建保障中国能源安全的能源大丝路。

### （一）"一带一路"战略的范围划定及其局限性

#### 1. "一带一路"范围的界定

"一带一路"战略自提出以来，其地理线路和国别范围的界定一直是社会各界研究的一个重要问题，比较普遍的观点基本认为："丝绸之路经济带"主要连接欧亚，主要着眼从陆路向西开放，经由中亚、俄罗斯至欧洲，将我国与中亚、俄罗斯和欧洲国家紧密连接起来；而"21世纪海上丝绸之路"连接两洋，主要着眼从海上由东向西开放，由

太平洋的中国东海、南海海域，进入印度洋，并从地中海延伸至欧洲，实现与东盟、南亚、中东、非洲和欧洲等地区的联通。2015 年 3 月 28 日，经国务院授权，国家发展改革委、外交部、商务部联合发布了《推动共建丝绸之路经济带和 21 世纪海上丝绸之路的愿景与行动》，这是"一带一路"官方的路线和区域版图首次正式公布，也宣告"一带一路"战略正式进入了具体的实施推进阶段。根据三部（委）发布的信息："丝绸之路经济带"从中国出发主要有三个走向，一是经中亚、俄罗斯到达欧洲（波罗的海）；二是经中亚、西亚至波斯湾、地中海；三是中国到东南亚、南亚、印度洋。"21 世纪海上丝绸之路"，重点方向是两条，一是从中国沿海港口过南海到印度洋，延伸至欧洲；二是从中国沿海港口过南海到南太平洋。

#### 2. "一带一路"范围的现行界定对能源合作的影响

虽然"一带一路"战略构想自提出之初就坚持倡导不限国别范围，不搞封闭排外的制度设计，"一带一路"相关的国家是基于却不限于古代丝绸之路的范围，有意愿的国家和经济体均可参与。但是由于受丝绸之路的历史重点区域、传统定义，舆论宣传、学术研究，以及中国官方公布的基本版图和线路走向等的影响，目前各界对"一带一路"范围的界定无论从陆路还是海陆基本仅局限于东半球国家（即更多考虑的是古代陆上丝绸之路和海上丝绸之路的西线线路），而并没有更多地考虑古代海上丝绸之路的东线线路（即目前地处西半球的美洲等国家）。加之受文化背景差异、思想观念不同、宣传报道不到位等因素的制约，传统丝绸之路以外范围的国家在理解中国"一带一路"愿景时难免会对本是开放包容的共建原则产生误读，认为"一带一路"仅局限于前面所述的三个方向及其沿线国家（而我国目前在宣传和具体推进上也较大程度地将已明确的三个方向地域、路线和国别具体化，过于强调传统丝绸之路与"一带一路"的历史渊源），从而对以上区域以外的国家产生一定的排他性和地域隔阂，降低其他国家与我国进行合作的意愿和积极性。尤其是在考虑"一带一路"战略中的能源合作问题时，难免受到其他国家现实主义主导的利益观的误读和排斥，如果在此情况下，我们在路线图中仅将重心放在传统丝路上的中亚、中东、非洲等方向和区域上，那将可能使北美和拉美等其他区域的国家降低与我国能源合作的积极性，减弱与我国能源合作的力度，油气贸易所占比重相对下降，这将非常不利于我国能源进口风险的有效分散。

## （二）能源丝路应从"小丝路"走向"大丝路"

能源合作大丝路就是将西半球以美洲为主的能源国家纳入"一带一路"战略推进实施的范围并作为能源合作的一个重点方向。

#### 1. 能源大丝路的范围界定

"一带一路"战略中的能源大丝路所涉的范围，无论从古代丝绸之路的历史渊源，还是出于现实战略的考虑，都应将古代丝绸之路的东线所涉及的国家一并加以重点突出，即除了目前三部委界定的三个方向所涉及的俄罗斯、中亚、中东和非洲相关国家外，还应包括地处西半球北美地区的加拿大，拉美地区的委内瑞拉、巴西等能源较为富集的美洲国家的能源合作（以下简称能源大丝路东线美洲国家）。同时，还应增加北线方向，将北冰洋沿岸国家列入海上丝绸之路能源合作范围。从而使"一带一路"的范围比原界定范围扩大，能源合作的国家进一步增加。

### 2. 海上丝绸之路太平洋航线的历史渊源

中国面向西半球美洲国家的东线"海上丝绸之路"（太平洋航线）也是有着古老而悠久的历史，只不过没有西线丝绸之路历史久远、持续时间长、贸易那么繁盛，所以容易被忽略或轻视。纵观史料可以发现，中国古代海上丝绸之路主要有两条：一条是人们所熟知的经南海下西洋即印度洋的传统丝绸之路；另一条则是东向的太平洋航线。美国学者孟席斯在其著作《1421：中国发现世界》中就曾认为中国船队可能早在明永乐年间就开辟了通往美洲的航线，早于哥伦布70年发现了美洲，并与中南美洲国家进行交流。而多数研究认为，丝绸之路太平洋航线是古代海上丝绸之路的最后辉煌，这条航线于明代中后期开辟，由福建漳州月港经马尼拉到墨西哥的阿卡普尔科（中国商船自福建漳州月港启航运载着丝绸、瓷器等商品前往菲律宾马尼拉，在这里中国商品与从日本起运的漆器、东南亚和印度出产的香料一同通过从马尼拉出发的西班牙大帆船，运往墨西哥阿卡普尔科），开启了连接亚洲和美洲的马尼拉大帆船贸易时代；1575年，广州至拉美的航线开通，使最早始于汉代的官方海上丝路达到了最高峰。在长达250年的时间里，这条海上丝路促进了三大洲经济、贸易和文化的交流，把东方的丝绸、瓷器、香料和文明送到了西方，同时也将美洲的玉米、土豆、辣椒、花生等30多种特有作物传播到欧亚大陆。

### 3. 能源大丝路的能源地缘政治意义

在目前我国确定的"一带一路"战略的三个主要走向的基础上，进一步拓展东线的太平洋航线和北线的北极航线方向对我国能源安全具有十分重要的能源地缘政治意义。

一是增强能源进口的多样化程度。能源大丝路将"一带一路"能源合作的范围从目前确定的三个走向上所涉及的中东、中亚和俄罗斯、非洲、东盟四个重点区域，增加至五个走向，区域增加了北美的加拿大和拉美的墨西哥、委内瑞拉、巴西，以及北极圈沿岸区域的相关国家，大丝路能源合作区域的扩大，国家数量的增多以及油气资源全球占比的提升，将进一步增强我国油气进口的多样化水平，减少我国对单一地区或国家的依赖比重，更好的分散我国能源进口风险。

二是增大中国能源进口运输安全性。能源大丝路的东线航线，面对广阔的太平洋水域，可选航道多，中途除通往巴西需途径的巴拿马运河外基本没有风险系数较高的狭窄航道和海峡。同时，向北的北极圈方向，不仅油气资源丰富、前景乐观，而且拥有连接大西洋、太平洋的西北航道和连接欧洲、俄罗斯西部与俄罗斯东部、亚洲东部的北方航道，将为我国通往北美、欧洲和俄西部、北部地区提供行程更短的海运航线，同时也能实现与经南海—马六甲海峡—印度洋航线基本相同的航行里程到达北非、东非和地中海沿岸地区，为我国能源进口海运航线提供了更多的替代选择，对我国能源进口安全具有十分重要的意义。

## （三）推进能源大丝路合作的实施重点

北极地区和美洲的加拿大、墨西哥、委内瑞拉、巴西等国家拥有丰富的油气资源和良好的能源合作前景，是我国"一带一路"战略中构建能源大丝路应重点予以拓展和加强的重点区域，对我国能源安全具有十分重要的意义。

①注重宣传与引导，进一步强化"大丝路"的互利合作理念。当前，我国"一带一路"战略建设的路线图中并没有包括北线的北极地区和东线的美洲国家，存在一定的局限性，也容易让上述地区的国家在与中国各项合作对接上产生障碍。因此，为进一步完善"一带一路"战略路线区域，拓展合作范围，强化"大丝路"理念，应重点从宣传与引导方面进一步改进和完善。一是应尽快对《推动共建丝绸之路经济带和 21 世纪海上丝绸之路的愿景与行动》进行修订完善，在共建的原则中强化"大丝路"的理念，为海上丝绸之路增加北线的和东线两个方向，使"一带一路"战略的地域范围扩展至北欧、北美、拉美地区以及北冰洋沿岸各国，并及时公布新的"一带一路"路线图。二是加强"大丝路"思维理念的对内对外宣传和引导。"一带一路"战略固然有我国出于自身安全、发展的战略考量和现实意义，但该构想是建立在中国坚持的平等互利原则的基础上，更注重的是谋求各方相互合作，共促发展，实现共赢的目标。因此，我国在对内对外宣传时应加强对其"互利"与"合作"理念的宣传引导，弱化其他国家按照现实主义观点对其产生的误读和误解。同时，要进一步强调"大丝路"的开放、全面、包容的合作理念，要如前面所述在我国官方的路线图中扩展"一带一路"的重点方向和路线，并让各国认识到，我们强调的"一带一路"之"大丝路"，并不仅是古丝绸之路的现代地理范畴，合作的对象也不是狭义的陆路与海上丝绸之路沿线的国家，而是一种与中国合作的理念与机制，只要愿意合作的国家，都可加入"一带一路"建设中来，都可以成为合作方，共同实现互利共赢。

②发挥国家间关系优势，着力提升与"大丝路"东线美洲国家的能源合作水平中国与"大丝路"东线美洲主要的能源国家有着传统友好的国家间关系。加拿大、墨西哥、委内瑞拉、巴西都是中国在美洲建交最早的国家之一，20 世纪 70 年代初就与中国建立了大使级外交关系，国家间关系也取得了长足发展。中国与巴西、墨西哥和委内瑞拉还分别于 1993 年、2003 年和 2001 年建立了战略伙伴关系，并分别于 2012 年、2013 和 2014 年将双边关系提升为全面战略伙伴关系。但除委内瑞拉以外，中国与加拿大、墨西哥和巴西等国能源合作的程度和水平都比较低。根据中国海关总署和 IEA 的数据，2014 年，中国从加拿大进口的石油量不足加拿大石油出口总量的 0.2%，中国从墨西哥进口的石油量不足墨西哥石油

出口总量的 2%。而在天然气进口方面，根据英国石油公司的数据，近年来中国几乎没有从美洲这四个国家进口天然气的记录，2014 年加拿大天然气出口量达 746 亿立方米，但全部通过管道输往美国。中国与这些国家虽然有着良好的双边关系，但能源合作尤其是油气贸易状况并不乐观。针对中国与能源大丝路美洲国家能源合作的现状和前面分析的这些国家油气发展前景，中国应充分发挥与这些国家的传统友谊和良好关系，以能源大丝路地域方向拓展为契机，诚挚邀请这些国家参与"一带一路"建设，实现能源大丝路与美洲国家的对接，加大能源合作的力度，在油气合作领域和项目上有所突破。重点应抓好以下几个方面：

一是抓住当前扩大与加拿大能源合作的契机。加拿大是全球第五大石油生产国和天然气生产国，石油和天然气一直主要依赖于向美国的出口。近年来，随着美国能源革命取得的巨大进展，美国油气产量不断提高，油气自给率持续提升，为此加拿大必须寻求新的油气出口方向消化其巨大产能。因此，我国在推进能源"大丝路"合作时，应抓住加拿大当前急需寻求油气新出口方向的契机，力促加拿大政府加大其在北方门户输油管道项目上的推进力度，提升中加能源合作份额水平。

二是积极参与委内瑞拉天然气开发合作项目。委内瑞拉拥有丰富的天然气资源，然而天然气勘探开发程度却一直都很低，基本只能实现自给自足。近年来，委内瑞拉政府致力于天然气的投资开发，提升本国的天然气生产和出口能力，中国油企应积极参与委内瑞拉天然气勘探开发，在扩大已有石油合作份额的基础上，争取天然气领域的合作项目和将来可能的出口份额。

三是加大与未来拉美地区能源新星—巴西的能源合作力度。从前面的分析可以预测，巴西是未来拉美地区油气产量最大的增长点，油气前景可观。近年来，中巴能源合作发展迅速，中国从巴西进口石油数量持续增长。中国应将巴西作为能源"大丝路"的重点合作对象，发挥中巴金砖国家机制优势，扩大合作范围、增大合作力度。中国金融机构应加大向巴西油气领域的投资贷款力度，中国油企应与巴西国家石油公司进一步加大合力开发深海石油项目，并力争在天然气勘探开发项目上有所突破。

③抓住全球油气市场低迷时机，加大与"大丝路"北线北冰洋沿岸国家能源合作力度受全球工业化进程加快，温室气体排放量增加的影响，全球平均气温持续升高，北极地区夏季海冰范围不断缩小，北极地区的油气开采和运输成本将不断降低。目前，北冰洋沿岸各国正积极采取举措，对北极地区的权益进行划分，并加大对该区域油气资源的勘探开发力度。2015 年 8 月，俄罗斯向联合国提交北冰洋大陆架划分报告，主张拥有对 120 万平方公里北冰洋大陆架的开发权利。美国多年以前就对阿拉斯加北部北极圈海域的油气开发经营权进行出售，而加拿大、丹麦、挪威、冰岛等国也纷纷加强对北极地区领土权益争夺与控制，并着手制定政策措施加大对这一地区油气资源的开发利用。所以，从长远看北极地区具有广阔的油气发展和合作前景。但由于北极地区气候恶劣，异常寒冷，北冰洋又常年冰封，只能在夏季进行钻探，因此油气开采面临巨大挑战，在这一区域进行油气勘探开

发活动将付出比其他地区更为高昂的开采成本。壳牌公司曾分析认为，北极石油只有在 70 美元 / 桶的油价下才能实现收支平衡。过去几年，在高油气价格的背景下，全球诸多油气需求国都想介入北极地区的油气开发项目，一时间使得北极地区的能源利益争夺持续升温。而近两年来在全球油气市场持续低迷的背景下，北极地区油气勘探开发合作项目的吸引力不断下降，竞争有所减弱。我国应抓住这一时机，通过开拓能源"大丝路"北线方向，争取北冰洋沿岸国家对"一带一路"建设的支持，加大能源合作力度，以上游领域为突破点，积极介入北极地区的油气勘探开发项目，尽早实现这一区域油气供给和能源运输航线的开辟。

## 三、依托"一带一路"战略平台 以路为桥构建丝路能源合作机制

能源问题是一个国际问题，无论一个国家是能源供给国还是能源需求国，在面对能源安全危机时都不能凭一己之力独立予以解决和应对。因此，在全球能源治理体系中，全球性和地区性的能源合作机制的建立与有效运行，对于实现国际能源秩序的平稳有序和保障各国能源安全具有十分重要的意义。然而，当前以西方为主导建立起来的全球能源治理体系正处于失衡的状态，这为酝酿新的全球能源合作机制创造了机会。中国在推进"一带一路"能源合作过程中，应抓住这一参与全球能源治理体系重构的契机，构想建立一个以"一带一路"为平台，既能代表能源需求国诉求、又能保障能源供给国利益的丝绸之路能源合作机制（以下简称丝路能源合作机制）。

### （一）丝路能源合作机制构想的提出

失序的全球能源治理体系在重构过程中亟待出现一个既能代表新兴经济体能源诉求，又能兼顾各个经济发展层面国家能源利益的国际能源合作机制，这为我国在推进"一带一路"战略过程中构想建立丝路能源合作机制创造了千载难逢的机会。

#### 1. 丝路能源合作机制的定位

丝路能源合作机制是针对参与"一带一路"国家、组织之间建立的能源领域的合作关系、结构和规则，主要通过建立参与各方及利益相关者公认或默认的、通行的能源合作原则、规范、规则和决策程序，推动"一带一路"国家间能源领域的贸易、投资和运输，解决能源合作中的争端。丝路能源合作机制将秉承"一带一路"开放包容的原则，参与丝路能源合作机制的国家或国际、地区组织基于但不限于古代丝绸之路的范围，合作机制和参与对象不具排他性，全球范围内无论发达国家、还是发展中国家，无论是经合组织国家，还是新兴经济体国家，无论油气供给国、还是油气消费国均可参与。

### 2. 中国构建丝路能源合作机制的优势

中国在推进"一带一路"战略过程中,同步构建丝路能源合作机制具有特殊的优势。一是时机优势。当前,全球能源治理体系正面临着因新兴经济体实力不断增强、能源治理诉求不断冲击所带来的失衡风险,为作为新兴经济体第一梯队主要代表的中国参与全球能源治理体系重构赢得了时机。二是地缘优势。从中国地缘区位看,中国作为陆接欧亚和海通太平洋、印度洋地区的海陆兼备型国家,在能源合作中既是需求国、又是供应国,还有可能成为中亚国家能源输出的过境国,具有独特的区位优势。从"一带一路"参与国家看,能源供给和能源需求国家在全球范围内交错分布在各个区域,具有较好的地缘覆盖性和地缘交错性,非常有利于在机制内部形成大小多边的能源合作格局,更有利于全球能源合作的开展和稳定。三是参与"一带一路"建设国家具有互补性优势。从能源供需看,"一带一路"战略所涉及的区域和有可能参与的国家既有中东、中亚、非洲地区和俄罗斯等能源供应型国家,又有中国、印度、日本、韩国、东南亚等能源需求型国家和地区,能源供需占比具有较高的互补性。从国家的经济发展水平看,参与"一带一路"战略能源合作的国家既有发达国家又有发展中国家,既有经合组织国家又有新兴经济体国家,各国之间在经济发展状况具有较好的互补性,有利于全球经济社会的相互促进和全面发展。

### 3. 中国构建丝路能源合作机制的基础

中国与世界绝大多数国家有着良好的关系和交往。近年来,在推进多边能源合作方面参与并建立了一些能源合作机制,有了诸多的能源合作探索和举措,这些都将为构建丝路能源合作机制奠定良好的基础。一是国家间关系基础。中国与"一带一路"国家有着传统的友谊和良好的国家间关系。中国尊重各国主权和领土完整、互不侵犯、互不干涉内政、和平共处、平等互利的和平共处五项原则深受世界多数国家的推崇,友好的交往背景和外交氛围,为我国担当大国责任,参与全球治理赢得了广泛国际支持。二是机制基础。从全球层面看,中国是联合国五个常任理事国之一,在维护世界和平、解决地区冲突和全球治理各项外交事务中发挥着巨大的作用,尤其是在维护国际能源秩序中与国际能源机构、欧佩克、能源宪章等国际能源组织有机制上的合作基础。2011年7月,时任博鳌亚洲论坛理事会副理事长曾培炎在博鳌(拍斯)会议上提出了构建"全球能源市场稳定机制"的倡议。这一倡议主要考虑如何通过建立共同的规则稳定国际大宗能源资源市场,避免国际能源市场的动荡。从地区层面看,我国有着良好区域合作机制和平台,上海合作组织、亚信会议、亚太经合组织、中国—东盟(10+1)、中日韩—东盟(10+3)和区域全面合作伙伴关系(RCEP),以及中阿合作论坛、中国—海合会战略对话、大泥公河次区域合作(GMS)和中亚区域经济合作(CAREC)等双边多边、区域次区域合作机制,都将成为中国构建丝路能源合作的机制基础。

### （二）丝路能派合作机制的理论基础

#### 1. 中国的新能源安全观

传统的能源安全观是以能源的充足供应、持续和价格合理为重点内容，反映的是石油、煤炭等高碳经济时代的特征，强调的是以可支付得起的价格获得的充足的能源供应。20 世纪 80 年代以来，经历了两次石油危机的打击后，以消费国为导向的仅强调稳定供应和稳定价格的传统能源安全开始过时。长期和可持续的国际能源贸易让各国认识到：能源进口型国家的能源安全有赖于供应安全，同时也必须为能源出口型国家提供稳定的市场需求；同样，能源出口型国家的能源安全离不开稳定的市场需求，同时也必须为能源进口型国家提供长期而稳定的供应。因此，能源进口国和消费国对于供需互保的能源安全具有越来越强烈的诉求，彼此间合作愿望日益加深。2006 年，时任国家主席胡锦涛在出席俄罗斯主办的八国集团首脑会议时首次提出新能源安全观。中国倡导的新能源安全观认为：为保障全球能源安全，应该树立和落实互利合作、多元发展、协同保障的新能源安全观，即加强能源出口国、消费国以及消费大国之间的对话与合作；形成先进能源技术的研发推广体系；共同维护能源生产国特别是中东等产油地区的稳定，确保国际能源通道安全，避免地缘政治纷争干扰全球能源供应。中国的新能源安全观，对当前"一带一路"能源合作和丝路能源合作机制的构建具有十分重要的理论指引和支撑作用。

#### 2. 中国的大国责任观

随着中国政治经济的快速发展，综合实力和国际地位的不断提升，中国在全球事务中的参与程度的不断增强，部分西方国家开始提出要求中国在国际体系中承担更多国际责任的论调，一时间对中国承担大国责任的呼声也甚嚣尘上，日趋高涨。其中，最早正式提出"中国责任"问题的是美国前副国务卿佐利克。2005 年 9 月 21 日，他在美中关系全国委员会的演讲中提出："要促使中国成为这个体系（指国际体系）中负责任的、利益枚关的参与者"。随后，在美国和欧盟等西方国家领导人的讲话和相关的正式文件中不断出现要求中国承担大国责任的表述。作为一种西方国家主导的论调，西方国家提出的"中国责任论"虽然有承认中国大国国际地位和期待中国发挥大国作用等较为积极的一面，但同时也有对崛起中的中国变相进行约束和指责等较为消极的一面。而作为中国自己的大国责任观，20 世纪 90 年代中国政府就已提出做"国际社会负责任大国"的大国责任理念。在实践中，中国也一直坚持在国际事务中发挥积极、正面的作用，努力开展对世界各国的合作与援助。这些理念与实践不仅反映了中国强烈的责任意识，同时也表明了中国正在复杂多变的国际形势下转变自己的国家身份，决心与世界各国人民一道推动人类进步和繁荣的大国责任观。2015 年 3 月，习近平主席在博鳌亚洲论坛发表主旨演讲时指出，"作为大国，意味着对地区和世界和平与发展的更大责任，而不是对地区和国际事务的更大垄断"。同年 11 月，习近平主席在 G20 峰会上发言时承诺"中国有能力保持经济中高速增长，并将继续为各国发展创造机遇，承担拉动世界经济增长的重任"。这些都是中国大国责任观的最新阐释和大国责任理念的重要体现。因而，在推进"一带一路"能源合作中，构建一个有利于促进地区和世界各国能源合作有效开展的丝路能源合作机制也将是中国担当大国责任，促进世界发展的重要实践。

### 3. 规则的制定与规则压力

在国际舞台上，当现有的全球治理规则处于平衡状态和有效运作时，其他国家只能引进、适应、接受和遵从，别无选择，这就是"规则压力"。然而，当现有国际规则失衡、失效或面临失效时，一些国家就试图创立新的规则，从而与既有规则形成冲突，此时依然要求这些国家去遵守既有的规则是困难的。在既有治理规则面临着新兴经济体的挑战时，如果在能源合作中仅简单强调能源生产国和消费国的政策对话，将使新兴经济体面临政策调整、能源对话和能源数据分享等方面的困难，也将迫使它们寻求共同的合作规则。过去，维护国际能源秩序的全球治理体系一直是西方所主导的，中国仅只是一个参与者，甚至仅能称为编外的参与者（因为中国不是经合组织国家，所以缺乏参与西方国家建立的 IEA 等国际能源合作机制的制度性支持）。随着中国、俄罗斯、印度、巴西等为代表的新兴经济体的崛起，西方国家也不断呼吁中国等新兴经济体国家能参与到现行的全球能源治理体系中，然而无论从西方国家主导的能源治理框架的制度设计，还是新兴经济体国家面临的能源合作问题而言，不可能通过简单的加入而予以实现。因此，一个既能代表新兴经济体国家利益诉求，又能与现行能源治理体系相对接的能源合作规则必将呼之欲出，而中国所提出的"一带一路"战略将有可能成为这一规则建立的最佳平台。

## （三）构建丝路能源合作机制的路径选择

### 1. 尽快提出丝路能源合作机制倡议并建立丝路能源合作协调机构

能源合作的制度化和机制化是现代国际能源合作的趋势，能源合作也需要制度框架和组织机构发挥作用。在"一带一路"战略能源合作的推进进程中应采取协调机构与合作机制同步构建的方式，加快推进"一带一路"体系内国家间能源合作的具体实施。在丝路能源合作机制的构建上，前期应以中国为主导尽快对能源合作机制进行顶层设计和总体规划，出台丝路能源合作路线图与时间表，明确提出能源合作的实施方案和长远布局。由于"一带一路"国家数量众多、分布广泛、情况多样，因此在当前复杂的国际能源形势背景下，应采取渐进性发展、梯次型拓展的方式，分批次发展和扩展参与丝路能源合作机制的国家和组织。而另一方面，应尽快同步建立丝路能源合作协调机构，通过实体合作机构来推动丝路能源合作机制的完善和具体实施。参与能源丝路合作机制的国家和组织，指派工作人员和联络人员进驻协调机构工作，各方在前期中国对合作机制进行设计搭建的基础上，进一步健全和完善能源政策协调、供需保障、贸易合作、危机预警机制和安全应急等相关机制，统一能源贸易规则和定价机制，并对能源合作存在问题和相关事宜进行对话和协商，增强能源合作机制的执行力，促进其高效互惠合作。

### 2. 有力发挥亚投行和丝路基金的实体支撑作用

在全球能源治理体系中，过去建立的全球层面的多数能源合作机制，基本都是就能源合作谈能源合作，没有合作组织的系统战略和具体的运行资金、金融机构作为支撑。因此，合作机制更多体现于书面和会晤形式的规则制度，缺乏吸引力、保障力、凝聚力、约束力和执行力。而中国在"一带一路"战略这个合作大系统的建立过程中，既注重合作系统的搭建，又注重以具体的金融机制作为实体支撑，这将使丝路能源合作机制的运作更具影响力和支撑力。2014年11月4日，习近平总书记主持召开中央财经领导小组第八次会议，提出建立亚洲基础设施投资银行和设立丝路基金，并指出发起并同一些国家合作建立亚洲基础设施投资银行是要为"一带一路"有关沿线国家的基础设施建设提供资金支持，促进经济合作。设立丝路基金是要利用我国资金实力直接支持"一带一路"建设。截至目前，中国已出资400亿美元启动丝路基金，全球先后已有57个国家加入并成为亚洲基础设施投资银行成员国。而资源开发、能源投资和能源基础设施建设是亚投行和丝路基金投资的重点领域和主要方向，这为我们推进"一带一路"能源合作提供了有力的资金保障和金融实体支持。因此，我们在构建丝路能源合作机制的过程中，要充分利用好亚投行和丝路基金，将亚投行和丝路基金的多边金融机制与丝路能源合作机制有效融合，既抓好能源开发项目的投资，又要为"一带一路"沿线国家能源基础设施建设项目提供有力的融资支持，实现能源与金融机制的相互支撑、促进发展。

### 3. 有效借助上海合作组织和金砖国家能源合作的机制平台

"一带一路"战略涉及国家和地区范围广、跨度大、数量多，国家的经济发展状况、能源需求程度各不相同，加之受现有全球层面和地区层面能源治理合作机制的约束，我国构想建立一个新的跨地区能源合作机制是不可能一蹴而就的，只能采取渐进发展、梯次型拓展的方式，分批次发展和扩展参与丝路能源合作机制的国家和组织。而要实现这一步骤，最好的途径就是借助中国参与或主导的区域性合作组织及其能源合作机制作为基础配置平台，以此为合作基础并不断进行拓展。其中，上海合作组织和金砖国家应是丝路能源合作机制建立最为重要的两个基础平台。上海合作组织自2001年6月在中国上海成立以来，成员国从创始的中国、哈萨克斯坦、吉尔吉斯斯坦、俄罗斯、塔吉克斯坦、乌兹别克斯坦6国，拓展了巴基斯坦、印度，同时还增加了伊朗、阿富汗、蒙古、白俄罗斯4国作为观察员国，斯里兰卡、土耳其、阿塞拜疆、亚美尼亚、柬埔寨、尼泊尔作为对话伙伴国。上合组织成员涵盖了"一带一路"沿线大量的国家，同时在上合组织框架内2006年还建立了上合组织"能源俱乐部"。而2009年成立的金砖国家，则包括了巴西、俄罗斯、印度、中国和南非等全球最主要的新兴经济体国家,俄罗斯总统普京 2014 年 7 月在金砖国家峰会上倡议建立金砖国家能源联盟,我国国内也提出了"能源金砖"概念,并进行了大量深入的研究。新的合作机制的建立并不意味着对现有的合作机制的否定,也并不意味着竞争与冲突,原有机制有可能成为其基础并起到某种补充和强化的作用。无论上合组织"能源俱乐部"还是金砖五国的"能源金砖",其组织运作和能源合作有着一定的制度经验和运行基础,其地缘分布与"一带一路"国家有着较大的重合。因此,在我们构建丝路能源合作机制时,重点应以这两个合作平台为基础,对其成熟的机制经验加以借鉴,对组织成员内部已构建的良好双边或小多边合作关系直接加以运用和拓展。

## 四、多措并举 推进"一带一路"能源合作有力保障中国能源安全

能源安全是我国安全战略的重要组成部分,我们应以"一带一路"战略为契机,拓宽与"一带一路"沿线有关国家能源合作的方法路径,不断增强国家的能源安全保障,促进"一带一路"国家和地区经济的协调发展。

### (一)深化"合作共赢"的能源合作理念,实现中国与"一带一路"国家共同发展

"一带一路"能源合作既要满足能源供给国的油气输出需求,又要实现能源消费国的能源保障需要,同时还要通过能源产业合作带动各方经济产业全面发展。因而,在合作中我们只有坚持互利共赢的理念,才能共保各方的能源安全和能源利益,实现国家经济的全面发展。

#### 1. 着力强化共同能源安全的合作意识

中国当前的安全观倡导的是既重视自身安全,又要重视共同安全和世界和谐。我国是能源需求大国,油气资源对外依存度高,需要与"一带一路"国家进行大量的能源合作,这既能确保中国能源自身的供给安全,又能实现"一带一路"油气产业的共同发展,实现"共同能源安全"。由于过去我们在进行能源合作时,过于侧重于从单向度表达对自身对能源需求问题的考虑,所以在能源合作中容易让合作对象更多的用现实主义思维看待中国的能源合作,这也造成了"中国能源威胁论""中国能源新殖民主义"等抵触排斥思想和观念的出现。"一带一路"战略共建原则强调的是坚持互利共赢,兼顾各方利益和关切,寻求利益契合点和合作最大公约数,各施所长,各尽所能,把各方优势和潜力充分发挥出来,这是我国外交理念和智慧的重大升华。因此,在推进"一带一路"能源合作中,我们要强化能源合作的互利共赢和沿线国家"共同能源安全"的意识,通过对外宣传、开展对话、外交会晤和具体的措施方法,努力促使"一带一路"沿线各国切实感受到,中国在与

其进行能源合作将充分考虑合作对象的利益与关切，促使各合作对象国政府和能源企业真正认识到加强与中国能源合作对其国家安全与发展的重大战略价值。

### 2. 坚持树立能源合作正确的义利观

"一带一路"战略是沿线各国的共同事业，将为沿线各国和人民带来实实在在的利益。2013年10月，在新中国成立以来首次召开的周边外交工作座谈会上，习近平总书记就指出，要找到利益的共同点和交汇点，坚持正确义利观，有原则、讲情谊、讲道义，多向发展中国家提供力所能及的帮助。这是党中央针对世界形势的新发展和中国外交的新任务提出的重要思想。过去，我国能源企业在"走出去"战略的能源合作中，多个项目屡屡受到对象国民众和一些非政府组织以环境污染、资源掠夺等理由的干扰和阻挠，有的甚至中途停工和"夭折"，一个重要原因就是关注项目对象国的利益不够。因此，在"一带一路"能源合作中，我国能源部门一定要树立正确的义利观，在考虑我国能源利益的同时更要做到造福和惠及当地社会及民众。这就要求我国在海外进行油气投资和实施勘探开发合作的能源企业，在开展合作项目时不仅能为对象国政府提供更多的税收和基础设施建设支持，更要采取真正惠及当地人民群众的有效措施，要在扩大当地就业、发展公益事业、开展环境保护等方面做出让当地民众感受得到的贡献。

### 3. 积极帮助沿线国家实现经济的整体发展

在"一带一路"沿线与中国开展能源合作的多数能源供给国，经济发展普遍过度依赖油气工业，产业发展比较单一，能源产业以外的制造业、服务业等产业发展程度不高，技术水平和资金支持不足，产业结构不合理，竞争力偏低，国民经济缺乏持续发展的动力。这种经济发展模式非常容易导致这些国家患上"荷兰病"，并使得其国内"资源民族主义"有所抬头，对单纯的能源输出产生抵制，能源合作的摩擦和压力不断增强。为此，我们必须认识到能源合作只是"一带一路"战略合作中的一个方面。"一带一路"沿线许多国家拥有丰富的自然与人力资源，有着巨大的产业发展需求，但面临资金、技术与基础设施等瓶颈问题。中国应发挥在金融、工程、机械、化工、农业、电子科技等方面资金技术优势，将这些优势转化为务实合作，鼓励国内企业和金融机构通过合作、合资等方式，在境外合作建立产业科技园区、经贸合作区和分支机构等，带动"一带一路"沿线国家产业升级与产业链条的延伸，促进这些国家经济快速全面发展。

## （二）采取点线面相结合的方法，全方位保障"一带一路"能源合作实施

"一带一路"所涉及的油气国家数量多、地域范围广，从空间上看是一个点、线、面有机结合的大系统。点线面三者相辅相成，互相促进，在实施过程中既能做到重点突破，又能实现整体推进。因此，中国在推进"一带一路"战略能源合作时应采取点线面相结合

的方法，做到保点、通线、构面，通过以点串线、连线成面，最终实现能源合作的整体全面推进。

### 1. 保点——确保"一带一路"能源利益点

所谓"保点"就是要确保"一带一路"能源利益点，具体而言就是要保能源运输通路的关节点、能源合作的突破点和能源安全的战略支撑点，从而确保我国能源稳定和可持续的供给。

一是能源运输通路的关节点。所谓能源运输的关节点就是我国在与"一带一路"国家进行能源贸易、运输过程中，船只所必须经过或实施海陆转运的重要港口。从当前看重点有缅甸的皎漂港、巴基斯坦的瓜达尔港、孟加拉国的吉大港、阿联酋富查伊拉港、俄罗斯的扎鲁比诺港和新加坡港等。这些重要的关节点是能源设施互联互通前期建设的重点，同时应通过与港口城市合作，以自贸区的方式建设以能源为重点的工业港区，发挥其在能源运输和转运中的重要保障作用，打造区域能源贸易中心和能源共同储备基地。

二是能源合作的突破点。"一带一路"沿线有很多油气国家，有的国家与我国有着良好能源合作基础和经验，有的虽有合作，但合作力度与其油气资源不够匹配，而有的国家和区域则是新近崛起的能源富集区域，之前与我国并没有较多的能源合作历史，有待于我国与之的能源合作有所突破。根据前面几章的分析，从目前看需要能源合作有所突破的重点主要有伊朗、尼日利亚、北极周边国家、东非的莫桑比克等。这些国家和地区具有巨大的油气资源生产和出口潜能，与中国有着良好合作潜力，是"一带一路"能源合作应予以重点突破，并建立稳定和可持续的能源战略合作关系的重点区域。

三是能源安全的战略支撑点。能源安全的战略支撑点是对于保障我国国家安全具有重要地缘战略意义的国家和重要岛屿。这些区域不仅对于保障我国能源运输安全具有十分重要的意义，而且对于保障我国的经济贸易和海外利益存在具有十分重要的地缘和军事意义。从目前看，主要包括斯里兰卡、马尔代夫、伊朗、埃及和中国东海、南海的钓鱼岛、中沙群岛、南沙群岛等岛屿。对于属于我国领土的南沙群岛永暑礁等较大岛礁，应在"一带一路"战略推进过程中加大建设开发力度，发挥其保障国家安全中的地缘战略支撑作用；对于上述国家，中国应采取租借港口、合建产业园区等方式加大合作力度，发挥其在我国油气运输和利益拓展的海外保障基地作用。

### 2. 通线——连通"一带一路"地区能源运输线

所谓"通线"就是要连通"一带一路"地区能源运输线，并与相关国家（地区）共同维护印度洋和太平洋海上能源通道安全和枢纽的稳定通畅，确保东南亚、中东、北非、东非之间能源通道跨海联通和能源贸易畅通。具体而言就是在保通目前能源运输的中亚、中俄、中缅三条陆路能源输送通道和保障马六甲海峡、霍尔木兹海峡等咽喉水道的安全的基础上，开通北极航线、畅通东太平洋航线，打通中巴能源通道，从而提升我国能源进口运输的多样化能力，进一步提高保障我国能源安全的水平。

一是开通北极航道。北极航道由两条航道构成，一条是经加拿大沿岸的连接大西洋、太平洋的西北航道，另一条是经西伯利亚沿岸连接欧洲、俄罗斯西部与俄罗斯东部、亚洲东部的东北航道（也称为北方航道）。近年来，随着全球气温的升高，北极地区的冰川逐渐消融，也使得北极航道的通行能力大幅提升，这为中国未来的能源运输提供了一条崭新的线路和新选择；北极的油气资源和航道从能源供给和能源运输两个方面为中国能源安全提供了多元保障；2013年3月，中石油与俄石油签署了北极地区巴伦支海等3个油田勘探的协定，开启了中国的北极能源战略。北极航道开通后，将可能对我国与欧洲、北美地区的能源合作与经贸互助带来新的推动作用。

二是畅通太平洋东线航道。中国在"一带一路"战略要实现与西半球美洲国家能源合作必须依赖于太平洋东线航道的畅通。中国东临太平洋，虽然有着近1.8万公里海岸线，但由于主要航道都必须穿过受别国（地区）控制的岛链，所以出海口存在安全问题。其中，位于日本南部的大隅海峡和宫古水道是联系着我国东海和太平洋的两条重要海上交通要道。我国东部沿海港口从东海进入太平洋前往美国、加拿大，穿过大隅海峡的航线是最近的，船只基本上都走这条水路（航海上叫作"大圆航线"，比别的航线要近1000公里以上）。大隅海峡由日本控制，东离横须贺海军基地约500海里，北距佐世保军港170海里，是美国第七舰队的常用航道；宫古水道则是横穿太平洋到中美洲、南美洲等地最为经济的线路。中日有争议的钓鱼岛、黄尾屿、赤尾屿都在这条水道的附近，由于靠近冲绳岛，也是美国第七舰队经常航行的海域。而台湾岛以南位于西太平洋国际航道上的巴士海峡和巴林塘海峡，是连接南海与太平洋的重要水道。中国南海地区的船只无论是去大洋洲，还是去北美、南美，都要走这两个海峡中的一个，也是东南亚与东北亚往来的要道。岛链问题一直是制约我国航行安全的重要问题，因此台湾问题、中日钓鱼岛问题、南海争端的妥善解决和航行自由也将是推进"一带一路"战略能源合作的重要问题之一。

三是打通中巴能源通道。作为我国在印度洋方向唯一陆路能源进口通道的中缅油气管道虽已建成投产，但因缅政治局势的复杂多变，在未来运行中，还在一定程度上存在诸多变数。为此，在推进"一带一路"战略过程中，应在印度洋方向考虑开辟新的出海口，适时再建设一条新的能源进口通道。鉴于我国与巴基斯坦具有最友好的"全天候"全面伙伴关系，我国在其俾路支省投资建设的瓜达尔港地理位置优越，地处阿拉伯海北部、扼波斯湾出口，紧邻沙特阿拉伯、科威特、伊朗等产油大国，有便利的航线通往阿拉伯半岛、北非等地，且我国已获得该港经营权，并于2013年7月与巴方正式达成在瓜达尔港与新疆喀什之间以修建铁路、公路等运输通道的形式，建立一条"中巴经济走廊"。在此背景下，规划建设中巴油气管道具有较高的可行性。因此，适时推进中巴油气管道建设，开辟印度洋方向能源进口新通道，将大大缩短我油气进口的海运距离，大幅降低我对马六甲航道的依赖，对我国能源安全具有重要意义。

### 3.构面——构建"一带一路"主要的能源合作面

所谓"构面"就是构建"一带一路"主要的能源合作面,从而较好地实现与这些区域的能源合作,实现我国能源供给安全。基于目前官方公布的"一带一路"战略基本版图和线路走向,我国通过与相关国家的双边或多边能源合作,按照能源利益点、能源运输线的连接与共同建构,将首先有望形成以俄罗斯、中亚、中东、非洲为主的区域性能源合作面。为实现这一目标,我国应依据不同区域的形势特点,积极采取有针对性的措施方法,加大能源合作力度。

一是针对俄罗斯政治形势,借势用力抓住合作新契机。当前,俄罗斯面临着复杂的能源地缘政治环境。首先是近年来美国在非常规能源领域取得的重大突破,对俄罗斯的传统能源大国地位形成了巨大冲击。尤其是2009年以来随着页岩气产量不断提升,美国已取代俄罗斯,成为世界第一大天然气生产国,并开始加大对欧洲和亚太地区天然气出口。其次是因乌克兰危机持续发酵升级,克里米亚问题导致的美国、欧盟等与俄罗斯关系进一步恶化,甚至在诸多领域采取较为苛刻的相互制裁手段。再次是当前全球能源供求形势和价格趋势发生了重大变化,国际油价进入下行通道并大幅下跌,对俄罗斯能源经济造成了重创。在此形势下,俄罗斯与上述国家和地区包括能源在内的各种合作势必受到影响,进而使俄在能源供求上面临外部市场环境恶化、国内产能提升后劲不足的双重挑战。过去,中俄能源虽有良好、广泛的合作基础,但由于俄罗斯对中国的猜疑与防范,使得中俄能源合作在深度、广度上受到多重阻力的影响,存在诸多问题。针对当前俄罗斯面临的严峻形势和困境,我国应抓住这一能源战略机遇期,以推进"丝绸之路经济带"能源合作为契机,将俄罗斯作为我能源合作的重点方向,借势用力加大与其能源合作力度。

二是发挥地缘政治优势,构建中亚能源合作新重心。位于"丝绸之路经济带"上的中亚是世界公认的能源供应基地,尤其是里海沿岸地区,被誉为第二个波斯湾。近年来,我国先后修建了中哈石油管道和中亚天然气管道,与中亚国家的能源合作持续增强,尤其是在天然气领域,我国进口的天然气50%以上都来自中亚国家。但中亚各国经济发展水平低,自然生态环境脆弱、交通不便利,特别是因地处亚洲腹地,缺乏将油气运往国际市场的海上通道,所以在经济发展和能源出口等问题上面临诸多困难。因此,在推进"丝绸之路经济带"战略时,不能只单向考虑我国的能源进口需求,而应发挥经济与地缘政治综合效应,充分利用我国在工业、农业、制造业和文化产业等领域的领先优势,加强与中亚国家的经贸、科技、文化合作,拉动这一地区经济快速发展。同时,应发挥我国新疆与中亚国家陆路边境线长、内陆地区油气管网完善和沿海省份出海口众多的地缘优势,积极运作为中亚国家提供油气东出太平洋的合作项目,帮助中亚各国实现能源出口,以互利互惠的合作方式,带动能源合作的进一步加强。中亚特殊的地缘区位优势,对我国能源供给意义重大,因此应将其作为能源合作的新重点,提高我国从这一地区能源进口的比重,不断加大与其能源合作的力度。

　　三是积极稳妥介入中东北非，寻求能源合作新突破。中东北非地区连接欧、亚、非三大洲，是世界能源最为富集的地区，也是"一带一路"战略中能源合作应重点关注的区域。过去，我国在这一地区的能源合作具有一定的基础，也取得一些成绩，尤其是在与沙特阿拉伯等相对较为稳定国家的能源合作上一直保持着良好关系。但与伊拉克、伊朗、利比亚等国的能源合作却因这些国家政治局势的变化不同程度受到影响。当前，美国因战略重心东移和本国非常规能源产量猛增，对这一区域的控制力有所减弱，而极端组织伊斯兰国(ISIS)在伊拉克、利比亚、叙利亚等国暴力武装冲突持续升级。因此，在推进"一带一路"战略中，应利用美国减少对中东北非地区能源依赖和其在该地区战略收缩的契机，继续保持并适当加大与沙特阿拉伯、科威特、阿联酋等相对稳定国家的能源合作。而对伊拉克、伊朗、利比亚等机会与危机并存的国家，应根据形势发展变化进行风险评估后，伺机稳妥分批加强能源合作，以寻求新的突破。

　　四是依托传统友好关系，稳固建立东非能源新支点。我国海上丝绸之路战略最远端的东非地区，近年来已成为中东非洲地区乃至世界油气资源储量增长的热点地区。根据美国地质调查局估计，莫桑比克和坦桑尼亚的海岸区域蕴藏着 7 万亿立方米的天然气。与北非和西非地区相比，由于对东非地区油气勘探不足，勘探强度较低，因而东非油气资源产量未来将具有较大增长空间。东非的莫桑比克、坦桑尼亚等国家与我国有着良好的传统友好关系。同时，这些国家政局较苏丹等国家稳定，且油气资源主要分布在濒临印度洋的沿海地区，便于通过海上进行运输。因此，在推进"一带一路"战略能源合作中，应考虑在这一具有巨大潜能的能源富集区建立我国未来能源供给的新支点，做到早谋划、早进入，实现早突破。

## （三）配套举措跟进到位，对"一带一路"战略能源合作形成有力支撑

　　为确保"一带一路"战略能源合作的有力推进，国家应该从外交政策创新、人民币国际化、外向型国防力量建设等涉及政治经济、军事外交的重点方面配套予以跟进，实施有力支撑。

### 1. 与时俱进赋予中国外交政策新内涵，为"一带一路"能源合作提供创新的外交理念支撑

　　中国一直奉行独立自主的和平外交政策，并于 1954 年与印度和缅甸一同创造了和平共处五项原则，成为当今世界公认的处理国际关系的重要原则，也是指导我国对外交往的准则。然而，对于中国而言，当今的时代语境已经发生了深刻变化，外部表现为能源、环境、反恐等全球性问题的兴起、相互依赖的加深，内部表现为国际地位与能力的提高、国家身份和利益的转变等，这些新的时代背景，已经给中国传统的对外政策带来了一些冲击。当前，中国海外利益越来越大，承担国际责任越来越重，需要跟不同区域、不同友好关系

的国家在不同领域建立起不同程度战略合作关系，而如果我们始终以传统的观念和固化的思想去执行和遵守"不干涉内政""不结盟"等外交原则，则合作交往起来将会缩手缩脚，自我束缚。因此，我们理解运用外交政策和原则时，要在遵循核心要义的基础上，以与时俱进的眼光和创新发展的思维，赋予外交政策其新的内涵，为我国参与全球治理，承担大国责任，树立大国话语体系，在国际和地区事务中发挥积极作用奠定外交政策基础。同时，也为我国推进"一带一路"战略能源合作提供有力的外交理念支撑。

**2. 积极推进人民币国际化，为"一带一路"能源合作提供有力的金融支撑**

自20世纪40年代以美元为中心的布雷顿森林体系建立和20世纪70年代美国与沙特王室签订的石油贸易只能用美元来结算协议以来，美元因在现行国际货币体系中长期占据垄断地位，国际货币金融体系和能源金融体系一直掌控和受制于美国的货币金融体系、美国的"石油美元"国际社会缺乏对美元发行的制衡与监督，而美国经济政策调整导致的美元贬值和全球流动性过剩，也将对全球各国的经济稳定和发展形成威胁。"一带一路"战略的实施，涉及基础设施建设、能源投资、制造业等众多领域的金融支持，人民币在中国与"一带一路"沿线国家进行大宗商品贸易、基础设施融资、产业园区建设、跨境电子商务等具体实施中有很好的使用机会。这种内在需求和外部环境必将有助于扩大人民币流通规模，而亚投行、丝路基金等多边金融机制，都将可以成为人民币国际化的突破口，加速人民币国际化进程。能源合作是"一带一路"合作的重点内容，也是金融资本流动量最大的领域之一，能源基础设施建设、能源勘探开发项目投资和能源贸易合作都将需要大量的资金流通，这将为推进人民国际化提供重要的平台。2014年8月，俄罗斯宣布中国从东西伯利亚—太平洋石油管道输送到中国的原油以人民币结算；2015年6月，俄罗斯能源巨头Gazprom开始使用人民币结算对华出口原油。2016年2月，伊朗石油部代理副部长马苏德·阿斯法哈尼公开表示，伊朗打算在进行石油贸易时弃用美元，用欧元、人民币或其他强势货币进行结算。而与此同时，随着人民币国际化程度的提升，我国在全球的经济影响力将进一步增强，也将对中国与"一带一路"地区开展能源合作形成有力的保障和支撑，使能源合作与货币经济实现相辅相成、相得益彰。

**3. 大力加强外向型国防力量建设，为"一带一路"能源合作提供坚强的安全支撑**

当前，我国的安全环境面临诸多不确定因素并日趋严峻，围绕海洋国土资源、能源生命线以及重要空海域的安全威胁更趋复杂。作为能源生产、消费和进口大国，中国的海外能源利益、能源安全保障需求和能源战略考量不断增强。因此，中国的国防力量建设不仅要确保国内能源的生产、储备和重大油气设施等安全，同时一也要保障国外能源投资项目、供给设施和运输线路等安全。然而，由于中国历来奉行和平发展的外交政策和防御性国防政策，国防力量建设一直以来更为注重本土防御为主的陆军当家体制，海空力量相对薄弱，尤其是以航母战斗群、综合补给舰和远程运输机为主的远洋战略海空投送、保障力量十分薄弱。加之缺乏以全球安全战略为考量的海外战略支撑点，因而我军基本不具备长时间、远距离的海外作战和保障能力。这些问题在我国海军担负的亚丁湾护航行动的舰艇编配和补给方式上就有所暴露。随着我国海外利益的不断扩展和能源对外需求的日益增长，着眼维护我国安全和发展利益的现实需要，提升我军以海空力量为主的外向型战略力量直达运用和海外保障能力将是我国国防力量建设的一个重点方向（此处所指的外向型并非相对于防御性，不含有攻击性的观点，而是指向外拓展的安全保障），也将为我国"一带一路"能源合作提供有力安全保障。从当前看，中国应本着维护全球和地区和平稳定的目的，在斯里兰卡、孟加拉、巴基斯坦、阿曼、吉布提、安哥拉、坦桑尼亚等"一带一路"沿线友好国家采取对外援建港口的方式，建立一定数量的军民融合、军民船只通用的保障基地，满足技术停靠、靠港补给和休整；应积极主动承担大国责任，派遣人员装备参与境外反恐、维稳等军事任务，增强中国军事力量的海外存在，提升中国军队长时间远程执行任务能力。同时，国家还应考虑加大航空母舰（尤其是核动力航母）、综合补给舰、大型运输机的列装和编配数量，增强维护国家海洋权益的军事实力。

# 第六章　能源革命与市场化法律转型

## 第一节　能源革命

### 一、能源革命的含义

关于能源革命的定义，仁者见仁智者见智，不同机构和学者给出了不同的定义，目前主要有系统演替说、效率核心说和途径说等。

系统演替说。该种观点从能源系统转化的角度界定能源革命。例如，"所谓能源革命，是指在人类能源开发和利用过程中所发生的能源系统的演替过程，以及在此过程中出现的一系列重大变革"。

效率核心说。该种观点从能源革命的目的角度界定能源革命。例如，周大地认为，"推动能源革命的目的是提供更好更清洁的能源供应，核心是提高效率、提高效益，回到环境生态红线之内，实现绿色低碳发展"。

途径说。该种观点从能源革命的路径角度界定能源革命。例如，中国国家经济交流中心课题组经过研究认为，能源革命要做好三个运算，一是加法——增量革命，二是减法——减量革命，三是乘法——效率革命。

其实不管系统演替说、核心说还是途径说，都没有对能源革命进行全部概括，更多的是对能源革命的不同侧面进行总结。也有人认为从能源技术方面定义，能源革命虽然是一种技术革命，但我们不能以某项关键技术进行命名，因为不管页岩气、页岩油、核能、太阳能、风能都不能完全代替其他能源的主导地位，至少到现在并没有出现像煤炭代替木柴，石油代替煤炭那样的公认的能源替代。

在能源结构的变迁史上，能源开发与利用的进程一直伴随着新旧主导能源之间的竞争与选择。在煤炭替代木柴、石油替代煤炭的历史进程中无不如此。但所谓的能源替代不是原主导能源的消失，而是其主导地位的丧失。历史数据表明，1881 年前后，煤炭在能源中的比重超过 50%，进入煤炭时代。1965 年，石油比重超越煤炭，进入石油时代。从 1881 年到 1965 年，煤炭时代持续 84 年，1913 年煤炭在能源结构中占到达 70% 的峰值。

从 1965 年至今，能源的石油时代经历了 49 年，顶峰在 1973 年，峰值为 45%。英国 BP 石油公司发布的《2014 年世界能源统计报告》指出，2013 年石油占全球一次能源消费量的 32.9%，为 1965 年以来最低水平。

纵观人类能源史，每次主导能源的替代都伴随着用能方式的变革，从而根本改变了人们的生产方式和生活方式，引发了生产关系的革命和制度革命。火的使用拉开了人类的文明历史。"火使我们的祖先成为动物界和植物界的王者，称为整个大地的主宰，而这种权力是此前的动物无法拥有的"。火与木材的结合，使人们开始学会了烹煮。事实上，"烹煮也许改变了我们的身体构造。在过去的 400 万年以前，我们的脑袋变大了三倍，根据进化标准，这是极为迅速的"。烹煮可能不仅仅使人类获取了足够的热量，而且还有足够的空余时间来锻炼我们新的大脑。黑猩猩每天要花 6 个小时咀嚼食物，而人类只要花 1 个小时。哈佛大学人类学家理查德·朗汉甚至认为，人类其实是从一种学会了如何烹煮的猿那里发展进化而来的。在他看来，我们既不是草食动物，也不是肉食动物，我们是"烹煮动物"。木材时代对应的主要动力则是肌力。这里包括人类自己以及驯化的动物作为动力的来源，当然也包括一些原始的水力和风力机械，但由于地理条件限制，并没有大规模使用。历史的车轮进入了 17 世纪，煤炭已经被人们成规模的开采，英国伦敦已经有了雾都的称谓，到 1700 年，英格兰的浅层煤已经被开采一空，矿井的深度已经达 200 英尺（约合 61 米），但是由于煤炭的开采成本高，并没有代替木材成为主导能源。直到英国人托马斯·纽可曼 1712 年在斯塔福郡杜雷城堡煤炭矿井附近成功架设了蒸汽机，它的功能主要是用来抽取矿井中的积水。如果没有纽可曼的蒸汽机，18 世纪英国的煤炭产业趋于消亡，就是停滞不前，无从发展。"1700 年，英国生产了 270 万吨煤炭，到了 1815 年英国生产了 2300 万吨煤炭"。纽可曼蒸汽机一直使用了六七十年，直到瓦特成功改良了蒸汽机，从而将蒸汽机从煤炭矿井抽水扩展到火车、轮船、工厂，成为真正的动力之源，掀开了工业革命的篇章。蒸汽机迅速改变了全球经济，英国纺织业独霸全球，更关键的是大幅提高了交通运输的速度，1830 年到 1914 年，越洋的移民总数高达 1 亿，彻底改变了全球权力的格局。可以说，19 世纪是煤炭和蒸汽机的时代。

石油与煤炭相比，石油能量密度大约比煤炭高出 50%，石油更便于包装、储存和运输。石油的第一次规模利用，竟然是来源于替代鲸脂照明的需求。伦敦的照明灯一直用动物的脂肪，但容易生烟雾，容易熄灭。直到阿尔甘发明了用鲸鱼油脂燃烧的油灯，烟雾少，稳定，尤其是抹香鲸的质量最好。伦敦每年要花费 30 万英镑来购买鲸脂点路灯，直接的结果是捕鲸人进军全球海洋，半个世纪将抹香鲸捕杀殆尽。1853 年，加拿大化学家亚伯拉罕季斯纳发现了从石油蒸馏出煤油的方法，煤油比鲸脂更好用。引发了第一波石油开采狂潮，直接导致了美国捕鲸业的衰落。1876 年，德国人尼可劳斯·奥古斯特·奥托发明了四冲程内燃机，石油作为动力能源正式走上舞台。之后福特的 T 型车和莱特兄弟的飞机彻底革新了人类交通的方式，从而掀开了石油和内燃机的时代，石油代替煤炭成为主导能源。

如上所述，能源革命的核心在于能源开发利用方式的革命，如果没有蒸汽机，煤炭不可能成为主导能源，如果没有内燃机，石油依然是鲸脂的替代品而已。这里面需要提出的是，能源替代很关键的因素是价格低廉且效果更好，简单点就是物美价廉。英国人从木材转到煤炭的关键因素是 1500 ~ 1630 年，英国木材价格猛涨了 7 倍。1608 年，英国七大森林拥有 232011 棵树，而到 1783 年，只有 51500 棵。木材的短缺和价格的高涨才促使煤炭成为主导能源。同样鲸脂也是如此，在最初的几十年，鲸鱼数量充足，人们并没有需求去发明煤油，到后期鲸鱼几乎灭绝的情况下，石油才走上舞台。能源革命和工业革命像一对孪生兄弟，某种意义上讲，工业革命本质上是能源革命。杰里米·里夫金认为，"能源机制塑造了文明的本质，决定了文明的组织结构、商业和贸易成果的分配、政治力量的作用形式，指导社会关系的形成与发展"。从而做出每一个伟大的经济时代都是以新型能源机制的引入为标志的著名论断。可再生能源是第三次工业革命的主导能源，互联网技术结合可再生能源组成能源互联网，构成第三次工业革命创新的强大根基。斯蒂恩斯更是明确认为："工业革命的本质特征简单明了，简言之，工业革命包括生产过程中新能源的利用"。从这个角度看，将工业革命重新命名为能源革命亦不过分。在人类能源史上，能源革命的核心在于能源开发利用方式的革命，如果没有蒸汽机，煤炭不可能成为主导能源，如果没有内燃机，石油依然是鲸脂的替代品而已。正如剑桥欧洲经济史中说的那样，"很大程度上正是由于需求对生产方式的压力引起了新技术在英国的产生，丰富、易于利用的生产要素供应则使这些技术得到迅速的应用和扩散"，所以工业革命发生在英国。鉴于此，我国任东明划分了三次能源革命和二次工业革命，认为未来会发生第三次工业革命和第四次能源革命。这里对发生的是第几次能源革命不做论述，但需要指出的是能源革命和工业革命的关系确实十分紧密，甚至于互为影响。

因此，能源革命这里提出"主导能源和利用方式替代说"，认为应该定义为：原有主导能源开发利用成本过高，综合效益不符合当前经济、社会、环境要求，迫使能源利用开发方式创新，新的主导能源替代原有主导能源，从而引发围绕新的主导能源构建的能源结构和能源产业发生根本性变革的革命过程。

## 二、能源革命核心是能源市场化

虽然我国改革开放已经 37 年，但我国的能源产业远远没有实现市场化，存在行政干预、项目审批、价格控制、国企垄断、法律滞后、双轨管理等诸多问题，也是造成了我国环境污染、能效不高、能源产业大而不强、数量多而质量不高现状的主要原因。

### （一）政府行政强制代替市场激励

市场激励才是人们追求进步的动力，刘易斯认为，"除非努力的成果确实属于他们自己或属于他们承认占有的人，否则，人们是不会做出努力的……要想激发人们的努力，就必须对人们的努力给予相应的物质报酬"。以节能减排为例，我国政府成了节能的主体，通过加强政府责任来达到节能目标，基本形成"制定目标——分解目标——落实责任——目标考核"的政府内节能循环体制，而企业只是作为目标对象的角色而存在。如：国务院出台的《"十二五"节能减排综合性工作方案》确立目标，然后直接具体分解到各个省市。在该方案中明确组织开展省级人民政府节能减排目标责任评价考核，考核结果作为领导班子和领导干部综合考核评价的重要内容，纳入政府绩效和国有企业业绩管理，实行问责制。接下来，各省政府则对重点用能企业实施全方位监管，签订节能计划书。这种一级抓一级的目标考核制的结果可想而知，直接结果是节能的各大"战线"上都可以看到政府忙碌的身影，甚至个别政府采取拉闸限电的方式来完成目标。这种"越俎代庖"的行为违反了市场经济运行的规律，或者说是计划经济时代的残留思想的表现，这不能不说是一种倒退。政府直接干预市场的微观主体，扭曲了价格转导机制，使价格的变动无法反映市场资源稀缺的情况，"看不见的手"被政府"看得见的手"所代替，其结果肯定是不会被市场所认可。

## （二）国企垄断阻碍市场竞争

"垄断造就的分利集团的壮大会削弱国家的竞争力"。以电力改革为例，2002 年国务院颁布《关于印发电力体制改革方案的通知（国发〔2002〕5 号）》以来，13 年过去了，历经三届政府，仅仅完成了厂网分开，当初定下的"厂网分开、主辅分离、输配分离、竞价上网"四大目标远远没有实现，甚至电监会也不复存在了。但存在的是世界第一的国家电网公司。一个经营区域覆盖全国 26 个省（自治区、直辖市），覆盖国土面积的 88%，供电人口超过 11 亿人，《财富》世界企业 500 强排名第 7 位，售电量 32539 亿千瓦时，输电线路 71.3 万公里，变电设备容量 28.1 亿千伏安，营业收入 18855 亿元，资产总额 23527 亿元，公司用工总量超过 186 万人的超级庞然大物，垄断的阴影从来没有散去，而且不断加强。习近平主席在 2014 年 6 月的中央财经领导小组会议上强调："电力系统中，长期以来调度与输配电合二为一，既当裁判员，又当运动员，是'政企不分'的典型体现"。

（是）能源法律是行政管理法，不是产业政策法

以《中华人民共和国电力法》为例，该法 1995 年颁布，1996 年 4 月 1 口实施，当时的情况是应对电力不足的行政管理法，而不是产业政策法，立法理念滞后，制度设计缺乏科学性，尤其是在自然垄断的背景下进行了相关制度设计，正如吕忠梅教授所言，"《电力法》设置的国家电力管理体制政企不分、政监不分，缺乏明确的行政执法主体、执法手段与执法程序；在制度设计方面，法律关系的性质不分，主体的法律关系属性与法律地位模糊，行政法律关系与民事法律关系交织，权利义务关系不明确，不具备可操作性与适用性，法律所规定的主体权益难以得到实现"。更为有意思的是当时主要的主导起草部门电力工业部，在 1998 年就被撤销，电力行政管理职能移交国家经贸委，1997 年就成立了国

家电力公司，2002年的电改方案更是对《电力法》的根本性修改，《电力法》的修改多次提上议程，但始终光听"靴子响，就不见人下来"。

能源法律法规缺乏可操作性。以页岩气为例，我国页岩气技术可开采资源量为25万亿方，其中，油气矿业权区（即与中石油、中石化、中海油、延长石油4家油气企业油气矿业权区重叠的区域）的资源量为20万亿方，占80%。高达80%的矿业权区重叠直接导致采矿权、探矿权等矿权冲突的问题屡有发生。关于页岩气没有单独的法律法规，规范的文件只有《国土资源部关于加强页岩气资源勘查开采和监督管理有关工作的通知》（国土资发〔2012〕159号），其中第九条规定："有关省级国土资源主管部门依据相关规划和国土资源部的工作要求，负责具体协调页岩气与固体矿产的勘查、开采时空关系，并对协议执行情况进行监督检查"。也就是说当前处理页岩气矿权与常规油气资源矿权冲突问题的方法是行政协调，没有任何刚性标准，存在巨大的寻租和自由裁量空间，对本来弱小的页岩气产业起不到保护的作用，反而适得其反。矿权界定不清晰，银行不能抵押贷款，页岩气企业就得不到资金支持。这也是我国开展两轮页岩气探矿权招标后，迟迟不进行第三轮招标的原因。

## （四）价格管制代替市场竞价

"管制会改变商品和服务的生产、消费和分配行为，改变均衡供给与需求决策，影响交易买卖双方契约关系的条件"，因此价格的管制对市场经济的损害是极大的。我国石油、天然气、电力等大宗能源价格，全部由发改委定价，市场没有决定权，价格这个在市场经济最主要的传导机制被扭曲，无法还原能源资源的商品属性。以煤炭为例，我国煤炭价格在1993年以前，煤炭价格直接由原煤炭工业部和国家物价局政府定价；1993年起，实施双轨制，计划外电煤和除了电煤之外的其他行业的用煤价格市场定价，对电煤实行政府指导价，由国家计委确定指导价；2002～2012年，全部实行市场定价，但由于煤炭处于黄金十年，煤炭飙涨，而电力价格国家控制，导致煤炭企业和电力企业无法达成协议，电煤价格依然由政府出面，协调平衡解决，实际上并未市场化。一直到2012年《关于深化电煤市场化改革的指导意见（国办发〔2012〕57号）》的颁布，才取消重点合同，取消电煤价格双轨制，煤炭企业和电力企业自主衔接签订合同，自主协商确定价格。如果说煤炭在2012年至少在市场定价迈出了一大步，那么电力价格机制则从2002年以来原地踏步走。国务院办公厅关于印发《电价改革方案的通知（国办发〔2003〕62号）》，在厂网分开的基础上，建立与发电环节适度竞争相适应的上网电价机制；试行较高电压等级或较大用电量的用户直接向发电企业购电。至今只放开发电价格，输电、售电、配电没有放开，国家电网和南方电网几乎控制了所有电力系统输电、配电与售电，发电侧，发电厂只能以上网电价卖给电网，电网是垄断的买方；售电侧，电网通过供电系统将电加价配售给用户，电网是垄断的卖方，电网企业靠买电与卖电的购销差来获取暴利。正如习近平主席在 2014 年 6 月的中央财经领导小组会议上强调："能源领域应进行革命，还原能源的商品属性，在电、油、天然气等等领域价格机制不清晰，应进行改革由市场决定能源价格。"

### （五）我国能源市场化迫在眉睫

我国能源供应、消费、技术、体制方面出现的问题更多是没有摆脱计划经济的阴影，能源市场化程度不够导致的。世界范围的能源革命正在轰轰烈烈的开展，欧美发达国家尚且把推行能源市场化作为能源战略的最主要目标，当前我国的能源环境和环保压力，更迫使我们需要加速能源市场化进程。巴泽尔认为"契约无论是正式的还是非正式的，都是签约方之间的权利的重新分配"，只有通过契约来分配权利义务才更有效。我认为主要原因在于我国政府对能源革命的认识存在误区，效率革命和清洁能源革命只是能源革命的表象，能源革命的核心是能源市场化。我国现有能源体制脱胎于传统计划经济，能源法律和政策还不能完全适应市场经济和经济全球化的要求，我们不能只看到能源革命的技术创新过程，鼓励新技术、新能源，却忽略了它所需要的政治、经济与文化变革过程，更忽略了它的制度革命过程。正如：波斯坦在《剑桥欧洲经济史》中所说："机器和新技术本身并不构成工业革命，它们意味着劳动生产率的提高，意味着生产要素的相对重要性从劳动力向资本的转移。但是，所谓革命，我们既是指组织的转变，也是指生产的转变—我们指后来以工厂制度而闻名的那种变革"。其实，真正促成革命的不是技术创新，而是制度创新。

我国能源供给革命要求建立多元供给体系，深化能源市场改革，特别是对能源企业进行产业组织权利主体能力再造就成为能源革命的基础；能源消费革命要求在控制能源消费总量的同时，提高能源效率，碳排放交易与节能指标交易就成为能源革命的重要内容；能源技术革命要求提高带动能源产业升级，能源技术创新，特别是技术企业家进行的破坏性创新就成为能源革命的工具；能源体制革命要求还原能源商品属性，构建有效竞争的市场结构和市场体系，健全能源法治体系推动能源市场化转型就成为能源革命的制度保证。对我国而言，能源革命不管是技术革命、生产革命、消费革命还是体制革命都是能源市场化的表现，能源革命必定要求能源市场化，能源革命的过程就是能源市场化的过程，能源革命只有发生在能源市场化的环境下才能成功，能源革命的核心是能源市场化。

因此，坚定在能源市场化的大路上进行能源法律转型是必然选择。能源革命核心是市场化，市场化需要制度创新，制度创新需要法律转型，法律转型释放制度绩效。"真正伟大的革命是行为方式的革命和思想革命"，我们需要走的路还很远。只有通过建构以《能源法》为统领的能源法律体系来实现能源法律从行政管理法到产业政策法的转型；能源产权、投资产权从政府审批到市场公平配置的转型；能源开发主体从央企垄断到多元竞争的转型；能源企业从政策依赖到产业组织的铸造、技术研发的创新的转型；能源调控从行政强制到市场淘汰机制的养成的转型；市场准入由自然垄断到市场竞争的转型，破除石油、天然气纵向一体化垄断，实现竞争业与非竞争业的分离，尤其是能源管网的分离；能源价格由政府定价到市场价格形成的转型；能源发电由集中上网到分布式发电上网的转型，建立完善节能和可再生能源市场机制，才能根本上推动我国能源市场化进程，从而实现能源革命设定的目标。

# 第二节　能源法律制度转型

## 一、能源革命的法律意义

### （一）能源革命是能源战略

从战略学上看，它是"为了达到目的而最佳利用资源的行动规划"。能源战略是一国能源对策的指导思想。一国采取什么措施、制度、方法解决能源问题是能源战略确定的。能源战略一般也对能源政策和能源法做出指导性安排，如之前被称得上是中国能源战略的《中国 21 世纪议程》对中国实施《节能法》及其配套政策、法规和标准的安排，对中国逐步取消对能源不合理财政补贴，提高能源价格的安排。又如 2001 年《美国国家能源战略》对公用事业控股公司法案 (PUHCA)、公用事业管理政策法案 (PURPA) 及行政管理所做的"让电力工业有更多竞争，降低用户负担，提高发电与用电效率与灵活性"的安排。可见能源战略是一国能源对策的精髓和灵魂，不仅决定了能源政策的重点和能源法律制度的安排，而且还预示了能源对策的未来。是一国能源发展规律及特殊性的总结。能源战略是研究能源对经济社会可持续发展满足需求的基础上进行的理论分析和安排。能源战略的意义是一国经济和社会可持续发展战略的重要组成部分。能源是社会生产力的核心和动力源泉，是一国可持续发展的物质基础。无论是 21 世纪还是下个世纪，甚至以后的各个世纪，各国都必须妥善解决能源问题，这就必须有解决能源问题的长期的、带有方向性的行动纲领，否则经济和社会的可持续发展就是无本之木，无源之水。当然一国经济和社会可持续发展战略的内容是丰富和广泛的，不仅涉及人口、环境、资源、生态等社会生活、经济发展的各个方面，而且涉及将来一国发展进程的安排。

### （二）能源战略的制定依据：国情和世情

我国政府做出能源战略，应当从本国国情和当前世情出发。

一是能源战略要以我国国情为客观依据。能源战略作为可持续发展战略、行动纲领和指导思想都必须从我国现状出发，即从国情出发进行客观、综合地考察分析，针对我国能源开发利用中的主要问题，提出科学、可行的战略思想，纲领及理论观点。必须作为能源战略基本依据的有：人口发展，能源资源存量，能源结构和经济格局，能源生产和消费水平，能源资源配置机制，特别是经济和社会可持续发展，总体战略目标对能源供给的特殊要求及障碍的排除。如中国能源战略就应以中国下述国情作为依据：13亿人口，能源资源蕴藏丰而不富，后备能源资源严重不足；资源分布不均，经济中心偏东，能源中心偏西；以煤炭为主的能源结构，造成严重的环境污染，加剧能源运输的紧张状况；能源效率低，能源工业必须从计划经济向市场经济渐进等。又如《美国国家能源战略》就是以解决美国能源供给的安全保障迫切性，进一步提高能源效率和改善能源利用与环境协调关系的实际为客观依据的。

二是能源战略要以国际承诺和义务为主观依据。地球的整体性和相互依存性决定了可持续发展的国际性，即没有任何一个国家能单独实现可持续发展，只有建立起新的促进全球可持续发展的伙伴关系，才可以实现一国的可持续发展。这就要求各国政府切实地负起责任，履行国际承诺和义务。作为能源战略依据的一国国情同国际承诺和义务具有统一性，表现为以国际承诺和义务为方向、标准，针对本国国情制定适合于本国达到国际承诺和义务的能源战略，而不仅仅考虑本国特点保证能源需求的满足。特别是能源利用水平较低的国家的能源战略必须立足于本国如何实现国际承诺和义务，而不是迁就本国落后的能源利用水平。

因此，能源战略从权力政治走向权力合作，从政治博弈走向经济博弈，各国"经常制定相互依存关系中的交易规则。极力利用国际制度来制定规则，影响牌桌之间筹码的转让。"同时进一步加强国内制度的安排，特别是能源规划与能源法律的制定与完善。正是从这个意义上看，能源规划与能源法是能源战略国际制度向国内制度的延伸。

## 二、能源法律是实现能源革命战略最有力的保证

### （一）能源战略、能源规划和能源法律的关系

关于能源战略、能源规划和能源法的关系，肖国兴教授认为"能源战略与能源规划和能源法共同构成了一国能源对策体系的稳定结构。然而，作为公共政策工具，能源战略与能源规划经常被混用或共用，能源法律是清晰二者边界的基本工具"。在能源对策中，能源战略是一国能源开发利用的总方针、基本原则和带根本性的措施，能源法是能源战略实施的制度选择和制度安排，能源政策则是能源战略和能源法律实施的具体手段措施，能源法律是能源政策中强制力最强的政策。能源政策是实施能源战略的行政措施，而政府及其行政行为的性质就成为考察能源政策作用的出发点。主要表现为：第一，克服市场不足和提供信息服务的自由裁量。能源无论是作为自然资源，还是作为资源产品都必

须纳入市场配置才能实现其价值。然而,市场配置并不能顾及能源作为公共商品的特殊性,既不能保证能源对经济和社会可持续发展的满足,也不能保证能源在同代人或几代人之间的公平分配。这就要求政府在依赖市场配置的前提下,通过宏观调控手段对能源总需求与总供给和安全供给进行引导;通过经济刺激手段向能源的合理开发利用提供机制;通过行政检查监督使能源开发利用得以在自利最大化的同时,追求能源经济和社会效益。与能源法律及其制度生硬的规则相比,政府通过这些能源政策可以灵活而经济地实现能源战略。第二,有制度和程序依据地依法行政。能源政策无论存在方式怎样,在现代法制社会条件下,大部分都能在法律上找到根据,如战略储备、价格管制、计划供给、税收等。能源政策有的已上升为法律,并以法律制度的实施为存在条件,有的需要符合法定构成才能有效力可言,有的必须符合一定的行政程序,因而能源政策从制定到实施都具有依法行政的约束。但能源政策作为整体而言并没有改变其政府抽象行政行为的性质。第三,内容和方式的有效率选择。能源政策较能源法律更能反映能源调整生产与消费、供给与需求的现实。这就使能源政策对效率要求更为直接,只要能弥补市场不足,达到能源有效率的开发利用,能源政策的内容和方式可以随时做出调整。但是,能源政策的灵活性必须在能源规划的框架内实现。

## (二)能源法律是实现能源战略的保障

能源对策体系中不可缺少的一环是能源法律。对我国而言,能源法律相对滞后,能源战略近年来才得以发展,能源规划和能源政策则比较多,但不可否认,能源法律是能源对策中最具有强制力的。不管是能源规划还是能源战略,都是宏观层面上的对策,是对能源问题解决做出的理论安排,其本身并不是行动准则和规范,可以用立法、执法和司法的经验完善和丰富能源战略的内容。能源法律由于是国家最高权力机关通过,具有天生的强制力,由政府保证其实施,因此,能源法律是落实能源战略和规划的最有效的手段。

能源战略、能源规划、能源政策、能源法律构成了能源对策体系,应该是能源战略作为指导思想,能源规划作为具体原则,能源政策和能源法律则是行动方案,能源法律还要肩负强制力保障的重任。没有能源法律的保障,能源战略、规划、政策就缺乏落脚点,无法得到贯彻。从这个意义上讲,能源法律是实现能源战略最有力的保证。能源法律制度与能源战略、能源政策等正式制度结构是能源法律制度从理论到规则,从规则到实践的重要条件。能源法律将能源开发利用及其规制的全过程纳入规范和制度之中,能源法律及其制度本身就是合理化和有序化安排的,只要能源开发利用者和政府及其规制接受其规范,其行为就能合理化和有序化。能源政策是行政规范,由政府或政府部门推行和实施,涉及面宽,如能源的生产布局、投资、技术装备、价格、税收、信贷、贸易等,有大量技术性数量化规范,能源战略规划与能源法律从效力到实效可能是时间上继起,空间上共生的。当能源战略规划与能源法律效力方向一致时,能源战略规划是能源法律与相关法律结构的"润滑剂"，成为降低法律成本运行制度结构。反之，就会出现制度冲突与挤出。

## 三、能源法律制度缺位、错位影响能源革命绩效释放

### （一）能源法律滞后的现状

现行能源法律只有《节约能源法》《石油天然气管道保护法》《电力法》《煤炭法》和《可再生能源法》五部单行法。万众瞩目的能源基本法《能源法》从 2005 年九月启动，2008 年送审稿报国务院，至今已有 7 年，仍然没有提交全国人大或常委会审议。2015 年被列入全面深化改革和全面依法治国急需的项目，但至今仍未能走出国务院提交全国人大或人大常委会审议。这里需要说明的是，只有《能源法》作为能源基本法才能具有能源法律同一性的基础，因为法律体系的形成"取决于法律的内容和法律适用方式"及法律功能的同一性，下实现同一的关键在于存在等级和位阶更高的法律即基本法，否则法律的内容、适用方式和功能无法同一。《石油天然气法》《原子能法》虽多次组织起草至今无实质性进展，《煤炭法》《电力法》等历经十年修订亦未修出正果，现行法律的一些配套法规急需建立和完善。一些重要的能源领域如核电安全、煤层气、页岩气的综合开发、矿业权重叠问题解决、分布式能源系统的接入标准、国家石油储备、碳交易、智能电网、合同能源管理等方面，多数处于无法可依状态，甚至是空白。我国能源法律现状与世界第一能源生产和消费大国地位完全不对称。

### （二）能源法律转型助推能源革命

如上所述，我国《煤炭法》和《电力法》都已经十多年没有大修，当年的立法起草部门煤炭工业部和电力工业部都已不在，脱胎于传统计划经济时代的能源管理措施依然沿用，某种意义上讲我国的能源方面的法律就是能源管理权限的"三定"方案。即使能源战略和能源规划具有科学性和前瞻性，能源法律的滞后不但不会成为它们有效的推动力，反而会成为阻碍改革的借口。

尤其是对能源革命如此重大的颠覆性的变革，几乎是对我国现有能源运行体制的颠覆，遇到的阻力之大可想而知。电力改革自 2002 年开始，然而仅靠一个国务院发布的规范性文件，缺乏强制力，后续连续发文始终得不到贯彻执行，《电力法》一直得不到修订，结果 13 年过去，电力市场化改革只听靴子响，不见人下来。国家电网以《电力法》的规定为借口，始终不放开输配售三环节，反而通过特高压技术的发展，更加强化了市场的垄断。从这个例子可以看出，能源法律才是关键，只有通过能源法律的修改或者重大制度设计通过能源法律的转型才能取得根本上的法律强制力，从而实现能源战略和能源规划以及能源

政策的制度设计，否则很容易被搁置。正如伯尔曼所说："实际上，新法律最终体现革命目标的程度标志着革命的成功程度"。习近平主席在召开中央全面深化改革领导小组第二次会议明确提出："凡属重大改革都要于法有据。在整个改革过程中，都要高度重视运用法治思维和法治方式，加强对相关立法工作的协调。"因此，我们需要拿出一万年太久，只争朝夕的紧迫感来推动我国能源法律制度转型，加快能源立法，为实现能源革命提供制度性保证。

# 第三节　我国节能市场化法律转型

## 一、节能主体制度转型：从政府节能到市场节能

### （一）政府强制节能的有限

节能不仅是义务，更是权利，是应对全球气候变化和能源供给不足现实基础上的必然选择，政府的支持和政策的诱导仅是构建了节能市场的外因，而产权的界定、交易规则的确立和市场主体平等交易则是检验节能是否有效的基石，合同能源管理则是实现从政府强制到市场诱致的关键所在。有效界定政府和市场的边界则是重重之重。

我国现行的节能体制，"在中国是政府政策，却不是企业和个人行动，没有成为经济的有机组成部分。行政强制措施如目标责任考核等经常成为推动节能减排的有效手段，使节能减排离开母体市场经济渐行渐远"。政府几乎成了节能的主体，通过加强政府责任来达到节能目标，而不是通过培育建立适应市场经济要求的节能市场主体——节能服务公司来实现。基本形成"制定目标——分解目标——落实责任——目标考核"的政府内节能循环体制，而企业只是作为目标对象的角色而存在。

即使我国政府在推行节能方面是想尽办法，不遗余力，甚至于作为政治纪律来完成，但从效果来看仍不理想。有人说是没有发展节能产业的缘故。早在 2010 年国务院《关于加快培育和发展战略性新兴产业的决定》中，节能减排位列七大新兴产业之首，给予大量的政策扶持。又有人提出发展合同能源管理，早在 1998 年，世界银行、全球环境基金会、欧洲委员会和中国政府就实施了"世行 /GEF 中国节能促进项目"，在山东、辽宁和北京组建了 3 家示范性的节能服务公司和国家节能信息传播中心，希望在我国推广"合同能源管理"的应用。然而鉴于三家节能服务公司并不是完全市场化运行的公司，具有强烈的官方背景，"星星之火"并未燎原，节能服务产业依然没有起色，市场化运作的节能服务公司在政策的边缘艰难前行。直到我国在 2010 年出台 25 号文即《关于加快推行合同能源管

理促进节能服务产业发展意见的通知》，在税收减免方面给予前所未有的优惠政策，对节能服务公司实施合同能源管理项目，取得的营业税应税收入，暂免征收营业税，对其无偿转让给用能单位的因实施合同能源管理项目形成的资产，免征增值税。节能服务公司实施合同能源管理项目，符合税法有关规定的，自项目取得第一笔生产经营收入所属纳税年度起，第1～3年免征企业所得税，第4～6年减半征收企业所得税。2010年因此被业界称为合同能源管理里程碑的一年，备受各方期待。结果依然是还没有完成预定的节能减排任务，节能服务产业并没有实质性的扩大。

### （二）市场激励节能的无限

因此，关键在于政府激励有限，市场的偏好无限。"激励是一种对人类行为起诱导或驱动作用的力量，引导人们按照特定的方式调整自己的行为"。市场的激励才是根本，政府的定位没有摆正，节能的主体应该是企业而不是政府。最早的三家示范性节能服务公司与其说是公司，倒不如说是"半行政性"的机构，这些公司与节能企业签订的能源管理合同本身就不是平等主体之间签订的，甚至可以表述为政府与这些节能企业签订的合同，而且这些节能企业都是政府重点监管的用能企业，其结果是这三家示范性的节能服务公司从项目开工、项目融资、管理无不受到政府的专门呵护。可想而知，这样的示范性的节能服务公司怎么能起到示范推定作用。后来2010年25号文出台后，节能服务公司依然需要国家发改委备案，距今为止已备案了近2000家节能服务公司，而能源管理合同都要到政府指定的机构备案，严格审核。从某种意义上讲，政府成了能源管理合同的一方主体，既是"裁判"又是"运动员"。与其说企业之间签订能源管理合同，倒不如说是政府在和节能企业签订合同，政府其实是实质上的签约主体。正如刘易斯所说："政府的失败既可能是由于它们做得太少，也可能是由于它们做得太多"。在市场经济的大潮中，政府的职责是通过制度的安排，充分发挥市场经济的价格转导机制，创造良好的市场运行环境和公平的竞争规则，只有实现节能主体由政府到市场的演化，才能使节能服务公司在"看不见的手"的指引下，通过市场的竞争，优胜劣汰，在市场的交易规则下与其他市场主体进行"博弈"，最终实现节能服务产业的健康发展，实现节约型社会的构建。

## 二、节能制度设计理念转型：从义务本位到权利本位

### （一）节能"外部性"与义务本位的冲突

我国《节约能源法》从制定到修订理念存在五个缺陷：一是法律定位缺陷：现有的是行政管理法而不是产业政策法；二是产业定位缺陷：是政策催生产业而不是市场培育产业；

三是产业创新机制缺陷：模仿创新与制度创新；四是产业组织缺陷：竞争结构层次市场缺失；五是规划科学性缺陷：缺乏前瞻性和灵活性。现行制度设计必须从市场主体意愿、选择、偏好等出发，进行选择，实现从义务本位到权利本位的法律转型，才能适应发展形势的需要。

## （二）节能外部效应内部化：权利本位的回归

合同能源管理就是较好解决节能外部性的制度设计。节能服务公司与企业签订能源管理合同，双方约定节能服务公司为企业提供能源效率审计、项目设计、原材料和设备采购、施工、培训、运行维护、节能量监测等一条龙服务，而企业则允许节能服务公司共享节能收益，一定年限后，节能设备归节能企业所有。该机制的特色是节能企业的"零风险"和"零投入"，由节能服务公司自己融资，在不影响企业正常运营的前提下对企业进行能源整体改造，提高能源效率，节约企业能源费用支出，对企业来说是一笔不错的额外收益，而节能服务公司也通过分享企业的节能收益来实现自身的赢利。

节能产业的发展需要政府支持，更需要自我成长。只有从财政激励到市场驱动，从政策依赖到自主成长，实现成长经济才是根本路径。"成长经济是一种内部经济，如果一个企业，向某些方向进行扩张有利可图，那么它就能获得成长经济。"产业组织的铸造和节能市场的形成，特别是产权竞争权利主体能力的养成才是节能产业蓬勃发展的动力。政府把节能作为一种义务，一种责任的强制附加，而不是作为一种商品，一种权利去引导、激励企业主动节能，政府应该通过制度的设计使节能变外在的压力为内生动力。产权交易成本，即社会交易成本的高低才是评价政府效率的尺度。"政府是规则的实际制定、运行者，当然要对产权效率负责。当行政效率与产权效率分离，行政权力及其利益的角逐就会是政府或政府部门的首选。当产权效率成为行政效率，产权交易成本的大小就可能成为行政绩效考核的依据"。

我们只有实现节能制度设计理念由义务本位到权利本位的转型，才能变外在节能压力为内生节能动力，这也是节能外部效应内部化的必然要求。节能服务公司、节能企业应该是天平的两端，而政府应该是天平自身，不应该向任何一方倾斜。现行体制下，政府直接成为天平的一端，导致义务本位下的天平失衡。这其实还是一种权利的回归问题，节能的产业化必然要求能源管理合同的权利本位，只有制定公平的双方交易条件，只有实现能源管理合同的"去行政化"，只有保证双方的主体地位平等，强调双方的意思自治，而不是政府帮找"婆家"，通过市场机制的有效运作，形成良性的节能服务产业发展机制，才会实现节能服务产业的良险发展，才能实现节能目标的实现。

# 三、节能市场交易行为法律转型：从无名合同到有名合同

## （一）节能的阶梯转型

我国的节能转型应该是阶梯转型，要从一元机制走向多元机制。从政府节能到市场节能只是行为转型，更为重要的是通过市场交易行为法律规则的完善和制度的设计，激发市场主体的热情，才能促使成熟市场经济带来的效率经济成为现实，节能目标才能真正实现。目前，我国政府通过行政层级签订"军令状"以及开展工业节能监察的行政强制手段带来的激励是有限的，只有市场是无限的，经济的力量最终要靠市场的力量实现才是唯一的选择。我们在进行市场主体转型、理念转型之后，更重要的是要通过实现对合同能源管理这个节能市场交易行为的法律转型才能激发节能市场体系的活力，才能构建节能型生产消费体系，促进经济发展方式和生活消费模式转变。因为节能服务公司与合同能源管理是从组织到规则上实现节能双控制的根本选择。

前所未有的政策支持和政府的强烈干预，我国的节能服务公司和合同能源管理项目得到了快速的发展。但是三大瓶颈仍然制约产业的发展，一是融资难；二是服务收费难即履约风险大；三是节能量的审核难。由于没有统一的计算标准和方法，国家发改委认定的多家第三方节能量审核机构计算出的数据甚至都不统一。上述问题的核心在于签订的能源管理合同法律中没有明确规定，也没有对双方权利义务进行安排，仅仅存在《合同能源管理技术规则》一个指导性技术文件不具有强制性，导致市场低效。因此，首要的任务是界定能源管理合同的性质，进而对双方权利义务进行制度的安排。科斯认为权利的调整要比其他的制度安排会产生更多的产值，法律权利的调整更是如此。因此能源管理合同的性质直接关系到能否实现节能目标和节能资源能源最优配置。

## （二）能源管理合同的法律性质界定

能源管理合同作为新出现的合同，呈现出了实践先于理论的特点。能源管理合同在现行的《合同法》中找不到与之完全相同的有名合同。所以，国内学者一般认为应作为无名合同处理。但根据《合同法》第 124 条规定："本法分则或者其他法律没有明文规定的合同，适用本法总则的规定，并可以参照本法分则或者其他法律最相类似的规定。"可以对把能源管理合同作为融资租赁合同来处理。

融资租赁合同双方可以约定双方合同到期，租赁物的归属。并且合同法专门规定了承租人有妥善保管、使用租赁物的义务。承租人应当按照约定支付租金。能源管理合同重要的一环就是设备的归属以及节能收益的划分与收取。把能源管理合同作为融资租赁合同，

可以较好地解决上述问题，把收益作为租金来看待，可能会是现行法律制度中较为完善的方法。

将能源管理合同作为融资租赁合同处理，实现了由无名合同到有名合同的演化，不仅可以做到有法可依，明确权利义务，界定产权归属，而且还通过法律的严格适用，提高产权的效率，实现节能资源的最优配置，这样才能促进节能服务产业的不断壮大，扛起市场节能的大旗，释放产权法律制度的绩效，实现节能产业的转型。

综上，我们要认识到我国能源革命从情景走向现实，从政策走向行动需要一个过程，更需要制度的支撑和路径的选择。能源革命需要制度转型，特别是需要处于正式制度核心的法律创新。我们要改变我国政府节能义务本位认识的误区，我们需要的不是政治意义上的宣示和行政责任，而是市场经济主体的践行、市场秩序的回归、市场交易规则的完善，只有通过法律制度转型才能充分发挥市场机制的作用，才能实现节能市场化的转型，才能完成节能减排的重任。

# 第四节　我国电力市场化法律转型

## 一、我国电力行业发展现状

改革开放以来我国取得了巨大的经济奇迹，在这奇迹的背后电力工业功不可没，实现了巨大的跨越，也成为中国非凡巨变的一个缩影。我国电力工业始于 1882 年，1949 年全国发电装机容量和发电量仅为 185 万千瓦和 43 亿千瓦时，1978 年全国发电装机容量 5712 万千瓦。从 1978 年到 2014 年，我国发电装机容量增长了 22.8 倍。

我国电力工业形成了华能集团、华电集团、大唐集团、国电集团、电力投资集团五大发电集团和国家电网公司、南方电网公司两大电网公司以及四大辅业集团，2014 年国家电网在美国《财富》杂志公布的"世界 500 强"中高居第 7 位，营业收入达到 3333.87 亿美元，资产总额为 4245.32 亿美元，净利润为 79.83 亿美元，在 27 家入围世界 500 强电力企业中排名第一，国家电网公司比排名第二、第三的意昂集团和苏伊士集团总和还高。华能集团、华电集团、大唐集团、国电集团、电力投资集团五大发电集团均入围世界 500 强。

当前我国电力行业法律只有 1 部即《中华人民共和国电力法》。行政法规和部门规章有 11 部，包括《电力设施保护条例》《电力设施保护条例实施细则》等。

## 二、我国电力市场化存在的主要问题

### （一）停滞十三年的电改

改革开放以来，我国电力产业和政府监管部门经历了多次改革。2002年国务院颁布《关于印发电力体制改革方案的通知（国发〔2002〕5号）》以来，十三年过去了，历经三届政府，仅仅完成了厂网分开，当初定下的"厂网分开、主辅分离、输配分离、竞价上网"四大目标远远没有实现。不管是《国务院办公厅关于印发电价改革方案的通知（国办发〔2003〕62号）》电价的改革，还是《关于"十一五"深化电力体制改革的实施意见（国办发〔2007〕19号）》强调的输配分开，一个没有完成，甚至电监会也不复存在了。新一轮的电改重新启动，2014年10月，国家发展改革委发布了《关于深圳市开展输配电价改革试点的通知（发改价格〔2014〕2379号）》，明确在深圳市建立独立的输配电价体系，完善输配电价监管制度和监管方法，促进电力市场化改革。2014年《关于进一步深化电力体制改革的若干意见》已于2014年12月24日获国务院常务会议原则性通过，但几个月过去了至今未公布，"阻力很大很大，跨出去一步就算前进。"一名接近决策层人士如是描述肇始于2014年的新一轮电改。

### （二）垄断的电力市场

如上所述，不管是《国务院办公厅关于印发电价改革方案的通知（国办发〔2003〕62号）》电价的改革，还是《关于"十一五"深化电力体制改革的实施意见（国办发（2007）19号）》强调的输配分开，一个没有完成，甚至电监会也不复存在了。但存在的是世界第一的国家电网公司。一个经营区域覆盖全国26个省（自治区、直辖市），覆盖国土面积的88%，供电人口超过11亿人，《财富》世界企业500强排名第7位，售电量32539亿千瓦时，输电线路71.3万公里，变电设备容量28.1亿千伏安，营业收入18855亿元，资产总额23527亿元，公司用工总量超过186万人的超级庞然大物，垄断的阴影从来没有散去，而且不断加强。

为什么？核心就是一句话，我国电力交易没有市场化。电价由发改委确定，购、输、售电全部由电网垄断，电网企业处于行业垄断中枢。国家电网和南方电网几乎控制了所有电力系统输电、配电与售电，发电侧，发电厂只能以上网电价卖给电网，电网是垄断的买方；售电侧，电网通过供电系统将电加价配售给用户，电网是垄断的卖方，电网企业靠买电与卖电的尖刀差来获取暴利。2002年国务院颁布《关于印发电力体制改革方案的通知（国发〔2002〕5号）》中："加快电力体制改革的必要性中列举的主要问题即现行的电力体制暴露出一些不适应社会主义市场经济体制要求的弊端。垄断经营的体制性缺陷日益明显，省与省之间市场壁垒阻碍了跨省电力市场的形成和电力资源的优化配置，现行管理方式不适应发展要求"。当年的问题依然存在，而且比 2002 年有过之而无不及，发、输、配、售只完成了厂网分开，输、配、售电一体化程度反而加强。习近平主席在 2014 年 6 月的中央财经领导小组会议上强调："电力系统中，长期以来调度与输配电合二为一，既当裁判员，又当运动员，是'政企不分'的典型体现；能源领域应进行革命，还原能源的商品属性，在电、油、天然气等等领域价格机制不清晰，应进行改革由市场决定能源价格"。

### （三）热闹的电改与旁观者的电力法

《中华人民共和国电力法》1995 年颁布，1996 年 4 月 1 日实施，当时的情况是应对电力不足的行政管理法，而不是产业政策法，立法理念滞后，制度设计缺乏科学性，尤其是在自然垄断的背景下进行了相关制度设计，正如吕忠梅教授所言，"《电力法》设置的国家电力管理体制政企不分、政监不分，缺乏明确的行政执法主体、执法手段与执法程序；在制度设计方面，法律关系的性质不分，主体的法律关系属性与法律地位模糊，行政法律关系与民事法律关系交织，权利义务关系不明确，不具备可操作性与适用性，法律所规定的主体权益难以得到实现"。更为有意思的是当时主要的主导起草部门电力工业部，在 1998 年就被撤销，电力行政管理职能移交国家经贸委，1997 年就成立了国家电力公司，2002 年的电改方案更是对《电力法》的根本性修改，《电力法》的修改多次提上议程，"国家电力公司已经成立了《电力法》修改研究小组，将从电力市场的运行规则，厂网分开后发、输、配分开后的竞争机制、竞争范围建立，政企分开后各行为主体权利、义务的规范等方面进行研究与修改"。之后关于《电力法》的修改几乎每年都提，在 2007 年国务院颁布的《关于"十一五"深化电力体制改革的实施意见（国办发〔2007〕19 号）》中更是明确提出：做好《中华人民共和国电力法》修订的相关工作，加快《电网调度管理条例》《电力供应与使用条例》及《电力设施保护条例》等法规的修订。之后的历次电改，电力法律从来就没上过场，成了一部 20 年的"花瓶"，热闹的电改与旁观的电力法律形成了巨大的反差。

## 三、我国电力市场化法律转型目标

不管是 2002 年国务院颁布的《关于印发电力体制改革方案的通知（国发〔2002〕5 号）》、2003 年的《国务院办公厅关于印发电价改革方案的通知（国办发〔2003〕62 号）》电价的改革，还是《关于"十一五"深化电力体制改革的实施意见（国办发〔2007〕19 号）》都只是政府的规范性文件而已，缺乏强制力。应启动《电力法》修改，以此为契机推动电力市场化。

正如《德国未来能源纲领》中明确进一步推动市场的自由化和竞争仍将是联邦政府的

重要任务之一。我国的电力法的目标更应该是推动市场的自由化和竞争。关于电力法的目标，曾经有学者指出："有利于充分发挥市场优化资源配置的基础作用，大力促进电力结构调整，保障电力安全运行，走可持续发展的道路；有利于深化电力体制改革，打破垄断，引入竞争，提高效率，健全电价机制，推进全国联网；有利于构建政府监管下的公平竞争、开放有序、健康发展的电力市场体系；有利于完善、健全电力法律体系，保障和维护有关各方合法权益；有利于促进电力工业发展，满足国民经济和社会发展的用电需要"。我国《中央关于全面深化改革若干重大问题的决定》对经济体制的改革进行了明确的表述："经济体制改革是全面深化改革的重点，核心问题是处理好政府和市场的关系，使市场在资源配置中起决定性作用和更好发挥政府作用"。我国《电力法》的目标应该是保障电力供应安全，建立竞争性电力市场，破除垄断，优化竞争结构，放开电价管制，形成市场定价机制，鼓励可再生能源发电。

## 四、我国电力市场化法律转型主要制度设计

我国电力市场化法律转型主要从以下四个方面进行制度设计：

一是破除垄断，建立竞争性电力市场。改变国家电网一家独大的局面，拆分国家电网公司，南方电网改为华南电网，全国形成华北、华中、华东、华南、西南、西北、东北七大电网公司。成立独立的国家电力调度中心，直接隶属于国家能源局，属于能源局领导的下属事业单位，类似于证券登记结算公司的运行体制，将电力调度划分为全国骨干网、地方骨干网和支网调度，支网调度归七大电网公司负责，地方骨干网和全国骨干网电力调度由电力调度中心负责。

二是放开输电、配电、售电环节，实施负面清单准入制度，鼓励民营企业进入，鼓励大用户直购电，鼓励配电企业、售电企业与发电企业达成电力交易合同。在国家反垄断局内组建独立电力交易监控中心，实时监控大宗电力交易，对违反反垄断法和有损市场竞争的电力交易给予坚决处罚。建立区域电力交易平台，实施竞价上网。

三是形成市场定价机制。发电企业实施竞价上网，对输、配电企业实施成本收益监管，在总收入的前提内减去准许收益，核定输配电价格，放开售电价格，实施阶梯电价，建立"绿色清单"和"黑色清单"电价制度，对符合国家产业政策的朝阳产业纳入"绿色清单"，国家给予补贴，对高能耗、高污染企业纳入"黑色清单"，给予惩罚性阶梯电价。

四是鼓励可再生能源发电和分布式能源发电。制定发电排放的环保折价标准，对煤炭、天然气、水电、LNG等排放标准不同的电力给予不同的折价，碳排放标准越低，越优先上网且折价越低；实施可再生能源无限上网制度，对太阳能、风能等可再生能源发电给予优先接入，鼓励"绿电"上网；制定分布式发电标准，公布接入技术细则，保证第三方无歧视接入。全面推广智能电网，充分发挥调峰电厂。

# 第五节  我国煤炭市场化法律转型

## 一、我国煤炭市场化现状

### （一）我国煤炭产业发展现状

我国能源的最主要特点就是"富煤、贫油、少气"，煤炭是我国的主导能源，煤炭资源非常丰富，分布广泛，开采成本较低。我国煤炭资源总量 5.9 万亿吨，占一次能源资源总量的 94%。石油、天然气资源仅占 6%，且增产难度大。2013 年我国能源消耗总量为 37.6 亿吨标煤，占世界总能耗的 22%，其中煤炭占 66.7%，石油占 18.5%，天然气占 5.7%，石化能源占 9.1%。

我国煤炭经历了"黄金十年"，2002 到 2012 年，这十年间煤炭企业风光无限，"山西煤老板"已经成为时代的缩影，高峰期我国煤炭企业高达 4 万多家，至今依然有 1.1 万家企业，形成了以神华集团、山西焦煤集团、晋中能源集团等超大型煤电一体化企业，以神华集团为例，该企业融电力、铁路、港口、航运、煤制油与煤化工为一体，神华集团有全资和控股子公司 21 家，拥有一千多公里的铁路和上亿吨吞吐量的港口，甚至还有航运公司，煤矿多达六十多个，光神华集团电厂装机容量高达六千多万千瓦，用工总量为二十六万人。

### （二）我国煤炭法律法规发展现状

目前，我国已经形成了以《煤炭法》《矿山安全法》为主导，行政法规和部门规章加上政策规范性文件的电力法律体系。其中我国煤炭产业相关的法律主要有两部即《中华人民共和国煤炭法（1996 年 8 月 29 日颁布，中华人民共和国主席令第 75 号）》《中华人民共和国矿山安全法（1992 年 11 月 7 日颁布，中华人民共和国主席令第 65 号）》；行政法规和部门规章主要有：《中华人民共和国煤矿安全监察条例（国务院 2000 年 11 月 7 日颁布，国务院令第 296 号）》《煤炭生产许可证管理办法（国务院 1994 年 12 月 20 日颁布，国务院令第 168 号）》《中华人民共和国矿山安全法实施条例（劳动部 1996 年 10 月 30 日颁布，劳动部令第 4 号）》等，政策规范性文件有上百部，主要关于体制改革、行业管理、规划、勘探开采、工程建设、生产管理、经营管理、安全管理、综合利用节约与环保、标准规范、科技教育、劳动保障、价格税费等。

## 二、能源革命冲击下的产业寒冬

美国页岩气和页岩油革命的成功，引发了全球能源格局的变化，美国甚至宣布关闭燃煤电厂全部改用天然气，可再生能源在巨额补贴下重新焕发出了生机，尤其是核电、风电，对火电冲击非常大。截至 2014 年年底，全国发电量 5.55 亿千瓦时，装机容量 13.60 亿千瓦，其中火电比例比去年回落 1.7%，但占比仍然最高，达 67.4%，水电占 22.2%。2014 年，我国新增发电设备容量 1.04 亿千瓦，可再生能源发电占到新增容量的 55%，水电新增 0.22 亿千瓦，风电增加最多，达 0.21 亿千瓦，太阳能发电增加 0.08 亿千瓦，火电新增比例下降到 45%，仅 0.47 亿千瓦。全国电网 220 千伏及以上输电线路回路长度、公用变电设备容量分别为 57.20 万千米、30.27 亿千伏安。

由于烟尘、二氧化硫、氮氧化物等火电厂大气污染物是雾霾的重要污染源，据统计，2012 年，我国火电行业排放的二氧化硫、氮氧化物约占全国二氧化硫、氮氧化物排放总量的 42%、40%。同时，火电行业还排放了烟尘 151 万吨，约占工业排放量的 20% 至 30%。被称为史上最严环保标准《火电厂大气污染物排放标准》于 2014 年 7 月 1 日起实施的，我国 2012 年之前建成的火电厂都要执行。该标准之所以被称为史上最严环保标准，因为对火电厂大气污染物的排放标准比我国 2004 年版标准要严得多，而且甚至比欧美发达国家还要高。我国 2004 年版二氧化硫排放标准为 400 毫克每立方米，新标准直接缩减为原来的 1/4，对新建燃煤锅炉要求为 100 毫克每立方米。而美国 2005 年标准新源二氧化硫排放标准为每立方米 184 毫克，欧盟 2001/80/EC 指令要求不得高于 200 毫克每立方米。核能、太阳能、风能、页岩气、石油天然气等其他能源的冲击，让煤炭的价格从 2011 年 11 月开始飞流直下，再也没有回头，2011 年高峰期环渤海动力煤价高达 860 元每吨，现在只有 550 元每吨。2014 年，煤炭价格整体延续 2012 年以来的持续下行走势。煤价持续下滑，煤炭行业几乎全行业亏损。国家统计局发布数据显示，2014 年 1～11 月份，全国规模以上煤炭开采和洗选业实现利润总额同比下降 44.4%。据中国煤炭工业协会统计，前 11 个月，全国共有 8 个省份煤炭产业整体亏损，企业亏损面在 70% 以上。受全国煤炭市场结构性过剩态势加剧，价格持续下跌影响，100 家企业实现营业收入总额 4.16 万亿元，较上年增长 10.03%，增速回落 8.12 个百分点，创十年来最低水平。

## 三、我国煤炭市场化转型路径探讨

### （一）煤电互保救市政策是救市毒药

在市场"寒冬"和环境约束的双重压力下，山西等煤炭大省和神华集团开始迈入"控产"时代，2015 年 1 月 20 日，山西决定，2020 年前原则上不再新配置煤炭资源，除关小上大、减量置换外，不再审批建设新的煤矿项目，严格控制煤炭产能。到 2020 年，山西原煤产量将控制在 10 亿吨以内，外送量 6 亿吨以内，省内能源消费总量在 2.6 亿吨标准煤左右。神华集团提出，2015 年压缩 10.8% 的煤炭产量，与 2014 年相比减产 3300 万吨。中煤能源、同煤集团等大型煤企也将执行限产计划。

限产是应对煤炭行业寒冬，对市场形势自主判决做出的决策，但与此同时，某些煤炭大省开出煤电互保的"救市政策"不是良药，反而是毒药，是对煤炭市场化改革的倒退。

所谓煤电互保政策，即"省内煤保省内电，省内电优先使用省内煤"，煤电互保政策主要是地方政府通过发电指标与煤炭采购量挂钩等方式，限制外省煤炭，变相托底煤价。"煤电互保"政策是 2013 年 5 月河南省政府率先出台。该政策核心是通过奖惩机制鼓励电厂采购本省原煤。以各发电厂发电量占全省发电量比例为基准，结合当年情况确立采购煤基数，对超额完成采购基数的，每一万吨省内煤奖励一千万千瓦时基础电量，反之，每少采购一万吨煤，罚减一千二百万千瓦时。该政策对本省煤炭企业起到了短期立竿见影的效果，但对外省煤炭产业是个打击，随后山东省、湖南省、陕西、山西省纷纷跟进出台煤电互保政策。山西省甚至出台了煤炭互保政策的升级版，即煤炭经济新政"二十条"，包括对煤炭企业暂停提取矿山环境恢复治理保证金以及煤矿转产发展资金、对实施煤电联营、煤电一体化、签订煤电长期合同的三类电企发电指标倾斜优惠，鼓励就近用煤等措施。

一是煤电互保政策有悖市场经济规律

无论从短期的配置效率还是从长期的经济增长来看，市场体制都绝对要比非市场体制运行得更好。50 政企分开是市场经济的基本要求，企业刚生病，"政府妈"就直接打"吊瓶"，这是违反市场经济规律的，煤炭互保政策是政府赤裸裸的干预市场。更为讽刺的是，2012 年 12 月国务院办公厅颁布《关于深化电煤市场化改革的指导意见（国办发〔2012〕57 号）》，提出要坚持市场化取向，充分发挥市场在配置煤炭资源中的基础性作用。明确煤企和电企平等协商，自主签订合同。发改委不再出面组织电煤重点合同订货会，彻底取消电煤双轨制。其实，该指导意见核心是让政府放开"干预之手"，由价格这个"看不见的手"调节价格，形成市场定价机制。结果五个月后就地方政府就直接对煤电企业开始干预。

二是煤电互保政策违反《反垄断法》

《中华人民共和国反垄断法》第五章专门对滥用行政权力排除、限制竞争进行明确规定，第三十七条规定："行政机关不得滥用行政权力，制定含有排除、限制竞争内容的规定。"煤电互保政策带有明显限制竞争的内容。

如果所有的省市都出台煤电互保政策，直接结果是我国煤炭不能自由流通，煤炭和电力统一大市场被地方保护主义分割，这种政策带来的负面影响是非常大的，对我国刚刚开始的电煤市场化改革更是致命的打击。

## （二）煤炭市场化才是良药

市场的归市场，政府的归政府，产业发展的兴衰是有周期和规律的，用政府政策强制改变周期是不智的，而且低效，因为政治交易更倾向于无效率。煤炭产业经历了"黄金十年"，出现调整是正常的，我国煤炭产业企业多而不强、煤炭开采工艺差、采选率不高、燃煤效率锅炉效率低、产能盲目扩张这些都是弊端，需要通过市场之手，来淘汰落后产能，推进产业整合和煤矿兼并，开发新技术，这些是必然的产业升级的过程。本届政府推行简政放权，全面推行市场化改革，煤炭行业的寒冬为什么会出现？不是市场化改革的错，反而是没有进行彻底市场化改革的结果，只有进行煤炭价格和煤炭资源配置的市场化才能激发企业的创新热情，才能全面推行煤炭的清洁开发利用。

## （三）煤炭价格市场化

我国煤炭价格在1993年以前，煤炭价格直接由原煤炭工业部和国家物价局政府定价；1993年起，实施双轨制，计划外电煤和除了电煤之外的其他行业的用煤价格市场定价，对电煤实行政府指导价，由国家计委确定指导价；2002～2012年，全部实行市场定价，但由于煤炭处于黄金十年，煤炭飙涨，而电力价格国家控制，导致煤炭企业和电力企业无法达成协议，电煤价格依然由政府出面，协调平衡解决，实际上并未市场化。一直到2012年《关于深化电煤市场化改革的指导意见（国办发〔2012〕57号）》的颁布，才取消重点合同，取消电煤价格双轨制，明确煤企和电企平等协商，自主签订合同确定价格。国家不再干预电力煤价格，那就需要市场中形成定价，然而我国当前并没有一个完善的市场价格机制，比如全国性的期货枢纽中心价格。当前国内区域煤价基本上属于战国时代，秦皇岛主要是环渤海的中心，太原煤炭交易中心是山西的煤炭交易中心、鄂尔多斯则是内蒙古的交易中心，三者各自有各自的价格指数，且明显滞后，不能反映未来价格。动力煤期货价格波动较大，建议还是在完善区域动力煤指数基础上，形成基准价进行市场谈判交易。

## （四）煤炭资源配置市场化

煤炭资源一度被称为"黑金"，我国煤炭资源配置不科学、政府干预过多，往往成为"权钱交易"的高发地带。2014年山西省官场发生了"大地震"，令政策、杜善学、金道铭、陈川平、白云、聂春玉、任润厚高达7名省级领导纷纷"倒下"，出现了"塌方式腐败"。山西省委书记王儒林在2015年全国两会上指出：煤炭是腐败的重灾区。山西省省长李晓鹏说：山西的腐败案件背后很多都有煤老板的身影，涉及煤炭资源交易。这里需要说的是煤炭没有错，错的是我国煤炭资源配置不合理，没有实现市场化配置。山西当前以政府为主导，强制性以国有大矿并购小煤矿的措施称为温州商人"永远的痛"。煤炭资源配置必须要以市场为导向，通过市场平等主体的交易和谈判来实现煤炭应有的价值。我国煤炭属于矿产资源，属于国家所有。界定产权是交易的前提，"产权可以被定义为是一组明确稀缺资源和物品使用权的规则""能源资源产权是规则组合的权利束，具体包括完全明晰的，权利人专有的（排他的），可转让的和可以实施的"，政府没有履行好国家所有人的职责，矿业权被虚置，我们首要的是完善矿业权制度，对煤炭矿业权的设置、转让、变更详细地规定。交易是产权的交易。市场起到配置资源的基础作用，政府所要做的是设计并公布交易的制度，明确游戏规则，给市场主体建立稳定的政策预期，煤炭资源市场交易必须通过招、拍、挂程序，要把矿业权的成本计算在内，完善交易规则，建立区域煤矿产权交易中心，对大宗交易进行公示、跟踪、备案，防止出现权力寻租的行为出现，实现煤炭资源市场化配置。

## （五）煤炭市场化转型制度

①修订《煤炭法》，安全、高效、清洁是立法目标，要贯彻可持续发展的理念，结合即将出台的《能源法》，从产业政策的角度对煤炭法进行全新制度设计，明确煤炭矿业权设立、取得、转让、变更的规则；加强煤炭开采、生产、运输、利用的安全监管；制定煤矿安全、环保技术标准，严格要求企业提高煤炭回采率；大力推进煤炭清洁利用，鼓励煤制油、煤化工、煤层气的发展等。

②鼓励"碳交易"，支持碳捕获和碳存储技术研发，大力推进煤炭清洁利用。煤炭的清洁利用关键在火电厂脱硫脱硝，提高排放标准。推行"碳交易"，对发电厂设置碳总量控制，超额完成任务多余的碳可以交易，碳排放不过关的需要通过碳交易购买。支持碳捕获和碳存储技术研发。

③大力支持煤制油、一体化煤化工、煤层气的发展，延伸煤炭产业链，增加附加值。对煤制油项目在环保尤其是水资源保护的基础上给予政策优惠，鼓励大型煤炭企业开展一体化煤化工。由于煤层气多与煤矿重合，设置煤层气矿业权，煤炭矿业权的行使不得侵害煤层次矿业权的权利，对煤层次开采给予税收优惠。

④全面推行煤炭资源市场化配置改革，推进煤炭企业兼并重组。所有新设煤炭资源实施招、拍、挂程序拍卖，建立区域煤炭矿业权交易中心，不得由政府牵线，私下转让。为推进煤炭产业升级，政府可以出台严格的安全、技术、环保标准，但不得强制由大企业兼并小煤炭企业，企业兼并重组是市场行为，由市场主体自主决定，鼓励煤电企业一体化。理顺煤炭市场价格，建议形成以区域煤炭中心价格为参考的基准价，鼓励煤炭企业与电力企业签订长期协议，双方谈判自主确定价格，政府不得干预，用契约治理产权的交易，降低交易成本，因为"契约无论是正式的还是非正式的，都是签约方之间的权利的重新分配"。

# 第七章　我国能源监管体制改革

## 第一节　能源监管理论

### 一、能源监管的含义与特殊性

#### （一）能源监管的含义

能源监管是指国家能源监管部门根据法律法规授予的监管职权和范围，依据法定的程序和标准，对能源行业和市场的参与者（企业或个人）及利害关系人的相关能源活动进行监督和控制的行政活动。从监管主体来看，能源监管是国家能源监管部门进行的监管活动，能源监管部门属于国家行政部门的组成部分之一。从监管职权和程序来看，能源监管的职权、范围和程序都是法定的，严格遵守行政法治的原则和要求，行政程序法在制约和监督监管机构依法行使职权方面起很重要的作用。从监管领域来看，能源监管是对能源行业和市场的活动进行的监管，能源行业既包括石油、天然气、煤炭、电力等常规能源行业，也包括太阳能、风能、地热能、生物质能等新能源行业；既包括不可再生能源行业，也包括可再生能源行业。能源市场包括能源生产和供应市场、能源运输市场、能源配送市场等传统市场，也包括能源污染排放权的交易市场和节能市场等新兴市场。从监管对象来看，能源监管主要是针对能源行业和市场的参与者，包括企业和个人，主要是从事能源生产、运输、配送等活动的公司和企业。从监管行为的性质来看，能源监管是一种行政行为，具有行政行为的法律意义和效力，对能源监管行为不服，可以寻求行政法律救济，包括国家赔偿、行政复议和行政诉讼等。

#### （二）能源监管的特殊性

能源监管相对于其他行业的政府监管而言，既有相同的地方，也有特殊的地方。能源监管的特殊性主要表现在以下几个方面：

①能源监管是经济性监管和社会性监管的结合。根据政府监管的特点，可以把政府监管分为经济性监管和社会性监管两种。日本学者植草益认为，经济性管制是指在自然垄断和存在信息偏在的领域，主要为了防止发生资源配置低效率和确保利用者的公平利用，政府机关用法律权限，通过许可和认可等手段，对企业的进入和退出、价格、服务的数量和质量、投资、财务会计等有关行为加以管制。经济性监管在能源领域表现的比较突出，因为电力、石油天然气管道运输行业具有显著的自然垄断特征，需要进行价格监管、市场进入和退出的监管等。社会性管制是指以保障劳动者和消费者的安全、健康、卫生、环境保护、防止灾害为目的，对产品和服务的质量和伴随着提供它们而产生的各种活动制定一定标准，并禁止、限制特定行为的管制。在能源领域，社会性管制主要表现在能源消费者权利保护、电力可靠性、石油天然气管道保护、职业安全与卫生、环境保护等方面，能源消费产生的污染和气候变化还成为目前国际社会关注的焦点。

②能源监管的目标是建立统一、开放、竞争、有序的能源市场，但是这种市场化是有限的。比如在欧盟，自从第96/92/EC指令和第98/30/EC指令确定了建立电力内部市场和天然气内部市场的规则以来，欧洲能源内部市场化的进程一直在继续。欧盟确立的目标是建立一个真正竞争天然气和电力内部市场，为消费者提供真正的具有公平的竞争价格的选择自由，激励清洁能源的生产，提高能源供应的安全。但是在电力和天然气管网方面，欧盟的目标主要是确保互联互接、管网代码的统一以及保证市场参与者以合理、公平、非歧视的价格进入相应的管网，并不是将能源管网进行完全的市场化。能源监管目标的有限市场化是能源的商品属性和管网垄断属性决定的，商品属性决定能源应当市场化，以提高能源供应和配置效率；但是管网垄断属性决定了能源的垄断属性，限制了能源市场化的范围和程度。

③能源监管的政策性比较突出。这一特征是由能源的政治属性决定的。国家的能源总体战略和政策决定了能源监管的重点和方向。能源战略也称能源发展战略，是一国（或国际性组织）为了实现总体经济和社会发展目标，对能源经济发展所规定的总方针、基本原则以及根本性的措施，是国民经济与社会发展战略的重要组成部分，是一国能源经济发展的根本规律和特殊性的总结，具有长期性、稳定性、全局性、预见性、对抗性等特点。能源战略决定了能源监管的总方向和总体目标，比如能源可持续发展战略就决定了能源监管必须以能源安全、清洁为目标。能源政策是指政府机关和能源行政主管部门在特定时期内为了实现一定的能源发展目标而采取的政治行为和行为准则，是一系列能源措施和管理手段的总称。能源政策要为能源战略服务，能源战略目标是能源政策的重点。能源监管是能源政策的具体执行和贯彻。比如国家制定能源效率和节能减排政策后，需要能源监管机构制定具体标准并监督实施，以实现政策目标。

④能源监管的公共性特征。这一特征是由能源的公共属性决定的。人类自从懂得利用火以来，对能源的依赖逐步加强，进入现代社会后，电力和燃气是人们生活的必需品，与自来水、供热、公共交通等构成了公用事业部门。能源监管的一个重要内容就是确立能源

公用事业公司的普遍服务义务并监督执行。普遍服务义务是指能源公用事业公司有义务为所有提出合理要求的能源消费者以可承受的价格提供基本的能源服务。比如向农村、孤岛地区和基础设施成本高的地区提供必要的电力服务。普遍服务义务的核心问题是可承受价格和统一定价政策，即能源公用事业公司不能对不同地区和不同类型的消费者进行价格歧视，应当同等对待。我国作为发展中国家，能源公用事业履行普遍服务义务还有一个前提问题：基本的能源基础设施的普及。特别是在广大的农村地区，我国1998年进行农村电网改造和城乡同电同价政策的目标之一就是为农村提供普遍电力服务。2011年1月5日，温家宝总理主持召开国务院常务会议，决定实施新一轮农村电网改造升级工程，是为了更好地为农村地区提供普遍优质的生活用电和生产用电服务。石油、天然气的管网运营商也应当以公平、合理和非歧视的价格为市场参与者提供进入服务。在欧盟，通过制定《能源消费者宪章》确保能源的普遍服务，坚持与能源贫乏做斗争。面对持续增长的能源价格，原则上鼓励执行对最弱势的公民群体的补助制度，同时改善消费者获得有关不同的供应商和供应选择信息的权利。

## 二、能源监管的范围

确定能源监管的范围是建立能源监管体制的基本前提。通过对能源监管的必要性和意义、能源监管的理论基础进行分析之后，能源监管的范围可以确定为以下几个方面：

### （一）能源市场监管

主要包括能源行业的市场准入监管、能源价格监管、能源公用事业监管、能源基础设施的接入、互联和费率监管等。能源行业市场准入监管主要是指市场主体为了从事能源行业活动，必须符合一定的条件，向能源监管机构申请执照或者许可的情形，比如《电力监管条例》第13条规定，电力监管机构依照有关法律和国务院有关规定，颁发和管理电力业务许可证。能源价格监管是指由能源监管机构对能源价格进行控制的制度，我国对石油、天然气和电力的价格实行比较严格的监管制度，如《电力监管条例》第20条规定，国务院价格主管部门、国务院电力监管机构依照法律、行政法规和国务院的规定，对电价实施监管。能源公用事业监管是指能源公用事业监管机构对电力、天然气等能源公用事业企业的活动进行的监管，包括价格、普遍服务义务履行等方面的监管，如《电力监管条例》第18条规定，电力监管机构对供电企业按照国家规定的电能质量和供电服务质量标准向用户提供供电服务的情况实施监管。能源基础设施的接入、互联和费率监管主要是确保市场参与者能够公平、以合理的价格、非歧视地接入能源管网设施的监管活动，如《电力监管条例》第15条规定，电力监管机构对发电厂并网、电网互联以及发电厂与电网协调运行中执行有关规章、规则的情况实施监管。

## （二）能源安全监管

从能源生产的过程来看，主要包括能源生产安全监管（如煤矿生产安全监管）、能源运输安全监管（如电网可靠性监管）、能源供应安全监管（石油储备监管）等。从能源各行业来看，主要包括煤矿安全监管、电力可靠性监管、石油、天然气管道安全监管、核安全监管等。比如，依据《中华人民共和国安全生产法》《煤矿安全监察条例》，煤矿安全监察机构行使国家煤矿安全监察职能，主要职责是：对煤矿安全实施重点监察、专项监察和定期监察，对煤矿违法违规行为依法做出现场处理或实施行政处罚；对地方煤矿安全监管工作进行检查指导；负责煤矿安全生产许可证的颁发管理工作和矿长安全资格、特种作业人员的培训发证工作；负责煤矿建设工程安全设施的设计审查和竣工验收；组织煤矿事故的调查处理。

## （三）节能和能源效率监管

我国《节约能源法》第3条规定，节约能源（以下简称节能），是指加强用能管理，采取技术上可行、经济上合理以及环境和社会可以承受的措施，从能源生产到消费的各个环节，降低消耗、减少损失和污染物排放、制止浪费，有效、合理地利用能源。节能和能源效率监管是指能源监管机构依据国家的能源利用政策规划、能效标准和法规，对能源节约的情况和能源利用效率进行监管的活动。能效和节能监管主要是为了排除不当的能源利用和消费方式，避免能源利用的浪费现象，实现能源利用效率的提高。能源效率监管一般包括以下内容：能效标准和用能限额监管；能效标识和认证监管；高能耗产品、设备淘汰监管；用能产品的进出口和价格监管等。从行业来分，能源效率监管主要包括工业节能、建筑节能、公共机构节能、交通运输节能和国家重点用能单位的节能监管等。比如，《节约能源法》第34、35条规定，国务院建设主管部门负责全国建筑节能的监督管理工作。建筑工程的建设、设计、施工和监理单位应当遵守建筑节能标准。不符合建筑节能标准的建筑工程，建设主管部门不得批准开工建设；已经开工建设的，应当责令停止施工、限期改正；已经建成的，不得销售或者使用。建设主管部门应当加强对在建建筑工程执行建筑节能标准情况的监督检查。

## （四）能源环境监管

能源消费是环境污染和气候变化的主要源头。能源环境监管随着全球变暖和气候变化的形势日趋严峻而显得格外重要。从能源行业来分，能源环境监管的主要任务是：在石油行业，主要是防止石油泄漏造成的环境污染，2010年4月美国墨西哥湾石油泄漏事件再次敲响了警钟；在煤炭行业，主要是防止固体废弃物、煤尘污染、地面下沉和温室气体的排放；在电力行业，特别是火电行业，主要是防止温室气体排放和其他有毒物质的排放；在核能领域，主要是防止核辐射和核废料的处理问题等。即使是可再生能源行业，也会产生环境污染问题，比如水电开发带来的生态环境问题；风电开发带来的噪声污染、对景观和鸟类生存环境的破坏、对土地的占用；能源植物种植可能引起生物多样性的丧失；生产多晶硅的太阳能企业造成的废料污染；垃圾发电的尾气对环境的污染；地热开采造成的地面干扰、地面沉降、噪声、热污染和化学物质的排放等。能源环境监管的主要目的是尽量减少能源生产和消费过程中带来的环境污染，防止气候变化带来的灾难，让能源消费更清洁、更健康。

### （五）能源结构监管

能源结构问题主要是清洁能源和可再生能源在能源结构中的比重问题。我国能源结构问题相当严重，以煤为主的能源结构不仅造成了能源利用效率低下，经济效益差，而且严重破坏了生态环境，给气候变化产生很大的压力。根据《可再生能源法》的相关规定，对可再生能源监管的主要任务是：制定标准和技术规范（第 11 条规定，公布国家可再生能源电力的并网技术标准和其他需要在全国范围内统一技术要求的有关可再生能源技术和产品的国家标准；第 17 条规定，国务院建设行政主管部门会同国务院有关部门制定太阳能利用系统与建筑结合的技术经济政策和技术规范。）；项目许可（第 13 条规定，建设可再生能源并网发电项目，应当依照法律和国务院的规定取得行政许可或者报送备案）；强制入网（第 16 条规定，利用生物质资源生产的燃气和热力，符合城市燃气管网、热力管网的入网技术标准的，经营燃气管网、热力管网的企业应当接收其入网）；价格和费用监管（第 19 条规定，可再生能源发电项目的上网电价，由国务院价格主管部门根据不同类型可再生能源发电的特点和不同地区的情况，按照有利于促进可再生能源开发利用和经济合理的原则确定，并根据可再生能源开发利用技术的发展适时调整。）；监督检查（第 27 条规定，电力企业应当真实、完整地记载和保存可再生能源发电的有关资料，并接受电力监管机构的检查和监督。）。

## 三、能源监管的分类

### （一）经济性监管和社会性监管

根据能源监管内容的不同，可以分为两类：一是经济性的监管，是指在自然垄断和存在信息偏在的领域，主要为了防止发生资源配置低效率和确保利用者的公平利用，政府机关用法律权限，通过许可和认可等手段，对企业的进入和退出、价格、服务的数量和质量、投资、财务会计等有关行为加以管制下，能源行业的市场准入监管、能源价格监管、费率监管、能源污染排放权交易的监管就属于这一类。二是社会性监管，是指以保障劳动者和消费者的安全、健康、卫生、环境保护、防止灾害为目的，对产品和服务的质量和伴随着提供它们而产生的各种活动。制定一定标准，并禁止、限制特定行为的管制，能源安全监管、能源环境监管就属于这一类。

这种分类的意义在于两种监管的发展趋势和国家政策是不同的。一般认为，经济性监管由于限制了市场机制和竞争的作用，对于电力、天然气等自然垄断行业，应当开放市场，引入竞争，提高经济效益，所以放松经济性监管成了世界范围的一种改革浪潮，我国能源行业市场化的改革是这一发展趋势的例证。相反，社会性监管随着人们环保和健康意识、生活水平提高而逐渐加强，特别是在全球气候变暖，人类生存环境面临日益严峻形势的今天，能源环境监管和安全监管肯定会越来越受到重视。

## （二）自律性监管和他律性监管

根据监管主体的不同，能源监管可以分为自律性监管和他律性监管。他律性监管是指通过能源监管机构或者与其他部门合作对被监管者实施行业外的监管。自律性监管是指被监管者通过行业自律组织或者通过签订自我监管协议等形式进行的监管。为了提高被监管者守法的自觉性和自律性，自律性监管的方式开始越来越受到人们的重视和关注，被监管者可以通过与监管者签订自我监管协议的方式来达到监管的目标，有利于被监管者参与到监管政策和监管目标的确定过程中来，增加发言权和决策权，也有利于缓解监管机构和被监管者之间的紧张关系，同时还能提高监管的可接受性和执行效率。当然，自律性监管也存在一定的风险，比如私人利益的不当影响、阻碍竞争、透明度和可问责性的缺失等，需要进行合理的设计和严格管理。

## （三）命令控制型监管和激励性监管

根据能源监管对被监管者的激励程度的不同，分为命令控制型监管和激励性监管。命令控制型监管是指依据监管法规标准，通过行政命令、行政许可和行政处罚等强制性手段进行的监管。比如高能耗产品设备的淘汰监管、煤矿安全监管就属于这一类。监管机构往往偏爱命令控制型的监管，原因有：对标准化解决方案的偏好、较容易的执行、被监管团体的清晰性、目的的确定性。此种监管形式也具有一些缺点，如僵化、过分关注细节、缺乏适应新情况的能力、高成本、对抗性本质、很多场合下的低效率等等。

激励性监管论，是20世纪70～80年代美国经济学家鲍莫尔、伯格和奇尔赫特等人对传统监管理论的修正。根据他们的观点，在自然垄断行业也存在着可竞争性的市场条件，这完全取决于新企业进入时所受到的障碍程度。尽管规模经济的存在限制了自然垄断行业内实际竞争者的数量，但仍存在潜在进入的可能性。激励性监管理论包括三层含义：第一，建立与企业同步发展的理性行政监管体系；第二，使监管制度化、法律化；第三，将监管与企业看作是一个共生的生命循环体，政府监管与市场机制要在资源配置上形成互补、互动的关系。引入激励性监管对降低监管成本起着重要的作用。根据美国经济学者的分析，1991 年美国联邦监管的成本总计为 5420 亿美元，约占国民生产总值的 9.5%；1986 年澳大利亚的监管成本占国民生产总值 9.19%；加拿大为 12%。由于监管成本过大，从 1973 ~ 1987 年间美国国民生产总值为此而损失 1.5% ~ 2%。在经合法组织的一份报告中指出，改造传统监管模式，引入激励性监管会使英国的国民生产总值提高 3.5%，而法国、德国和日本则将提高 6%。也就是说，引入激励性监管将意味着社会总收益的增加。

激励性监管的手段主要是指包括经济手段、自愿协定、自我监管、信息披露、说服以及各种基于绩效的监管。法国的拉丰教授被公认为激励性监管理论的集大成者，他认为，规制的传统方式对被规制者的激励一无所知，而只考虑价格规定，或在激励问题上不够明确。新规制理论认为，主要的问题在于管理者与被管理的企业之间的信息非对称性，因此一般来说必须借用激励理论的工具才能解决这些信息问题。所以，激励性监管强调对监管进行成本效益分析，主张目标明确的社会监管和市场激励，引入市场竞争机制，增强监管程序和规则的透明度和非歧视性。

### （四）规则性监管和原则性监管

根据监管的灵活程度不同，可以分为规则性监管和原则性监管。规则与原则比较而言，规则更加明确、具体、可操作性强、比较固定；而原则更加灵活、抽象、概括性强，能适应情况的变化。规则性监管主要是指依据具体明确的法规标准要求进行的监管。比如能效标识监管，在欧盟，对家用电器的能效标识指令中规定，对能效标识适用的家用电器的范围、标识应具有的信息、标识的图案等内容都做出了非常明确具体的规定，监管的操作性和明确性很强。

相反，原则性监管意味着不是通过具体、详细的规则，而是更多依赖于高位阶的、概括性描述的监管规范来确立监管对象在商业活动中必须遵守的标准。原则性监管主要是指监管机构只负责确立一定的监管目标和原则，具体实施则由被监管者根据实际情况灵活掌握的一种监管。原则性监管可以通过特许经营、自愿协议等方式来实现。由于监管环境和情势多变，原则性监管的运用越来越广泛。

# 第二节  能源监管体制的现状与问题

## 一、我国能源监管现状

"推动能源体制革命，打通能源发展快车道""转变政府对能源的监管方式，建立健全能源法治体系"是习近平总书记能源革命战略的重要内容。党的十八届三中全会精神明确，对能源行业进行监管，是推进国家治理体系和治理能力现代化的有力举措，也是现代政府的重要职能之一。

但就目前来说，我国的能源监管理论和监管实践尚未能完全适应监管治理体系建设的要求。

国家能源局 2013 年的重组，开启了我国能源行业政监合一的新模式。4 年多来，按照中央和国务院的统一部署，积极推进"放管服"改革，主动简政放权，取消或下放了 64% 的审批事项，能源行业管理方式发生了根本性转变，突出表现在：从原来的以行政计划和项目审批为主的管理方式，向更加注重发挥能源战略、规划、政策和标准的引领作用转变，向更加注重发挥市场配置资源的决定性作用转变，向更加注重强化规划、政策、标准的执行和落实情况的事中事后监管转变，向更加注重改善能源公共服务、提高供给能力和效率转变。

为适应这一转变，国家能源局及派出机构按照国家治理能力和治理体系现代化的要求，着力构建能源管理和能源监管"一体两翼"新格局，强化监管，积极完善规划、政策、规则、监管"四位一体"的能源管理新模式，陆续出台了创新能源监督管理机制、加强后续监管等一系列指导意见。

围绕创新和完善能源监督管理体制机制，初步探索出了一条适合我国国情、管理有序、监管有效的能源行业管理新模式。

调控和监管进一步加强。编制并实施《能源监管行动计划（2014 ~ 2018 年）》，积极推进能源行业信用体系建设，制定对取消和下放行政审批事项加强后续监管的指导意见，建立健全"双随机一公开"监管抽查机制。法规制度建设逐步加快。《能源监管条例》已六易其稿，以监管为重点的一系列规章、办法先后颁布。重点专项监管和问题监管成为主要方式。

适应能源项目审批简政放权的背景，新建电源投资开发秩序、火电项目优选等事中事后监管和电网、油气管网公平开放等监管深度展开。电力市场建设、化解煤炭行业去产能以及能源价格改革、大气污染防治监管全面布局。电力业务许可、节能减排、人民群众满意用电等民生监管，切实解决关系群众切身利益的诸多问题。

扎实开展电力安全监管工作。制定电力安全生产监管相关规章制度，深入开展隐患排查整治，促进电力等能源安全生产运行和能源的可靠供应。一系列有质量、有分量、有影响的监管报告相继发布。整体监管工作有章法、有声色、有成效，监管的整体效能不断提升，实现了"放管结合，有效的管可以更多地放，管得好才能放得活"的改革预期。中共中央"9号文"中，在讲到电力监管工作时称"电力监管积累了重要经验"，也可以说是对以电力监管为主要内容的能源监管工作的客观评价。

## 二、能源监管中的问题

与原国家电监会 10 年的筚路蓝缕相比，新的国家能源局 4 年多来的开拓进取，监管思路日趋清晰，监管手段、监管方法也逐渐丰富，但与能源革命的大形势、能源市场化改革的新要求相对照，还有诸多明显的问题和不足。

### （一）监管工作机制不畅，职责不清

目前我国能源行业监督管理职责相对分散，相关部门之间、中央政府部门与地方政府部门之间存在政策目标差异和步调不同步等多方面的问题，工作协调难度比较大。以能源立法困境为例，由于能源立法涉及部门多，缺乏强有力的推动机制，沟通协调难度极大，进展缓慢。

其中，能源法就涉及 15 个部委，石油储备条例涉及 4 个部委 12 家单位，沟通协调之难，异乎寻常。加之能源管理和监管机构在很多事情上权责不对等甚至有责无权，影响了能源监管工作的开展，制约了监管作用的正常发挥。

### （二）监管工作界面不明，监管效率偏低、监管效力偏弱

法律法规缺失，问题处理依据不足，监管工作缺乏应有的强力支撑，一定程度上影响了监管的效力。政监合一的国家能源局成立已逾 4 年，作为监管工作的重要法律支撑的《能源监管条例》至今尚未出炉。监管机构既有"老虎吃天无处下口"的困惑，也有"拳头打到棉花垛上"的烦恼，监管效能缺乏相应的保障。

职责不清，导致相关工作无法更加有效开展。以电力安全监管为例，由于与地方有关部门的职责关系不清，导致部分工作难以开展。个别行业主管部门要职能不要责任，要权力不要安全，甚至有的政府部门分配电量计划时，是"电力行业管理部门"，落实安全责任时，是"经济运行管理部门"，对中央和地方召集的重要安全会议都可以不参加、不理会。完全置"管行业就要管安全、管生产就要管安全、管业务就要管安全"的要求于不顾。

许多地方电力安全监管几乎成了能源派出机构的"独角戏"，区区二、三人面对一省之幅员、成百上千电力企业，电力安全监督管理力量严重不足、职责职能机构难以为继。

### （三）监管主体、监管手段单一，难以满足"放管服"改革的需要

国家能源局已经下放或取消了64%的行政审批事项，并将按照"放管服"改革要求进一步下放，一个市场监管司、18个能源监管派出机构的架构和400余众的监管队伍，无论是监管人员队伍还是技术力量明显不足，难以适应新常态下能源监管日趋紧迫、日趋繁重的监管形势，难以适应"权力和责任同步下发，调控和监管同步加强"的改革要求。

特别是当前主要采用传统的现场监管方式开展工作，更是加剧了监管力量不足与日趋繁重的监管任务之间的矛盾。

多年来，受传统"政府监管"范式的影响，监管理念和思路缺乏创新。"政府监管"一元，监管手段单一，政府监管部门主要依靠强制手段，使监管权无法在多主体中分配，政府的作用提前发挥，政府以外其他社会群体的功能没有得到有效释放。

也正是鉴于能源监管力量捉襟见肘的实际，国家发改委副主任、国家能源局局长努尔·白克力明确指出：我们一方面可以考虑在不突破总编制的前提下，对内部机构设置和职责进行优化；另一方面，要努力创新监管方式，充分利用大数据等信息化手段开展非现场监管。明确把创新监管、提高监管的科学性，作为对能源监管的基本要求，以期能够在新形势新任务下，能源监管不断探索创新，提高效率和效能。

# 第三节　能源监管职能配置原则

行政任务和行政职能的产生基于现实的需要。我国的能源监管行政任务和职能的产生是基于确保国家能源安全、促进能源市场化改革、节约能源、提高能源效率和保持能源可持续发展的现实需要。在这一现实需要的基础上，产生了能源安全监管、能源市场监管、节能和能源效率监管、能源环境监管和可再生能源监管等具体的行政监管任务和职能。如何在行政机构之间配置这些监管职能，以期达到有效实现行政任务的目标，需要根据一定的监管职能配置原理和原则，进行合理配置和高效配置。

从政府监管职能配置的原理和国外政府监管职能分配的经验来看，在我国能源监管体制的改革过程中，监管职能配置应当遵循以下几个基本原则：

## 一、职能独立原则

职能独立是监管独立性原则在监管职能配置上的具体体现。在能源监管领域，主要是

指能源监管机构的职能在外部应当独立于传统的行政管理部门和被监管的企业。首先是实行"政监分离"原则，也就是把能源监管职能从传统的能源行政管理部门中分离出来，与能源政策制定职能相独立，这是监管独立的本质要求。其次是实行"政企分开"原则，将监管职能从被监管企业中独立出来，取消被监管企业的行政监管职能，这改革传统计划经济体制下"政企不分"的现实需要。在我国长期的计划经济体制之下，由于政企不分，政监不分，造成了政府行政职能的普遍错位和缺位现象。各政府机关之间职能交叉、相互扯皮、效率低下，政府行为商业化，成为非常严重的问题。加之一直推行一元化领导体制，使各级政府机关与政府机关工作人员养成了依赖思想，不敢承担责任，不敢独立做出决定。监管机构是建立在政企分开、政监分开原则之上的当代公共行政管理机构，独立性是监管机构发挥作用最为重要的前提和基础。因此，职能独立是能源监管职能分配的首要原则。

## 二、职能分离原则

职能分离是分权原则在行政组织内部的具体体现。主要是指能源监管职能在监管机构内部应当进行适当的区分，决策、咨询、执行、裁决等具体职能可以有不同的内部机构和人员来执行。在美国，职能分离是指从事裁决和审判型听证的机构或者人员，不能从事与裁决和听证行为不相容的活动，以保证裁决的公平。因此，主持听证和做出裁决的人和机构，不能同时又是追诉者和调查者，也不能和后者单方面进行接触。我国的《行政处罚法》借鉴了职能分离的一些做法，如规定了主持听证的行政人员不能是本案的调查人员；实行罚款决定机关和收缴机构的分离等。职能分离的主要目的是对监管职权进行内部制约，确保被监管者的合法权益。

进行职能分离的原因主要是因为法律在授予监管机构执行某种职务的同时，还往往授权监管机构对有关违法行为，可以进行调查、追诉、听证和裁决。监管机构所裁决的问题，往往就是它所执行的任务。因此监管机构既是当事人，又是裁决者，几种性质不相容的活动集中于一个机构。普通法中自然公正原则的一个重要内容，是当事人不能作为自己案件的法官。职能分离原则有两个基本要求：一是禁止听证人员或者裁决人员和当事人单方面接触；二是禁止裁决人员对调查人员或者追诉人员负责或受其监督，也就是说裁决人员和听证人员必须独立行使职权，他们之间没有上下级关系，两者独立，共同受机关最高行政长官的监督。

## 三、职能效率原则

效率是监管制度产生的一个重要历史原因，也是监管制度存在的基础。失去了效率，也就使监管失去了存在的理由。监管职能的配置要体现效率的原则，主要是指监管职能配置到相应的监管机构以后，组织效益和社会效益应当相对于以前有所提高，而不是下降。为了保证监管职能配置的有效性，需要做到以下要求：

一是专业性，监管机构相对于传统的行政管理部门的一个重要特点就是领域更加专业，需要专门的技术知识来解决专门问题，能源领域的专业性问题很多，如电网可靠性标准、煤矿安全技术标准等，这些都需要非常专业的知识才能实现相应的监管职能。

二是监管权力到位。为了提高监管效率，监管机构往往被赋予了制定规则、执行规则和裁决纠纷的权力。在美国，人们把行政权和准立法权、准司法权集于一身的独立管制机构称为无头的"第四部门"。权力的集中确保了监管职能的及时实现，不过也容易产生权力滥用，所以需要健全行政程序制度和司法审查制度来监督监管机构合法行使权力。

三是职能范围合理。监管机构的职能范围不能无所不包，应当合理定位，能够由市场机制和行业自律组织解决的，尽量做到不管；能够由被监管企业自己决定的事项，不予干预。要改变传统的政府既管人、财、物，又管产、供、销的行业管理的做法。

四是程序设计要科学。监管机构执法的行政程序要进行科学设计，确保程序规则的透明度和公众参与，保证及时有效地实现行政目标。

## 四、职能法定原则

职能法定是指监管职能的确定应当具有法律的授权，监管机构履行职能必须在法定的权限范围内，遵守法定程序，符合法定要求与条件；监管机构的职能不得与法律相抵触。职能法定是依法行政原则的具体体现，也是行政法治的基本要求。职能法定的具体要求有：一是立法先行，主要是指监管机构职能的确定要以立法的形式进行，通过法律授予相应的监管职能；二是监管机构不能自己确定职能范围，职能法定意味着监管机构无权在法律之外自定职能；三是职能的确定符合法定的程序，要经过合法的程序和形式将职能确定下来。我国常常以国务院"三定"方案的形式确定监管机构的职能，有违职能法定的要求。而且，通常是监管机构已经成立，而相关立法却没有跟上，比如，电监会成立后，三定方案将其职能己经确定，《电力法》却没有进行修改，但是电监会又必须根据《电力法》行使权力，《电力监管条例》则是在电监会成立以后才制定的，所以就会出现相互矛盾的现象。

# 第四节 能源监管体制改革

## 一、回应性监管的起源

习近平总书记曾经深刻指出，创新也是中华民族最鲜明的民族禀赋。我们的先人早就有创新理念，我们必须把创新作为引领发展的第一动力，把创新摆在国家发展全局的核心位置，不断推进理论创新、制度创新、科技创新、文化创新等各方面创新，让创新贯穿党和国家一切工作，让创新在全社会蔚然成风。由是观之，能源监管创新，当然需继续前行。

回应性监管理论的源起。回应性监管理论最早由美国和澳大利亚的两位学者伊恩·艾尔斯和约翰·布雷斯维特在 20 世纪 90 年代首次提出。该理论提出的社会背景是 20 世纪 60 ~ 70 年代西方国家在安全生产、环境保护等方面的社会性监管大幅增加，但同时出现监管过度的现象。

政府监管受到来自新自由主义的猛烈抨击，他们主张放松监管，更多依靠市场机制进行调节。正是面对加强政府监管与放松监管的争论，两位学者提出了介于两者之间的第三条道路，即发展政府监管与非政府干预手段的混合模式。

两位学者的专著《回应性监管：超越放松监管的争论》，与目前国内对监管问题的研究主要从管制经济学、传统行政法学和政治学理论视角展开不同，该理论起源于博弈论、社会学和犯罪学的研究成果，后来逐渐与政治学领域逐渐兴起的治理理论相结合。

该理论的提出具有理论和实践两方面的渊源。作者曾形象地把该理论内涵和实践原则描述为"强制手段金字塔"和"监管策略金字塔"。前者主要针对政府监管者面对被监管个体时采用什么样的强制手段（多数政府措施是位于金字塔低端的教育和说服），后者是针对整个行业监管的设计，也就是决定在多大程度上把政府监管权下放给非政府部门来行使（政府的命令控制型监管是位于塔尖的，而非政府部门掌握最多的监管措施）。

历经 20 多年的发展，回应性监管已经成为全球监管治理领域最具影响力的理论。

## 二、完全契合我国能源监管思路

推进国家治理体系和治理能力现代化建设，就是要把以往政府单一、强制的管理模式，改为多元共治模式。在政府唱"独角戏"的监管模式或完全依靠市场调节的监管方式都难以获得最佳的监管质效的情况下，以强调监管主体和监管手段策略的多样化为核心内容的回应性监管理论与当下国家治理的要求完全呼应。

简政放权、放管结合、优化服务成为本届政府深化政府职能转变的先手棋和关键招。经过多轮简政放权工作，如何监管政府转移和下放出来的权力，保证转移和下放的政府权力不回位、不移位、不错位，无疑已成为推进国家治理体系和治理能力现代化的重要保障环节。

中央9号文件在阐述深化电力体制改革的基本原则、坚持科学监管时强调："完善电力监管组织体系，创新监管措施和手段，有效开展电力交易、调度、供电服务和安全监管，加强电网公平接入、电网投资行为、成本及投资运营效率监管，切实保障新能源并网接入，促进节能减排，保障居民供电和电网安全可靠运行。加强和完善行业协会自律、协调、监督、服务的功能，充分发挥其在政府、用户和企业之间的桥梁纽带作用。"

努尔·白克力指出：新体制下的能源市场监管还处于不断摸索阶段，监管的手段、方法还比较有限。要加强总结，积极借鉴，注重创新，积极适应经济发展和体制改革的新形势，特别是能源监管范围不断扩大、职能不断拓展、内容不断增多的新变化，进一步创新监管工作思路和工作机制积极探索和加强非现场监管、主动适应互联网、大数据应用等发展要求，积极运用大数据、云计算、互联网＋等现代信息技术手段，依托在线审批监管平台加强后续监管。要善于借用社会和中介组织力量，更好地发挥舆论、媒体的宣传和监督作用。

这些安排，既是具体的又是抽象的，既是理论的也是现实的，为引入回应性监管理念，推动能源"大监管"格局构建，提供了政策依据和行动指南。

## 三、从一元的"政府监管"到"大监管"

改进一元的"政府监管"范式，树立"大监管"理念，是回应性监管理论的根本目标。

长期以来，我们往往主要依靠管制经济学、行政法学和传统政治学理论来研究监管问题，由于这些理论都秉持一种狭义监管范式，导致了政府单枪匹马的监管局面。回应性监管理论是从广义的角度来看待监管，就是把任何个体的控制行为都视为监管的一部分，构建政府与其他社会主体合作的监管治理新模式，充分发挥政府以外组织的监管作用。这种"合作"就是要求政府把监管权与其他社会主体分享，以此减轻政府监管机构的负担，使政府更好应对简政放权后的新形势。

从实践层面来说，这些年特别是在安全监管领域，我们开始强调落实企业的安全生产主体责任，而且成为今年安全生产月的主题，这些做法都具有"大监管"的意味。但是，仅仅要求政府以外的社会个体履行"责任"还远远不够，还要使之成为"监管主体"，也就是政府要把监管权在多个主体中分配，从而使这些监管主体从被动到主动，而政府也要真正地把企业、社会团体、甚至个人当作监管主体来看待，他们才会积极主动承担社会责任，实现全社会的齐抓共治。

具体来说，这种监管治理范式就要把监管权在政府与非政府组织之间做好合理分配。根据监管权在不同主体间的分配，监管治理体系总体上可以包括政府监管、行业和企业自我监管以及第三方监管三个方面。也就是要把能源监管权让渡给行业企业自身及第三方非政府组织。在合作型监管治理体系中，政府的主要角色不再是直接监管者，也就是前面讲到的不会"提前发挥作用"而是建构者，通过建构监管活动的制度平台来激发和培养其他社会主体的公民精神和主体意识、提升自我监管的能力。

以行业自我监管为例。这方面有自愿建立的"自我监管体系"和经政府授权的"强制型模式"。前者的代表是美国"三里岛"事故后建立的核电运行研究所的自我监管制度和20世纪80年代后逐步形成的全球化工行业的"责任关怀"。后者的代表是德国同业公会在职业安全方面的监管作用。从20世纪70年代始，德国开始形成了政府监管和同业公会并行的双轨制。即，政府授权的同业公会在政府颁布的法律法规框架下，制定更为具体的事故预防规程并派监察员监督实施。同业公会甚至还可以向企业收取工伤保险费用，并将其用于为企业提供事故预防的培训和咨询工作。

遵循这样的思路，中国电力企业联合会、中国能源研究会以及更多的各类社团组织，无疑可以在监管权的分配中有着更大的空间。从能源监管派出机构来看，目前，在山东、四川、浙江等多地，已探索鼓励社会力量特别是电力技术研究机构、行业协会参与安全监管，支持专业性的非政府组织发挥监管作用，一定程度上与派出机构分享监管权力。如山东能源监管办在推进安全监管规范化、浙江能源监管办在加强网源协调监管中，都依托专业部门或第三方加以推动，多元共治的局面初露端倪。

## 四、如何构建"大监管"格局

一方面，构建"大监管"格局，需要调动各层面的力量和综合运用各种手段。

监管实践证明，在监管活动中对政府强制手段过分依赖会抑制市场的活力，导致监管的效果并不好，无法对现实的监管困局进行破题。同时，政府不同的监管手段对具有不同意愿、态度的监管客体的作用也不同，因而根据监管对象的具体情况因地制宜地选择监管手段十分必要。

回应性监管理论的要求就是尽可能让其他社会主体发挥作用，当这些社会主体监管无效时，再发挥政府的作用。政府监管的主要作用是提供战略威慑和对其他主体的自我监管行为进行监管，并且政府作用的发挥也是逐级加强，应先运用说服、协商等非权力性手段，当这些"软"手段无效时，再运用行政处罚等强制性"硬"手段，直到监管作用真正发挥效用，要充分体现监管手段的多样性和层次性，而不是政府监管"一竿子插到底"，这样不仅保证不了监管的实效，而且当前的能源监管力量也无法满足。

比如，建立由各方代表组成的监管委员会作为决策或咨询机构。这种安排与回应性监管的三方主义和结点理论完全契合。既然政府不是唯一的监管主体，还包含了各种非政府组织、甚至企业本身，最佳的组织形式当然应该是成立由各方代表组成的监管委员会。能源主管部门要发挥这种委员会的主导作用，既可以作为政府的决策机构，也可以是咨询机构。

在此情况下，诸多政策的制定都是各方讨论协商的结果，不仅能够增强参与者的主体意识，还可以减少与政府的抵触情绪。如，在电力安全监管方面，从国家层面到地方，都成立了电力安全生产委员会，虽然其成员包括了电力企业，但是其他的社会组织并没有参加，基本等同于一个协调机构，从监管权的分配到各方责任的均衡，应适当增加相关政府部门和其他社会团体、第三方的成员，使之成为监管治理的核心机构，而不是监管机构独自承担巨大的安全监管压力。

近年来，在能源监管工作中，各级已经在发挥第三方专业机构的作用方面有了积极探索，如并网安全性评价、安全标准创建等。今后在完善制度规范发展的同时，完全可以增加第三方监管的强度来解决问题，比如，强制不良企业、隐患达到一定程度的企业进行更多、更深入的安全评价或者购买中介服务、加大自我监管力度等，让那些原本不愿在安全生产上进行投入的企业付出更高的成本。

当然，独立性是第三方监管的生命，要从制度设计上加强第三方机构的独立性，减少与政府和企业的不必要联系，确保监管效果。当前，正在全国范围开展的能源行业信用评价体系建设，完全可以理解成一种第三方参与的"软""硬"结合、既有政府强制力又有非权力性、分层次的有效监管。

另一方面，构建能源"大监管"格局，政府要更加注重顶层设计和平台建设。

回应性监管是一项创新的系统工作，政府从市场监管唯一主体成为协调的监管部门，进行间接的监管活动，将大部分监管职责交给非政府组织、企业等，并促使其建立自我监管制度，无疑是一场革命性的变化。这就要求政府前期需做好监管体系的顶层设计，完善相关配套措施。后期让社会监管主体履行监管责任，政府成为社会监管主体背后的保障力量，角色就从台前变为了幕后。

政府应更加注重平台建设，使政府与其他社会主体有更自由的对话、交流空间。如，加强行业自我监管，创造行业协会自律的内外部条件，让其更多地发挥行业代表功能，逐步改善行业协会治理结构，并通过政策引导形成对整个行业发展的外部压力。

在立法方面，要摒弃单一地靠提升违法成本来预防违法违规的理念，更加注重鼓励被监管者自身监管能力的培育。

另外，还要加强企业自我监管，突出强调企业通过建立内部管理制度实现自我监管的重要性，特别是近年来电力安全生产领域落实企业主体责任，但手段单一，主要依靠命令和"运动式"的方式来实现，企业自身内在动力没有很好的激发出来。要积极通过制度设计来激励企业建立内部管理体系，根据企业内部管理的有效性在规划批复、项目建设等方面给予差别性待遇。

同时，引入分级监管，根据第三方、社会组织监管的实际情况，按照科学性、直观性、公开性的标准，把被监管企业进行分级，然后对不同级别采取不同的监管强度和手段，从各个方面增大监管强度。

# 结 束 语

　　随着经济发展，我国能源问题日益突出，资源约束明显，供需矛盾突出。能源技术及能源效率还有待进一步提高。随着我国经济的快速发展，能源结构不合理，环境承载压力较大，这些问题严重阻碍和制约了我国能源经济的健康发展，急需改变现状，加强能源经济的管理与技术革新，从而适应新时期能源与经济发展需求，促进国家安全与繁荣昌盛。